U0137869

■"十三五"国家重点图书出版规划项目

■国家社会科学基金一般项目"政策工具视角下的古代政府治理思想
  及其当代价值研究"（批准号：17BGL223）阶段性成果之一

■国家社会科学基金重大项目"中国古代管理思想通史"
  （批准号：13&ZD081）阶段性成果之一

■莆田学院出版基金资助项目

■福建省优秀出版项目

中国管理思想史

元代
管理思想史

方宝璋◇著

海峡出版发行集团
THE STRAITS PUBLISHING & DISTRIBUTING GROUP
鹭江出版社

2021年·厦门

总　论

第一节　理论价值和现实意义

"中国管理思想史"系列专著包括《先秦管理思想史》《秦汉魏晋南北朝管理思想史》《隋唐五代管理思想史》《宋代管理思想史》《元代管理思想史》《明代管理思想史》《清代管理思想史》,共7卷,为国家社会科学基金重大项目"中国古代管理思想通史"(批准号:13&ZD081)阶段性成果。该系列专著以中国古代传统儒家修身齐家治国平天下为主线,分别阐述了先秦、秦汉魏晋南北朝、隋唐五代、宋、元、明、清历朝自我管理思想、家族管理思想、经营管理思想、国家管理思想、军事管理思想等五大方面的内容,比较全面系统地勾画了该时期管理思想的历史面貌。该系列专著侧重发掘对当代有借鉴意义的古代管理思想,为构建中国特色社会主义的管理思想和制度提供历史借鉴。

该系列专著按自我管理思想、家族管理思想、经营管理思想、国家管理思想、军事管理思想分类论述的依据来自先秦儒家的修身齐家治国平天下思想。修身齐家治国平天下思想是中国古代的主流管理思想,具有普遍性,比较客观全面地反映了中国古代管理思想的历史面貌和本质特征。

该系列专著中的自我管理思想是中国传统管理思想与西方管理思想的重要区别。西方管理思想强调管理本质是通过其他人来完成工作，如福莱特（Follett）曾给管理下的经典定义是"通过其他人来完成工作的艺术"。罗宾斯（Robbins）和库尔塔（Coultar）也认为，"管理这一术语是指和其他人一起并且通过其他人来有效地完成工作的过程"①。似乎管理是针对其他人，而不是针对本人。与此相反，中国传统管理思想则强调修身、自律，即自我管理，而且将此作为管理的根本和逻辑起点，即首先要管好自己，然后才能管好家庭、国家乃至全天下。中国民间至今流行一句俗话：先管好自己才能管好别人。这里强调的就是自我管理。

该系列专著以先秦儒家的修身齐家治国平天下思想为基础，再派生出经营管理思想、军事管理思想。所谓经营管理思想，因私人经营农、工、商，或多或少带有市场经济的性质，从本质上有别于国家垄断经营的农、工、商，因此另立一类论述。军事管理思想，广义上属于国家管理思想范畴，但由于其具有特殊性，而且古代文献中这方面的资料较多，故也另立一类论述。

当前，世界管理学界十分重视对东方管理思想的研究，我国学界对管理思想史的研究方兴未艾。但从总体上看，有关管理思想史的研究主要侧重于经济管理思想史，而少有涉及政治、军事、文化、社会等管理思想；多侧重于国家管理思想，而少有涉及自我管理思想、家族管理思想、经营管理思想、军事管理思想。以往的研究绝大多数以某些代表人物为中心，采取传统的通史写作方法。该系列专著从自我管理、家族管理、经营管理、国家管理、军事管理的视角，以现代管理理论为指导，在尽可能多地收集资料的基础上，对古代管理思想进行比较全面、系统、深入的分专题研究。这将丰富中国古代管理思想史的研究，填补古代自我管理思想、家族管理思想、经营管理思想、国家管理思想、军事管理思想等方面研究的某些空白，如社会治理思想、古代公共事业思想、古

---

① 周三多、陈传明：《管理学》，高等教育出版社，2014年，第3页。

代买扑思想、入中（开中）思想、经商思想等。从新的视角用新的方法深化对某些专题的探讨，提出一些新的观点，为今后的进一步研究提供更多的参考资料。

党的十八届三中全会《中共中央关于全面深化改革若干重大问题的决定》提出了"国家治理""政府治理""社会治理"等新概念（全文 23 次出现"治理"一词），在全面深化改革的总目标中提出"推进国家治理体系和治理能力现代化"，还有专门章节论述"创新社会治理体制"。党的十九大报告中将"推进国家治理体系和治理能力现代化"明确为全面深化改革的总目标之一。党的十九届四中全会审议通过了《中共中央关于坚持和完善中国特色社会主义制度、推进国家治理体系和治理能力现代化若干重大问题的决定》。

从广义上说，管理可涵盖治理；从狭义上说，治理是管理的更高一个层次。从狭义上的管理到治理，虽一字之差，却体现了治国理念的新变化、新要求、新跨越。狭义上的管理，简而言之，就是依赖传统公共管理的垄断和强制性质，把属下地区和人民管住、管好，全能政府色彩浓重，较少采取协作、互动的方式。而治理有整治、调理、改造的意思，更强调指导性、协调性、沟通性、互动性，彰显了社会建设的公平、正义、和谐、有序。狭义上的管理，其主体是一元的，而治理，其主体则是多元的。狭义上的管理是垂直的，治理则是扁平化的。目前，我国必须充分发挥政策工具的效用，从较单一的以管制为主的政府逐渐过渡到协调、服务、管制三者兼有的政府，从无限管理型政府逐步转变为有限服务型政府。我国现行的管理体制，是新中国成立后根据我国的政治体制、经济社会发展状况和历史文化传统等基本国情确定的。我们研究古代管理思想，就是要达到古为今用的目的，为建设中国特色社会主义管理理论和管理制度提供历史借鉴。如研究古代的民本思想，政策工具中协调、服务、管制思想就能为当前我国社会主义民主、政策工具的最有效使用提供重要的启迪。同时，研究古代管理思想，能更好地让中国传统管理思想走向世界，增强我国在国际竞争中的软实力。

第二节　国内外研究现状及发展动态分析

有关从自我管理思想、家族管理思想、经营管理思想、国家管理思想、军事管理思想五位一体的视角研究古代管理思想的专门论著，笔者至今尚未见到。但是，一些已出版或发表的论著，却不同程度地涉及这方面的问题。就整体上来说，大致可分为两种类型。

一是一些管理思想史、经济思想史或政治思想史的论著。其中，国内有关管理思想史的著作主要有：苏东水《东方管理学》，何奇《中国古代管理思想》，潘承烈《中国古代管理思想之今用》，姜杰《中国管理思想史》，吴照云《中国管理思想史》，刘云柏《中国管理思想通史》，王忠伟等《中国远古管理思想史》《中国中古管理思想史》《中国近古管理思想史》，刘筱红《管理思想史》，方宝璋《宋代管理思想》《先秦管理思想》。有关经济管理思想史的著作主要有：赵靖《中国经济管理思想史教程》、何炼成《中国经济管理思想史》、叶世昌《中国古代经济管理思想》、滕显间《中国历代经济管理反思》、方宝璋《宋代经济管理思想与当代经济管理》。有关经济思想史的著作主要有：唐庆增《中国经济思想史》、胡寄窗《中国经济思想史》、赵靖《中国经济思想通史》、侯家驹《中国经济思想史》、叶坦《富国富民论——立足于宋代的考察》。有关政治思想史的著作主要有：萧公权《中国政治思想史》、刘泽华《中国政治思想史集》、曹德本《中国政治思想史》、纪宝成《中国古代治国要论》以及数种论文集和资料选辑等。国外的主要有桑田幸三《中国经济思想史论》、上野直明《中国经济思想史》等。这些论著在某些章节或以管理理念的视角，或以管理主体、管理权力、管理组织、管理文化和管理心理的视角，或以古代儒家、法家、道家、墨家、兵家等思想流派的视角，或以政治、经济、军事、文化、社会的视角，对古代管理思想做出精辟、

独到的概括和总结，并上升到管理理论的高度加以阐述。如苏东水在《东方管理学·导论篇》中开创性地提出了概括东方管理文化本质特征的"以人为本、以德为先、人为为人"的"三为"原理，在中国管理、西方管理和华商管理的基础上形成了治国、治生、治家和治身的"四治"体系，以人本论、人德论、人为论为核心，包括人道、人心、人缘、人谋、人才"五行"管理的东方管理理论体系，并提出东方管理学的管理目标是构建和谐社会的和贵、和合、和谐。苏东水东方管理理论体系的创建，主要就是从中国古代管理思想中汲取精华。又如赵靖的《中国古代经济管理思想概论》，以"富国之学"和"治生之学"的发展为线索，为中国古代经济管理思想史这门学科建立了一种理论模式。何炼成总结的中国传统经济管理思想的基本特点是：以宏观目标的"富国之学"为基本线索，宏观经济管理的基本指导思想主要表现为义利之争、本末之争、俭奢之争。宏观经济管理方针主要有两条，一是"无为而治"，即自由放任的方针，二是"通轻重之权"，即实行国家控制的方针。潘承烈等主编的《中国古代管理思想之今用》，以先秦老子、孔子、墨子、商鞅、孟子、孙子、鬼谷子、管子、荀子和韩非子为研究对象，从他们的学说与留给后人的著作中去研究这些先人的思想，包括涉及管理方面的可资借鉴和有启迪作用的思路、哲理、观点、规律与理论等等。刘云柏在《中国管理思想通史》中将中国管理思想分为儒家、道家、法家、佛家、兵家、墨家、农家、阴阳家、杂家、名家、基督教、伊斯兰教、少数民族、纵横家、医家等派别，并分别加以历史性考察。姜以读等编著的《中国古代政府管理思想精粹》，从民为邦本、治国之道、君臣之道、行政方略、因时而立政令、礼义法度应时而变、法令者为治之本，事在四方要在中央、统华夏为一家、兵为国家大事、食货为生民之本、财赋为邦国之大本、四民之业钱货为本、教化治天下、建国教学为先、礼贤举士、用人行政并重、严吏治及交邻有道等方面，总结了古代国家管理思想精粹。

二是一些经济史、政治史、法制史等专题性的论著。其中比较有代表性的有：九卷本各卷分设主编的《中国经济通史》、白钢《中国政治制

度通史》、张晋藩《中国法制通史》、方宝璋《中国审计史稿》，以及大量专题性的断代研究专著，如张亚初、刘雨《西周金文官制研究》，安作璋、熊铁基《秦汉官制史稿》，杨鸿年《汉魏制度丛考》，王永兴《唐勾检制研究》，汪圣铎《两宋财政史》，李晓《宋代工商业经济与政府干预研究》，张文《宋代社会救济研究》，边俊杰《明代的财政制度变迁》，张显清《明代政治史》，田培栋《明代社会经济史研究》等。这些论著在宏观考察中国古代各种制度时，提出了一些对管理思想史有重要参考价值的精辟论断。如白钢在《中国政治制度通史·总论》中提出，中国从战国至清朝封建地主阶级专政的国家是以中央集权和官僚政治的形式出现，实行专制君主制，其政体运行机制，以皇帝"独制于天下而无所制"为转移，其特点主要有 3 个方面，即行政、军事、监察三大系统鼎立，近侍逐步政务官化，中央派出机构逐步地方政权化。

以上两类论著在其研究的主要领域，均做了全面、系统、深入的研究，做出了令人瞩目的贡献，处于领先水平。这些论著在不同程度上涉及古代管理思想，如对社会犯罪的禁戒与镇压、政府财政税收管理、盐铁茶酒专卖、对户口土地的管制、垄断货币发行、对社会的救助等思想的论述，对进一步研究管理思想有参考启示作用。但是，这些论著均只是在从事本领域研究需要时论及管理思想的某一方面，因此难免有所不足。总的说来，其不足大致有以下 5 个方面。

其一，以往的研究成果虽然涉及古代管理思想各方面，但都未能有意识地从自我管理思想、家族管理思想、经营管理思想、国家管理思想、军事管理思想五位一体的视角进行探讨论述。其二，绝大多数研究成果仍停留于采用传统的、以某些代表人物为中心的通史叙述方法，而鲜有以现代先进的管理理论为指导。其三，鉴于以往研究中视角与方法的局限，对古代一些管理思想的分析与看法，有待于重新认识与评价。其四，古代史料浩繁分散，尤其是一些低层次人物有价值的管理思想非常零散，以往的研究对此关注不够、收集较少。除此之外，古代管理行为、政策、制度中所反映的管理思想也发掘不够。有关古代管理思想的史料发掘整

理之不足，是限制研究工作深入的另一个重要原因。

第三节　特色和创新

（一）　学术视角较新

以自我管理思想、家族管理思想、经营管理思想、国家管理思想、军事管理思想五位一体的视角，能比较深层次、客观、系统、全面地勾画先秦、秦汉魏晋南北朝、隋唐五代、宋、元、明、清时期管理思想的历史面貌，动态综合地考察历代政府管理思想得失与王朝兴衰的必然联系。

（二）　史料的完整性

该系列专著在史料收集上的明显特点是：不仅收集高层人物的主流管理思想，而且重视收集一些虽是低层人物但有价值的管理思想，并注意从管理行为、政策、制度中发掘其体现的管理思想。该系列专著所引用的材料有 50％以上是该研究领域首次使用的。

（三）　研究领域创新

该系列专著所涉及的一些专题，如古代经营管理思想、古代社会管理思想、古代公共事业思想等是以往很少有人研究的，该系列专著弥补了管理思想史研究的一些空白。

（四）　学术观点创新

对于古代的一些管理思想，学术界历来看法不一。该系列专著从自我管理思想、家族管理思想、经营管理思想、国家管理思想、军事管理思想五位一体的视角，对其进行重新评价，提出独立见解。例如：提出修齐治平是中国古代主流的管理思想，反映了东西方的不同管理逻辑起点；提出中国古代管理思想史大致可分为三个阶段：第一阶段夏商、西周、春秋、战国是古代管理思想的产生及其初成体系时期，第二阶段秦

汉、魏晋南北朝、隋唐前期是古代管理思想缓慢发展时期，第三阶段唐中叶五代、宋、元、明、清是古代管理思想成熟及变革时期；提出古代较先进的政府管理思想是在适度的管制下充分发挥协调、服务政策性工具的作用，这对当代处理好政府与市场的关系、创新行政管理方式、建设服务型政府，具有借鉴意义。这些都是以往研究者所未提到的。

（五）对当代的启示

该系列专著着重发掘对当代有启示意义的古代管理思想，为党的十八届三中全会和十九届四中全会提出的完善和发展中国特色社会主义制度，推进国家治理体系和治理能力现代化提供历史的借鉴。例如：提出民本思想是古代政府管理的指导思想，在历代具有很强的路径依赖，至今对我国目前"全面深化改革，以增进人民福祉为出发点和落脚点"的改革目标有深刻的影响；提出军事力量是国家管理的基石等管理思想，对现代国家管理都具有积极的借鉴作用。

第四节　修齐治平：历史与逻辑的分析框架

（一）自我管理思想

汉代《大学》中提出的修身、齐家、治国、平天下，是先秦儒家管理思想的总结。儒家所说的修身，内容相当丰富，其中主要有孔子提出的仁、义、礼、智、信，孟子提出的仁、义、诚等。孟子还将以孔子为代表的儒家修身思想概括为"四端"，即仁、义、礼、智。后人在此基础上又增加了"信"，成为所谓的"五常"。尔后，历代儒家学者在对前代儒家著述和思想的注释和阐发中不断发展完善丰富儒家思想，如汉代的《大学》《中庸》的作者在孔孟"诚"的基础上提出了慎独、正心、明德、格物、致知等，唐代的韩愈提出了性三品论，并将《礼记》中的《大学》篇挑选出来，列为《四书》之首。韩愈因此成为宋代理学的先驱者。宋

明理学大大发展了先秦儒家思想，成为儒学发展史上的第二个高峰，其中南宋的朱熹为集大成者，被称为儒学发展史上"蠹立中道"的继往开来的人物。宋明理学援佛入儒，提出了理气、性命等新命题。

就儒家修身学说来说，经过历代发展和丰富，内容可谓洋洋大观，在此，短短的篇幅难以列举。如果要说其中最为核心的思想是什么，据笔者理解，那就是"五常"，而且"五常"之中，又以"仁"为首。孔子首先提出的"仁"，有多种含义，其中最核心的就是"仁者爱人"。按照孔子的逻辑，一个人如有"推己及人"之心，即"己所不欲，勿施于人"，即自己不想做的事，也不要强加别人做。如能做到这一点，就是起码的仁爱，其余的义、礼、智、信也就容易做到了。因此，古今中外都不例外。要建立一个美好的人类社会，其逻辑起点应是每一个人必须具有爱心，其他好的品质就容易培养了。正由于古代先哲认识到了这一点，所以都重视爱，如基督教主张博爱，佛教主张慈悲为怀、众生平等。

（二）家族管理思想

儒家所谓的齐家，总的说来，是要使家庭、家族和睦，父慈子孝，兄友弟悌，夫主妇从，上下尊卑有序。儒家齐家重视同宗同族之人通过建宗祠、编族谱、建祖坟、定期祭祀会食等以达到追根溯源，尊祖敬宗，慎终追远，从而使同宗同族之人团结在一起，互相扶持，守望相助。所以，俗话所说的"家和万事兴"是中国人齐家的共同追求。儒家也强调通过勤劳节俭而发家致富，使子孙衣食无忧，通过兴办私塾，督促鼓励子弟努力读书学习，科举致仕，进而光宗耀祖，提高本宗族的社会地位和影响力。古人在齐家中认为身教重于言教，一家人朝夕相处，父母家长应重视自己的修身，各方面做出表率，才能教育好子孙。

中国自古以来家国一体，家是小的国，国是大的家。自先秦以来，古人就主张孝治天下。古人认为：在家孝顺父母的人，在外做事当官就会忠于君主和上级领导；在家敬爱兄长爱护弟弟的人，在外处世就会和同事朋友之间相处和谐。这就是古人常说的孝子忠臣、移孝作忠。孔子以"推己及人"的逻辑思维推导，要建立起理想的大同社会，首先必须

从"老吾老以及人之老，幼吾幼以及人之幼"做起。这就是从修身、齐家而扩充至治国的实现平天下的路径。古人基于这种认识，在选拔治国人才时，非常重视将孝道作为一条重要的标准。如汉朝有"举孝廉"的制度，就是选拔有孝道、清廉品德的人担任各级官吏。

（三） 经营管理思想

先秦时期，在经营管理上出现了"计然之策"和"治生之道"、君主利民、轻徭薄赋等思想。汉代，司马迁的善因论思想则提倡国家要善于利用人求利的本性引导工商业的发展。唐代，刘晏兼任盐铁使后，改革榷盐为民产、官收（官督）、商运、商销，改革漕运为官督雇佣制等，都注意通过发挥私商经营的积极性来克服官营的高成本、低效率，促进社会经济的发展，同时提高政府的财政收入。

宋代政府尝试在不同制度关系中运用协调（约定、协商、引导、劝勉、调解）的方式去控制和规范组织与个人的活动，如入中、买扑承包、雇募制思想等，出现管理思想的重心从统治到治理的转化。所谓入中（明称"开中"），就是宋、明朝廷利用茶盐等榷货换取民间商人运送军用粮草到沿边，以保障军队后勤供给。所谓买扑，就是宋代私人通过向官府交纳课利，承包经营官府的酒坊、河渡、盐井、田地等。宋代，有识之士已认识到：只有工商业私营，才能提高生产者的积极性和生产效率，促进社会经济的恢复和发展；私营工商业自由竞争能使吏治廉洁、稳定社会，能在某些方面发挥政府不可替代的作用；对私营工商业应因势利导，能达到官民共利。私商经营和买扑思想是古代经营管理思想的一个重要发展，标志着我国中古管理思想开始向近古管理思想的转变。

（四） 国家管理思想

中国古代在国家管理中的指导思想是以民为本，即民本思想。最高统治者在意识到"治天下者，以人为本"的前提下，在管理国家、制定政策中必须考虑保民、养民、教民、抚民、利民、爱民、得民等。民本思想渊源甚早，并对后世产生深远的影响。中国古代从先秦开始，就出现了《尚书》中的重民、"民惟邦本"，周公的保民，孔子的爱民，孟子

的民贵君轻论，荀子的君舟民水论等民本思想。春秋时期一些当政者对民十分重视，把对民政策作为管理国家成败的关键。虢国的史嚚说："国将兴，听于民；将亡，听于神。"① 战国时期，重民思想又有明显的发展，其中较为突出的是孟子的"民为贵，社稷次之，君为轻"②。据荀子称，君舟民水是孔子提出来的。"君者，舟也；庶人者，水也。水则载舟，水则覆舟，此之谓也。"③ 汉代贾谊进一步提出"以民为命""以民为力""以民为功"等相关理念，继承了先秦儒家爱民仁政的思想，把此作为管理国家的核心思想。到了唐朝时期，唐太宗的国以民为本，明清时期黄宗羲、顾炎武、唐甄等人的民本论，特别是王夫之"不以一人私天下"的民本思想，从公与私的视角对君与民的关系做了分析。

说到底，古代民本思想都是从管理者（最高统治者和各级官吏）的角度，重视、肯定被管理者（民众）在管理国家中的最终决定作用。在政治清明的盛世，民本思想成为政府管理的指导思想。民本思想并不等于民主思想，其本质是统治者重民思想，即意识到在"民惟邦本，本固邦宁""治天下者，以人为本"的前提下，在管理国家、制定政策中首先必须考虑保民、养民、教民、抚民、利民、爱民、得民等。中国古代民本思想在管理国家实践中的具体政策体现是：其一，管理者认识到民心向背关系国家兴衰存亡，故治国必须顺民心，尊重民情、民意；其二，实施利民、惠民政策，而勿扰民、伤民，轻徭薄赋，使民致富，这样就可以得民心、得天下；其三，政府通过实施对民有利之事来引导民众，使民按照政府的政策、命令行事。总之，古代的民本思想与当代的执政为民、为人民谋福祉，其思想是一脉相承的。

德法并用是古代政府管理思想的总原则。其管理国家的基本原则是历代政府要发挥好政策工具（管制、协调、服务）的作用，必须德法并

---

① 《左传》庄公三十二年，《十三经注疏》本，中华书局，1980年。

② 《孟子·尽心下》，《新编诸子集成》本，中华书局，2018年。

③ 《荀子·王制》，《新编诸子集成》本，中华书局，2018年。

用、德主刑辅，先以仁义教化"劝善"，后以法制刑杀"诛恶"，二者相济为用。

古代德法并用思想的理论依据是人性论。主张以严刑酷法为主治国的人通常认为人性是恶的，因此主张应当以刑法惩恶，才能维护国家的统治。相反，主张以德为主或为先治国的人则一般认为人性是善的，所以主张通过教化，宣传仁义礼智信、忠孝廉耻等，引导民众从善，自觉遵守道德规范，从而达到天下太平。当然，刑法也不可或缺。如没有刑法，则不能威慑企图违法犯罪者。只有以德为主、以刑为辅，或先德后刑，才是治国之正道。

在政府管理中，各种政策工具必须通过各级官吏加以执行。因此，历代最高统治者为维护自己的统治，高度重视治吏。正如《韩非子·外储说右下》所指出的："吏者，民之本、纲者也，故圣人治吏不治民。"治吏的主要手段就是加强对官吏的选任与监察、考核。

古代对官吏的选拔、任用、监察、考核从时间序列上看体现了一种控制思想。其中，选任是核心。选拔侧重于事前控制，属于积极控制；如选拔出的官吏均是德才兼备的优秀人才，那就大大减小了任用官吏环节失控的概率，防患于未然。监察侧重于事中同步控制，可属于积极控制，即在官吏任职期间，如随时发现问题随时提出纠弹，及时制止任用官吏环节出现的失控，将问题防患于萌芽阶段；考核侧重于事后控制，属于消极控制，即在官吏某一阶段任职期结束时进行检查评估，这对官吏虽然有激励作用，但如发现任用官吏有失控问题，则很难弥补其造成的危害损失，同时也毁掉了一批官吏，只能起惩弊于后的作用。

（五）军事管理思想

国家必须拥有一支强大的军队，以保卫国土安全并随时对被管理者的反抗实行镇压，以此确保政府的管理意志能够得到贯彻执行。古代，国君拥有统率、指挥军队和任命将帅的最高权力。

古代的军事管理最根本、最重要的是，最高统治者，即国王或皇帝要亲自掌握全国军队的领导权、指挥权和调遣权。任何国家管理者的统

治权力的基础是拥有一支强大的武装力量作为其后盾。如果一旦失去对军队的控制，那么管理者将变成被管理者，甚至沦为阶下囚或连身家性命都不保。《管子·重令》说："凡国之重也，必待兵之胜也，而国乃重。"军事管理的主要措施，如将领选任、军队建制、领导体系、兵种建置、兵役制度、武器装备、后勤供给保障、军队纪律等，都是为了加强作为后盾的武装实力，以维护国家的长治久安，保证各项国家管理措施和政策得到贯彻和执行。

但是，最高统治者又要十分慎重使用军事力量。兵者，凶险无比也，它会带来大量人员的伤亡和财产的损失，使千里沃野成为焦土废墟。《老子》第31章云："兵者不祥之器，非君子之器，不得已而用之，恬淡为上。胜而不美，而美之者，是乐杀人。夫乐杀人者，则不可以得志于天下矣。"可见，老子认为武力战争是带来灾难的不祥东西，不是君子所使用的。如万不得已而使用它，最好要淡然处之。胜利了也不要得意扬扬，如果得意扬扬，就是喜欢杀人。喜欢杀人的，就不能在天下得到成功。当时，不仅主张清静无为的老子如此认为，即使作为杰出的军事家孙子也主张不要轻易发动战争。他在《孙子兵法》开篇就指出："兵者，国之大事，死生之地，存亡之道，不可不察也。"不言而喻，孙子认为战争关系到人民的生死、国家的存亡，因此必须予以十分谨慎的对待，切不可轻举妄动。基于这种思想，他在《谋攻》篇深刻指出："百战百胜，非善之善者也；不战而屈人之兵，善之善者也。"这就是即使发动战争百战百胜，胜利一方也要付出沉重的代价，因此不是最佳的选择。只有不发动战争而使对方屈服，这才是最佳的选项。

（六） 古代政府管理政策工具的三个层面

从古代政策工具的视角看，管理国家主要有三个层面。第一层面是以政府管制为主的管理，通过命令、禁戒等手段，如通过户口和土地、租税和货币管理、盐铁酒专卖等，强制民间组织及个人遵守、服从。管制较容易实施和管理，效果具有直接性，更适应于作为处理危机的工具。但管制会限制自愿性和私人活动，可能导致经济上的无效率性、高成本、

低质量，并可能产生社会与政府的对立，甚至恶化为冲突等。古代政府管理思想认为，过分强调管制，会使整个国家和社会处于高度紧张状态，内部缺乏调节和弹性。故貌似强大巩固，其实充满危机。第二层面是以政府协调为主的管理，如通过财政性政策工具、市场性政策工具（买扑、入中、减免赋税等）调控经济活动，通过契约、劝勉、调解等途径使政府与民间组织、个人自愿平等合作，动员全社会力量共同参与，最大限度增进共同利益。政府协调为主的管理能降低政府管制的成本，提高积极性和产品质量，有效配置资源，促进经济发展，避免社会与政府、社会各阶层之间的对立引起的内耗。从短期效益看，虽然协调管理会弱化政府对经济和社会的直接控制，有时短期之内还会减少财政收入，削弱政府的权力，但从长远的眼光来看，协调富有调节机制，能缓和化解各种矛盾，使内部富有修复机制和弹性，整个国家和社会易于趋向安定和谐。第三层面是政府通过对社会的服务，即通过救助进行赈灾、救济，采取公办、公办民助、民办公助等形式，兴办公共事业等。其政策着眼点是保障弱势群体的最起码生存条件，为全体民众提供必要的公共产品，从而使社会和谐稳定。

从管理控制论的角度看，管理国家无论从主体还是从客体来说，都是人（管理者）进行的控制和对人（被管理者）进行的控制。说到底，人是核心要素，所有的管理活动都是通过人的行为来完成的。总的说来，古代的管理者依据被管理者的 3 种不同性质的行为分别采取 3 种不同的管理政策工具：对严重威胁封建统治和社会稳定的行为，政府采取镇压、禁戒等严厉管制政策，主要为达到有序地控制目标；对日常民众的经济、文化活动，政府通过价格机制进行反馈和调节，采取鼓励和引导等协调政策，从而提高全社会自愿参与的积极性，主要为达到高效的控制目标；对于灾民及老弱病残、孤独无助者，政府采取救助和兴办公共事业等服务政策，为弱势群体提供公共产品或准公共产品，保证他们的基本生存条件，主要为达到和谐的控制目标。总之，古代政策工具暗含着这样的思想理念：管理者对被管理者对抗性、非对抗性和求助性的 3 种行为分

别采取刚性（管制）、柔性（协调）和人道（服务）的 3 种性质的政策工具进行控制，从而达到长治久安的控制目标。

古代政策工具的较好发挥是，在尊重民众基本权利的适度管制下，坚持公平协调，调节化解各种社会矛盾，引导民众向善，着眼于利民、爱民的服务，兴办公共事业和社会救助，保障民众的基本生存条件，从而达到长治久安的管理目标，使国家安定和谐、经济发展、民富国强。

第五节　中国古代管理思想阶段性特征

（一）　古代管理思想形成三个阶段的主要因素

综观中国古代管理思想史，大致可分为三个阶段：第一阶段夏商、西周、春秋、战国是古代管理思想的产生及其初成体系时期，第二阶段秦汉、魏晋南北朝、隋唐前期是古代管理思想缓慢发展时期，第三阶段唐中叶五代、宋、元、明、清是古代管理思想成熟及变革时期。其形成原因是错综复杂的，需要进一步研究，但目前有两点主要因素是比较明显的。

其一，动荡忧患时代更能激发人们对管理思想的思考和创新。如前所述，中国古代之所以在春秋战国时期、唐中叶五代两宋、明末清初与晚清出现管理思想的繁荣局面，其中一条重要原因是这三个时期都是动荡忧患的历史时代。春秋战国诸侯国之间割据混战，生灵涂炭，人民生活处于朝不保夕的境地，促使一些有识之士对国家管理展开思考，并对此发表自己的见解，形成百家争鸣的景象。中国古代管理思想初步形成体系，对其后两千多年的古代管理思想产生了极其深远的影响。中国古代绝大多数的管理思想均可从春秋战国诸子百家中找到其渊源。唐安史之乱后藩镇割据，兵连祸结，最后形成五代十国的局面，社会仍然动荡不安。北宋虽然结束了五代十国的割据局面，但终两宋三百多年，先有

北宋、辽、西夏对峙，后有南宋、金、西夏鼎立，仍然是战火连绵，天灾人祸不断。在这种历史背景下，又激发了一些有忧患意识的人思考如何安邦治国，从而开创了古代管理思想一个新的发展时期。明末清初的改朝换代，使社会长期动荡不安，促使一些明朝遗民思考明亡的教训。晚清西方列强的侵略，使中华民族面临着生死存亡的严峻挑战，一些爱国志士师夷长技以制夷，努力学习西方的先进科学技术与政治制度、管理思想，奋力挽救民族危亡，梦想建立一个富强的中国。明末清初和晚清出现的管理变革思想，标志着中国古代管理思想向近代管理思想转变。与此相反，汉唐虽然是中国古代富庶强盛的朝代，但哲学思想和管理思想都相对缺少明显的创新，处于缓慢发展、比较沉闷的时期。究其原因，汉唐相对安定富饶的生活使人们创新管理思想的动力不足。这里必须说明的是，魏晋南北朝虽然也是一个战乱的时期，但是由于进入中原的游牧民族文化层次太低，其政权更迭频繁，因此也不可能产生管理思想的创新。

其二，相对宽松自由的文化和言论环境有利于管理思想的创新。如春秋战国时期各诸侯国为在割据混战中胜出，一般都给予士人较宽松优裕的待遇，以招揽人才，为己所用。那些士人为了能受到国君的重用，也积极发表自己的安邦治国见解。这就促使当时管理思想新见迭出，异彩纷呈。赵匡胤建立宋朝后，右儒重学，优待知识分子，不杀言官，以后宋代历朝皇帝都遵循这一祖训。这使宋代大臣士人都敢于言事，评论朝政，或著书立说，授徒讲学，创立学派，从而使管理思想呈现出繁荣的景象。明末清初，时局动荡不安，明朝遗民或隐居不仕，或埋名隐姓、浪迹天涯，思考明亡的教训，从而产生了黄宗羲、顾炎武、王夫之反封建君主专制的思想。晚清时期，清廷处于内外交困的境地，无奈之下只好放宽言论限制，允许朝廷大臣以至民间士人，上书奏闻，提出抗御外侮、富国强兵的良方妙策，以挽救岌岌可危的清王朝统治，从而使一些爱国志士纷纷建言献策，引发古代管理思想向近代管理思想的转变。

（二）古代三次管理思想发展高潮

从上文可知，在中国古代管理思想史上，曾出现三次管理思想发展

高潮，一次在第一阶段，即春秋战国时期，两次在第三阶段，即唐中叶五代宋与明末清初、晚清时期。

其一，春秋战国时期，中国古代管理思想初步形成体系。春秋战国是社会大变革的时代，各种社会矛盾错综复杂。激烈的政治斗争层出不穷，从春秋时期的大国争霸到战国时期的兼并战争，从礼乐征伐自天子出到自诸侯出再到自卿大夫出，从三桓与鲁公室的斗争、田氏代齐到三家分晋，从齐威王改革、魏国李悝变法、赵烈侯改革、韩昭侯内修政教、楚国吴起变法、秦商鞅变法，再到燕昭王的改革。兼并战争与政治、经济上的剧变，对社会上的各个阶级、阶层和集团都产生了深刻的影响。人们对于当时社会大变革中的许多问题，都有自己的态度、主张、愿望和要求等。

每个诸侯国面临割据纷争的局面，都想在生死存亡的竞争中采取合乎时宜的谋略与政策，求富图强，求得生存与发展，最后消灭竞争对手。各国的国君和大贵族，都大力招揽知识分子为自己出谋划策，礼贤下士成为社会风尚。这就是所谓"诸侯并争，厚招游学"[①]。当时各国统治者对人才的重视，使作为知识分子阶层的士可以各持一说，在诸侯间奔走游说，"合则留，不合则去"，有相对的自由。一些略为有名的士，还收门徒讲学，"率其群徒，辩其谈说"[②]。这使每个学派都有发展的空间和机会。如当时的孔子就带着弟子周游列国，宣扬自己的治国主张。其后的墨子和他的弟子结成一个严密的团体，经常到各国游学。

当时的国君为了招纳智囊，谋求方略，使士为己效力，都比较礼贤下士，对知识分子比较宽容尊重。这使知识分子有比较强的独立性，敢于独立思考，敢于发表自己的见解。在这大变革的时代，各阶级、阶层和集团也纷纷在士阶层中寻找自己的代言人。这使士这一阶层大都企图用己说改造君主，使君主采纳自己的治国主张，从而得到高官厚禄。有

---

① 司马迁：《史记》卷 6《秦始皇本纪》，中华书局，2011 年。

② 《荀子·儒效篇》。

不少思想家虽追逐荣华富贵，但更看重自己的治国抱负。

春秋战国时期，"官学"日趋没落，"私学"在各地产生和发展起来。在当时私学中，孔子创设的私学最为著名，影响最大。齐国的威王和宣王大兴"稷下"之学，使"稷下"成为各派学者讲学和讨论学术的中心，稷门下所设的学校称"稷下之学"。当时儒家、阴阳家、道家和其他流派的学者都聚集在此，从事议论、探讨学术。

在这时代大变革的背景下，许多杰出的人物代表不同的阶级、阶层或集团，提出了对社会变革的看法和治国的主张，初步形成了各种管理思想。例如：在自我管理上，出现了儒家的修身、明德、格物致知等思想；在家族管理上，继承发展了西周的宗法管理思想；在经营管理上，出现了范蠡（陶朱公）的"计然之策"和白圭的"治生之道"；在国家管理上，出现了儒家的仁政、民本、君舟民水、礼治、德主刑辅、选贤任能，法家的法、术、势，道家的无为而治，墨家的兼爱、非攻等思想；在军事管理上，出现了国君必须掌握军队的最高统帅权、将在外君命有所不受、严明军纪、绝对服从上级指挥、知己知彼百战不殆、国力必须以军事实力为后盾、先德后兵，应慎重使用军事力量、不战而屈人之兵等思想。总之，把中国古代的管理思想推向了一个高峰，并对以后两千多年的古代管理思想产生了极其深远的影响。中国古代绝大多数的管理思想均可从春秋战国管理思想中找到其渊源。

其二，唐中叶五代宋，开创古代管理思想一个新的发展时期。经营管理思想、国家管理思想上的新发展主要表现在：古代政府管理思想从统治到治理的转化是从唐末五代至宋中期开始和完成的，其重要标志就是政府协调为主的管理思想的出现。从先秦至隋代，政府对财政性和市场性政策工具的使用仅限于：通过赋役政策引导民众从事农业生产，限制工商业，调整社会财富的分配；通过价格杠杆，买跌卖涨，实行平准，平衡市场物价。唐宋封建商品经济发达，为顺应这一历史潮流，政府管理开始逐渐把市场激励机制、自由竞争机制和民营部门的管理方法与手段引入政府的管理，以最大限度提高财政收入，进而解决因频繁战争、

军费开支巨大而引起的财政危机，从而稳定其统治地位。唐宋政府管理思想开始逐渐发生划时代的变化，从单纯的管制性工具向市场性、财政性工具转变（当然这一转变还是相当微弱的）。在特许经营与契约管理方面，对一些传统的政府经营领域，有意识地引进市场机制。例如：对盐茶酒的专卖，从唐末刘晏发其端，至宋代朝廷全面有意识地引进市场机制，逐步探索从直接全面专卖到间接部分专卖的实践；宋代政府创造性地以高商业利润诱使商人入中，把解决沿边军需供应难题纳入市场化的体系中；明代的开中法沿袭了宋代的这一做法；五代、宋朝廷在酒坊、官田、盐井、河渡、商税场务等推行买扑承包制，通过投标竞争，激活经营机制，压缩政府管理成本，保证国家财政收入最大化，并促进市场的公平竞争和资源的合理配置。唐宋在手工业和漕运方面，完成了从官府垄断经营到承买制、从劳役制到雇募制、从定额制到抽分制的转化，激活了生产者的主动性和积极性，克服了官营垄断的僵化体制和低效率，降低管理成本，从而提高矿冶业的经营效益。在政府救助方面，顺应商人逐利的本性，利用价格杠杆，引导他们参与赈灾，从而部分解决了救灾经费和物资不足问题，节省了财政支出。

宋代以后，由于封建商品经济的发达，人们的交往日益频繁，社会关系纷繁错综，民事诉讼大量增加。朝廷对民事诉讼尽可能采取自愿平等协商的调解方式，而不采取强制性的判决方式。这在缓和社会各种矛盾，防止其激化，以封建纲常伦理教化民众，稳定社会秩序方面发挥了应有的作用。这也从侧面体现了政府管理思想从统治到治理的转化。

总之，以上各种新的管理思想在唐末五代至宋中期的出现，充分表明该时期政府管理思想从统治到治理的转化，是中国古代管理思想史新的发展时期，其结论与史学界的唐宋变革论不谋而合。

唐末五代至宋时期，自我管理思想的新发展主要表现在：韩愈的道统说和性三品论是继承传统的孔孟儒家思想而发展来的，为宋明理学开了先河。他在《原道》中指出："斯吾所谓道也，非向所谓老与佛之道也。尧以是传之舜，舜以是传之禹，禹以是传之汤，汤以是传之文武周公，

文武周公传之孔子，孔子传之孟轲。轲之死不得其传焉，荀与扬也，择焉而不精，语焉而不详。"① 在此，韩愈为了对抗佛道两教，提出儒家思想在历史上的一个传授的系统——道统。韩愈的道统之说，孟子本已略言之，经韩愈提倡，宋明道学家将其进一步发扬光大，成为宋元明清思想界的主流，而道学亦成为宋明新儒学的新名字。韩愈在此极力推崇《大学》的主张，即修身与治国是紧密联系为一体的，修身的目的是齐家治国，要管理好国家首先必须修身齐家。他在自我管理思想方面提出了性三品的人性论。他的性三品论继承了董仲舒的性三品说，既不赞成孟子的性善论和荀子的性恶论，也不赞成扬雄的善恶相混的二元论。

唐代韩愈的性三品论对宋代的人性论产生了直接的影响，其中比较突出的是李觏提出的性三品、人五类论，周敦颐提出的性五品论，王安石提出的上智下愚中人说以及二程、朱熹提出的天命之性、气质之性等。在人性论的基础上，宋代理学家提出了各种自我管理思想。如张载认为，一个人如经历了"穷理""尽性""以至于命"3 个层次后，其精神世界便上升到一个所谓至诚至善、无思无虑、无私无欲的境界。程颐、程颢提出，"致知格物"是起点、开端、基础，而"治国平天下"则是终点、目标，通过它进行修身养性，最终才能达到治国平天下的目标。周敦颐则要求人们必须孜孜不倦追求诚，因为诚是道德的极致。他还继承了古代儒家"中庸"、道家"清静"、佛家"寂静"的思想，提出以"主静"作为修养的方法。朱熹发扬光大了二程主敬的思想，反复强调把持敬看作是涵养的根本，即"立脚去处""圣人第一义""圣门之纲领"。张九成提出的"慎独"道德境界有两层含义：一是所谓"性""天命""中"，都是指喜怒哀乐未发时"寂然不动"的心理状态；二是所谓"敬以直内"与二程、朱熹的持敬说的道德境界是相似的，而张九成的慎独说更强调一个人独居时的持敬。

唐末五代至宋时期，家族管理思想的新发展主要表现在：朱熹是继

---

① 韩愈：《昌黎先生文集》卷 11《原性》，上海古籍出版社，1987 年。

张载、程颐之后大力提倡建立新的家族制度的著名理学家。他为宋代家族制度设计了一个相当完整而十分具体的方案。除了当时已形成的家谱他没有谈到以外，大凡族长、祠堂、族田、祭祀、家法、家礼等体现宋代家族制度形态结构的主要内容，他都详细且具体地在其《朱子家礼》卷1《通礼》中提出来了。后世的家族制度，大体上就是按照朱熹设计的模式建立起来的。因此，朱熹通过族长、祠堂、族田、祭祀、家法、家礼等达到敬宗收族的思想，对后世影响极其深远。

关于族谱的体例，以欧阳修的《欧阳氏谱图》为例，其包括4项内容，为谱序、谱图、传记、谱例。谱序，概述欧阳氏先世历史、得姓缘由和修谱的原因。谱图，绘制欧阳氏世系图。最后是谱例，阐述该谱的编纂原则。从谱序中我们知道，欧阳修编纂族谱采用详近亲、略远疏的著录对象原则。欧阳修主张各房支修谱，便于明确和查考，然后将修好的各房支谱合并起来，就是欧阳宗族的总族谱了。

苏洵的《苏氏族谱》则包含6项内容，为谱例、族谱、族谱后录、大宗谱法、附录、苏氏族谱亭记。其中谱例，阐述谱的意义；族谱，先说明修谱的目的和叙述法则，然后是世系图；族谱后录分上、下篇，上篇为苏氏的先世考辨和叙述法则，下篇记录了苏洵"所闻先人之行"，类似人物传记；大宗谱法介绍了纂修族谱的方法，以备修大宗族谱者采用；苏氏族谱亭记记载了族谱亭的建立过程。这里值得注意的是，苏洵纂修《苏氏族谱》采用的是小宗法，全谱仅著录六代人。苏洵还提出藏谱与续修的原则是：已成谱，高祖子孙家藏一部，续增的后人至五世，续修家谱。如此往复兴修，总观起来，世系延绵，修谱不绝，宗绪不会混乱。苏洵对于族谱的世系记载表述，则采用表的方式，六代一线贯穿下来，不像欧谱五世一图。

我们如对欧、苏两谱进行比较，发现其共同点：一是编纂族谱的目的相同，即通过追本溯源、明晰世系以敬宗收族，通过记述祖先的功绩德行来教忠教孝，传承祖先遗德，光宗耀祖；二是在编纂体例上，欧、苏两谱均有谱序、谱例、世系、传记，都采用小宗谱法，详亲略疏，传

记所包含的内容，一般都有名讳、字号、仕宦、为人、生卒、享年、葬地、配偶、子数等。不同点主要是：在记述世系时，欧谱用图，苏谱用表，表述方法不同。欧谱以图表述，不论宗族传了多少世代，人丁多么兴旺，都可以便利地记录下来，但世代、人口一多，查检起来不太方便；苏谱以表表达，族人的世系、血缘关系令人一目了然，但若世远人众，表就不好做了。谱图、谱表，各有优劣，需要互相取长补短，故后世修谱者往往综合欧、苏两家，图表并用。

欧谱和苏谱的创修，不仅出自本族的需要，而且意在为天下提供样本，起表率作用。欧、苏编纂家谱的指导思想和体例不仅影响南宋的家谱修撰，而且为元、明人修谱提供了范本，士大夫修谱纷纷遵奉欧、苏思想，仿照其体例。元代徽州教授程复心于延祐元年（1314）为武进姚氏族谱作序，就主张学习欧苏谱："苏氏、欧阳氏相继迭起，各创谱式，其间辨昭穆，别亲疏，无不既详且密，实可为后世修谱者法。"① 历史上家谱修撰的趋势是：唐以前官修谱牒，宋以后私家自修，首自庐陵欧阳氏和眉山苏氏二家，明士大夫家亦往往仿而为之。

北宋著名的政治家、军事家、思想家和文学家范仲淹以俸禄之余购买良田，捐为范氏宗族公产，称为"义田"，又设立管理机构，称为"义庄"。义庄的功能，涉及诸多方面，但对宗族成员进行经济生活上的赈济，是其最为重要的功能之一。一是义庄的"赡族"措施，其对象并不限于贫困族人，而是惠及宗族的所有成员，如对所有族人"逐房计口给米"，"冬衣每口一匹"，"嫁女""娶妇"支钱，"丧葬"支钱等。二是义庄建立了初步的管理、监督制度。范仲淹去世后，他的几个儿子都能遵从父训，承继父亲志愿，光大父亲事业。在义庄慈善事业方面，他们不断投入钱财和精力，不断完善义庄规矩。义庄对明清家族管理思想影响深远。

唐末五代至宋时期，军事管理思想的新发展主要表现在：中国古代

① 民国《辋川里姚氏宗谱》卷1，程复心《序》。

自西魏文帝大统十六年（550）宇文泰开创了府兵制，这一兵制一直沿用了两百年左右，直至唐中叶府兵制被募兵制所取代。府兵一般不入民籍，而是另立军籍。当府兵者，自备弓、刀，甲、槊、戈、弩由官府供给，有的自备资装，但不负担其他课役。当府兵的农民平时务农，农隙时讲武教战，有战事时朝廷临时点将率领从各地征发的府兵出征。战事完结，兵散于府，将归于朝。这样，兵不识将，将难专兵，避免了将帅长期拥兵作乱之弊，有利于巩固中央集权和国家统一。府兵制是兵农合一的一种制度。

唐中叶，随着土地兼并的发展，均田制日趋破坏，建立在均田制基础上的府兵制难以继续实行。为了解决宿卫缺兵问题，玄宗开元十年（722），宰相张说奏请募士。翌年，取京兆、蒲、同、岐、华府兵及白丁，加上潞州长从兵，共有 12 万人，号"长从宿卫"。开元十二年（724）"长从宿卫"更名"彍骑"。彍骑的产生实际上使唐朝兵制由府兵制转入募兵制，已具有雇佣兵性质。

北宋先后设立武举和武学，其中武学之设尚是中国古代史上的首创。宋仁宗景祐元年（1034），绛州通判富弼上书仁宗，建议"于太公庙建置武学，许文武官与白身岁得入补。聚自古兵书置于学中，纵其讨习，勿复禁止。朝观夕览，无一日离乎兵战之业，虽曰不果，臣不信也"。[①] 庆历三年（1043）五月丁亥，在对西夏战争的触动下，宋仁宗始设武学。宋代的武举和武学对军队的人才建设发挥了一定的作用，使一些训练有素的军事人才源源不断地补充到各级军队中，在对敌战争中发挥骨干的作用。

唐中叶五代宋，之所以是开创古代管理思想一个新的发展时期，与社会的动荡忧患、相对宽松自由的文化和言论环境密切相关。唐安史之乱后藩镇割据，兵连祸结，最后形成五代十国局面，社会仍然动荡不安。北宋虽然结束了五代十国割据的局面，但终两宋三百多年间，社会矛盾

---

① 赵汝愚：《宋朝诸臣奏议》卷 82《上仁宗论武举武学》，上海古籍出版社，1999 年。

始终比较尖锐。据粗略估计，大致十年就发生一次较大规模的农民或士兵起义，每一年就发生一次小规模的农民或士兵起义，加上先后对辽、西夏、金和元的战争，给人民生命和财产带来很大的破坏，并严重威胁宋政权的统治。唐中叶五代宋，由于战乱不已，军费开支庞大，财政上入不敷出的危机时有发生。历代朝廷解决危机的一个重要方法就是增加苛捐杂税，横征暴敛。当这种征敛超过了一定的限度，就会对小农经济造成巨大的破坏，严重影响小农的简单再生产正常进行。面对这种局面，许多有识之士纷纷提出改革朝政措施，从而在这一时期涌现出刘晏、杨炎、周世宗、范仲淹、欧阳修、李觏、王安石、司马光、苏轼、苏辙、叶适等著名的管理思想家，提出改革朝政的各种管理思想。一些朝中大臣在治理朝政、解决财政危机中提出买扑、入中，主张私营工商业等富有创造性的理财思想。

宋朝从太祖开始，就尊儒重文，兴文教，抑武事。太宗时还特别注意从孤寒之家选拔人才，这成为宋代科举改革的一个重要原则，为国家选拔才德兼备的人才发挥了积极的作用，如北宋著名的政治家、文学家、思想家范仲淹、李觏、欧阳修、王安石、苏轼、苏辙等都是出身孤寒之家的知识分子。正如明人徐有贞在《重建文正书院记》中所指出的："宋有天下三百载，视汉唐疆域广之不及，而人才之盛过之。"宋仁宗庆历四年（1044），太学从国子学三馆中分出，单独建校。太学在宋代成为混杂士庶子弟的普通学校，是宋代学校制度的一个重大变化，扩大了接受高等教育的范围。到神宗时期，那些"远方孤寒人士"和"四方士人"没有资格进入国子学的，自然就进入太学学习。与此同时，宋廷又给太学生以优厚的经济和政治待遇。朝廷全面实行"舍选"，即"天下取士悉由学校升贡"，于是，太学成为全国士庶子弟获得参加殿试资格的主要途径。南宋初年，国子学已不复独立存在，与太学合二为一。

宋代的右文重儒政策，一方面带来了两宋文化的繁荣，在理学、文学、史学等方面都达到了一个新的高峰，另一方面也造就了一大批士大夫阶层。这些士大夫广泛参与赵宋各级政权，有的终身从政，有的在一

生中某一时期从政，其中的绝大部分人不管是在朝还是在野，都以天下为己任，通经术，明吏事，晓法律，重现实，疑经论政，批判现实，著书撰文立说，总结自己的从政经验，阐发管理思想和方略，如李觏、范仲淹、欧阳修、司马光、王安石、苏轼、苏辙、朱熹、叶适、吕祖谦等均是其中杰出的代表。

宋代自宋太祖开始就立下祖宗之法：不诛杀士大夫和言事人。宋代历朝皇帝的确比较优待知识分子，除非罪大恶极，一般不予诛杀；对上书言事、犯颜直谏之人，一般都较宽容，更不会加罪处以极刑。由于相对宽松自由的文化和言论环境，这一时期出现了一批富有管理思想和方略的名臣。如熙宁变法的论战，各种不同观点不同思想的撞击，产生了许多有价值的管理思想和理论火花。南宋孝宗对各种学派也采取宽容的态度。他喜欢苏轼的学说，却没有因此而排斥程颐的学说。吕祖谦、叶适、陆九渊、朱熹等学派的同时并存，说明了当时言论环境的宽松。

宽松的言论环境使当时的知识分子敢于关心现实问题，批判现实问题。宋代无论是程朱理学，还是陈亮、叶适的重商学派，都关心当时的现实问题，朝政的议论也呈现出前所未有的活跃局面。由此虽然形成了无休止的政党之争，但也带来政治、思想上较为自由的风气。这种风气为学术上的探讨和新管理学说的产生提供了有利的政治条件。如在较为宽松的文化政策环境中，一向为传统儒家思想所鄙视的重商思想在宋代却较为活跃。重商思想对宋代商品经济的发展和空前繁荣影响深刻，在古代经济史中占有显著的地位。

其三，明末清初和晚清，中国古代管理思想向近代管理思想转变。明末清初，在资本主义萌芽缓慢发展，封建君主专制主义愈益腐朽，王朝更迭、社会动荡的历史背景下，黄宗羲、顾炎武、王夫之等人的反专制政治思想，显露出资产阶级民主思想的端倪。黄宗羲提出：专制君主以天下为私产，实为天下大害；在专制君主社会里，只有一家之私法，天下就永远难免于乱；天下治乱的标准不是王朝的兴亡，而是民众的忧乐；应变法以救世，臣下出仕应以万民为重，置相权以分君权，设学校

以监视朝政。顾炎武提出专制君主无法使天下致治，应分权众治的政治主张。王夫之则以"不以天下私一人"的民本思想来反对封建君主专制主义。

清代末年，中国古代管理思想开始发生深刻的变化。19世纪40年代至70年代，随着鸦片战争和第二次鸦片战争以及《南京条约》《北京条约》的签订，中国开始沦为半殖民地半封建社会。与此同时，西方思想也如潮水一般涌入中国。林则徐、魏源、冯桂芬、张之洞、李鸿章等提出抵御外侮、学习西方思想。林则徐主张严禁鸦片，抵御外国侵略，了解和学习西方。魏源也主张抗击英国侵略者，"师夷长技以制夷"。冯桂芬提出向西方学习，进行改革的主张，即创办军事工业、民用工业和新式学堂的洋务思想。张之洞提出实业与军事救国、中学为体西学为用思想。

19世纪末，甲午战争的失败和《马关条约》签订后，面对民族危机日益严重，康有为提出维新变法思想：主张开民权，设议院、制度局，实现三权分立，从而改君主专制为君主立宪制；主张发展民族资本主义工商业，富国养民；主张发展新式教育，培养人才，以智富国。总之，实行自上而下的资产阶级民主改革，使中国走向富国强兵的发展资本主义的道路。梁启超提出维新变法思想：其一，改变官制，变专制制度为议院制度，这是变法的本原。其二，全面促进经济发展，兴交通，清除阻碍经济发展的不利因素。其三，废科举，兴学堂。其四，建立法制，借鉴西方各国法律以完善中国法制。其五，兴民智，实行君民共主。其六，设报馆，译西书，宣传维新变法。严复也提出维新变法，挽救民族危亡的思想。其维新思想中最突出的一个特点是借助自然科学的理论，将弱肉强食、优胜劣汰、物竞天择、适者生存理论用于论证当时中国变法的必要性和紧迫性，认为中国只有变法才能由弱变强，才能"自强保种"，否则，将亡国灭种。严复还主张思想自由，提倡科学，"黜伪崇真"。

20世纪初，八国联军侵入北京，强迫清政府签订了《辛丑条约》，自此中国完全沦为半殖民地半封建社会。以孙中山先生为首的资产阶级革

命党人，提出了民主革命思想。其中最具代表性的是：邹容在《革命军》一文中，主张通过民主革命，推翻清朝封建专制统治，建立资产阶级民主共和国。章太炎主张，在中国推翻清王朝统治之后，应当建立资产阶级的民主共和国，并主张先"排满"，后对付帝国主义。孙中山民主革命思想的核心内容是包括民族主义、民权主义、民生主义在内的三民主义。民族主义的主要内容是推翻清王朝统治和争取民族独立，民权主义的核心内容是"推翻帝制，建立民国"，民生主义的主要内容是"一曰平均地权，二曰节制资本"。所有这些思想，标志着中国古代管理思想逐步迈向近代管理思想。

第六节　五个方面的说明

该系列专著在撰述中主要注意了五个方面的处理方式。其一，在撰述历代管理思想时，既注意其继承性，又强调其创新性。这就是说，古代的许多管理思想具有历史传承性，也就是历史依赖路径。为了反映这些管理思想的传承性，我们在阐述每一朝代相类似的管理思想时，都以适当的篇幅予以涉及。另一方面，对于每一朝代有特色有创新的管理思想，笔者都尽可能以较多的篇幅予以重点阐述。其二，中国古代历朝管理思想都十分丰富，即使鸿篇巨制也很难一一囊括，更何况拙著区区三百多万字，要阐述三千多年的管理思想更是难上加难。笔者只能以当代人的视角，选择其中对现实较有启示意义的管理思想加以阐述。其三，研究历史上的管理思想，应该如何应用当代的一些管理理论进行阐发，似乎在实际操作中不大容易掌握。尤其是古代的大多数管理思想，以今人的眼光来看，显得较为简单、粗糙，如用现代管理理论做太多的阐述引申，显得有悖于历史的客观情况，如不用现代管理理论阐述引申，又有就事论事之嫌，理论分析不够。笔者尽可能根据当时的历史现实做客

观的评述，点到为止，不做太多的引申。其四，在内容框架上尽可能做到先秦、秦汉魏晋南北朝、隋唐五代、宋、元、明、清卷统一。但是，由于各卷侧重点略有不同，因此，有些相同性质的内容在各卷的安排并不相同。如商税管理思想一般安排在商业管理思想方面论述，但如果本卷没有专节论述商业管理思想，那就将商税管理思想安排在赋税管理思想方面论述。其五，该系列专著各卷所引用的史料，笔者尽可能依据学术界公认比较权威的版本，如中华书局点校的二十四史，中华书局、天津古籍出版社出版的陈高华等点校的《元典章》。主要参考文献中所列的古籍版本只是该系列专著中较多引文依据的版本，并不意味着所有史料引文字句、标点均采用该版本。笔者往往还比较数家不同的点校、注疏和诠释，然后根据自己的理解和判断，择善而从之。由于篇幅和体例所限，以及该系列专著不属于考据学、训诂学的范围，其取舍理由就不一一予以说明了。

第一章
元代管理思想历史背景

第一节　规模空前的大一统局面

蒙古民族共同体形成于 13 世纪初。构成蒙古族核心的蒙古部，是东胡语系室韦的一支。在蒙古部发展壮大过程中，吸收各民族的成分，包括匈奴、突厥等语系及东胡语系的其他各族的后裔在内。在蒙古各部统一之前，居住在漠北高原上的部落有 100 个左右。诸部落混战不已，社会极不安定。加上金朝统治者挑拨离间和迫害，更加深了蒙古人民的苦难。蒙古各部流浪荒漠，不得安居，期待有一个强大的中心力量来领导全蒙古的统一。

13 世纪初，铁木真（1162—1227）统一了蒙古诸部，尔后，大漠南北概称为蒙古地区，所辖各部的居民统称为蒙古人，"蒙古"一词开始成为各部的共同名称。铁木真被本部族推举为首领后，经过长期的征战，初步完成了统一的事业。1206 年蒙古各部在斡难河畔召开了忽里勒台（意为大聚会），铁木真被推戴为全蒙古的"汗"（皇帝），尊称为成吉思汗（"成吉思"意为强大，又说意为大海）。

蒙古各部统一后，就开始了对外扩张的战争。1227 年，蒙古灭西夏。

1234年，蒙古联合南宋灭金。1218年成吉思汗派蒙古军西征西辽屈出律，屈出律被擒杀，西辽旧属领土尽归蒙古。成吉思汗以花剌子模守将杀死蒙古骆驼商队为借口，开始第一次西征。1222年，蒙古军占领了花剌子模和中亚，进入东欧斡罗思境内，收降了里海、咸海间的康里国。

成吉思汗的封建领地称为"兀鲁思"，分封给他的3个儿子。长子术赤封于钦察、花剌子模及康里国故地，今咸海以西、里海以北之地皆属之。术赤比成吉思汗早死，这一封地归于其子拔都。次子察合台封于西辽及畏兀故地，东起阿尔泰山，西至阿姆河，包括新疆天山南北路等地，后来称为察合台汗国。三子窝阔台封于乃蛮故地，今鄂毕河上游以西至巴尔喀什湖以东一带均属之，后来被称为窝阔台汗国。依照蒙古惯例，在成吉思汗死后，幼子拖雷获得其父的直接领地，即斡难河及客鲁连河流域一带蒙古本部的地方。

1236—1241年，拔都统帅蒙古军进行第二次西征。蒙古军渡过札牙黑河（乌拉尔河），在亦的勒河（伏尔加河）中游击溃不里阿耳部（保加利亚），主力继续西进，占领了钦察以及从宽田吉思海、亚速海直到斡罗思东南的广大领土。后又分兵进入孛烈儿（波兰）和马扎儿（匈牙利）等地。后来拔都率领本部留在钦察草原，建立了钦察汗国。俄罗斯编年史称钦察汗国为金帐汗国。

1252—1259年，拖雷之子旭烈兀率蒙古军进行第三次西征。1256年，旭烈兀灭了木剌夷国。接着，又攻下阿拔斯哈里发的报达国（巴格达）。1258年，进军苦国（叙利亚）京城大马司（大马士革）。算端（今译苏丹，伊斯兰教国家君主）纳昔儿弃城逃走。后来，旭烈兀留居帖必力思，建立了伊利汗国。

成吉思汗建立的蒙古国家，经过3次西征，在兀鲁思的基础上，形成了钦察汗国、察合台汗国、窝阔台汗国和伊利汗国。4个大汗国的汗，本是中央分封出去的4个最高军政首领，与中央保持有藩属关系，直接向大汗负责。后来，蒙古各统治集团为争夺大汗权位，彼此间矛盾激化，加上各汗国间缺乏必要和有力的经济联系，使得大蒙古国日趋瓦解。其

中，钦察汗国和伊利汗国逐渐走上各自独立发展的道路。而窝阔台汗国，由于窝阔台（太宗）和他儿子贵由（定宗）相继被选为大汗，其领土一直归中央管辖，实际上没有形成单独的汗国。察合台汗国的汗庭设在伊犁河上，在地理位置与中原腹地及蒙古草原连成一片，在政治上也与中央王朝保持密切的从属关系。蒙哥大汗（宪宗）即位后，在察合台汗国的别失八里等地设置行尚书省，管辖范围从畏兀直至河中诸地。察合台汗国的汗位继承也经常受到中央王朝的左右。显然，它和窝阔台汗国一样，是中国历史的一个组成部分。

蒙哥继窝阔台和贵由即大汗位后，为缓和内部矛盾，除派六弟旭烈兀率军西征外，又令四弟忽必烈率军南下。1253年，忽必烈率军灭大理国。1279年，又率军灭南宋。1264年，忽必烈在进攻南宋期间，建都燕京，改年号为至元。1271年改国号为大元，正式建立元朝，忽必烈即为元世祖。元朝成为中国历史上幅员辽阔、规模空前的大帝国。

第二节　民族歧视和对各族上层的笼络

元代，蒙古贵族成为全国的统治者，为保持自己的特权地位和维护对人口远超本族的汉族及其他少数民族的统治，进一步推行民族压迫和民族分化政策，根据民族与被征服时间的先后将人分为蒙古、色目、汉人、南人四等，在行政、法律地位及其他权利义务各方面都有种种不平等的规定。

当时四等人的划分大致是：第一等为蒙古人，是元朝的"国族"，蒙古统治者称之为"自家骨肉"；第二等为色目人，色目一词唐代已有，意为各色各样，包括我国西北地区各族及中亚、东欧来到中国的人；第三等是汉人，概指淮河以北原金朝境内的汉族、契丹、女真、渤海、高丽等族，以及较早被蒙古征服的云南、四川地区的汉人；第四等是南人，

指最后被元朝征服的原南宋境内各族。汉人、南人绝大部分是汉族。

元廷规定四等人的地位、待遇是不平等的，主要表现在：

一是在任用官吏上，从中央到地方各级官署的实权多数掌握在蒙古人、色目人手中。中央最高行政机构中书省的丞相，通常"必用蒙古勋臣"，色目人仅个别亲信得任此职。元世祖初年曾以史天泽和蒙古化的契丹人耶律铸为丞相，其后即规定"不以汉人为相"。次于丞相的平章政事亦多由蒙古、色目人担任，一般不授予汉人。各行省丞相、平章的任用亦同此例。元朝统治者尤严防汉人掌握军机重务，规定汉人不得阅军数，所以掌兵权的枢密院长官（知院）终元一代，除少数色目人外都是蒙古大臣，无一汉人。御史台长官（御史大夫）也是"非国姓不以授"。元朝于行省以下各级地方政府皆置"达鲁花赤"为首席长官，规定要由蒙古人担任，若无，则于有"根脚"（出身高贵）的色目人内选用，三令五申禁止或革罢冒任此职的汉人、南人，仅南方边远地区遇蒙古人畏惮瘴疠不肯赴任时，才允许以汉人充任。大德元年（1297）中书省、御史台奏准："各道廉访司，必择蒙古人为使，或缺则以色目世臣子孙为之，其次参以色目、汉人。"南人地位最低，省、台之职皆斥不用，甚至连廉访司的书吏都不许充任。在入仕的途径上，元廷也优待蒙古人、色目人而限制汉人、南人。元朝以怯薛出身者做官最为便捷，而充当怯薛的主要是蒙古、色目人，汉人则只有少数世臣子弟。武宗时（1308—1311）分汰怯薛，只留有阀阅的蒙古人、色目人，其余皆革罢；严禁汉人、南人投充怯薛，已冒入的遣还原籍。仁宗延祐元年（1314）恢复科举取士，但在名额分配上规定：蒙古、色目、汉人、南人四等，乡试各取 75 名，会试各取 25 名。汉人、南人文化水平超过蒙古、色目百倍，这种平均分配录取人数，实际录取率相差悬殊，是很大的不平等。当时进士分别左右榜，蒙古人以右为上，因而在右榜上的蒙古人、色目人都算上选，而列为左榜的汉人与南人就算低一级。蒙古人由科举出身者，一旦正式委任就是六品官，而色目、汉人、南人则递降一级。在考试程序上，蒙古、色目人考两场，汉人、南人需考三场；考题难易也有差别。蒙古、色目

人初学汉文化，自然难以和文化高的汉人、南人竞争，因此他们用民族等级的限制来防止汉人、南人通过科举取得更多的职位。

蒙古贵族为统治广大汉族人民，不得不利用汉族人才，但又要防止人数、文化水平和统治经验都超过蒙古人的汉官占据重要职位。为保持自己的权力优势，遂用等级制加以限制。

二是在法律地位上，同罪不同罚。元朝统治者曾下令，蒙古人、色目人因争执殴汉人、南人，汉人、南人不得还手，只许向官府申诉，违者治罪。法律还规定：蒙古人因争执及乘醉殴死汉人，只征烧埋银，并断罚出征，无须偿命；而汉人殴死蒙古人则要处死，甚至只打伤蒙古人也处以极刑。同是盗窃罪，汉人、南人断刺字，蒙古人则不在刺字之列（审囚官如擅将蒙古人刺字，则予以革职），色目人也可免受刺字之刑。

三是对汉人、南人进行严密的军事防制。元统一中国后，以蒙古、探马赤军镇戍河洛、山东，占据全国腹心重地，"与民杂耕，横亘中原"，以监视汉人；江南地区，则遣中原汉军分戍诸城及要害之处，与新附军相间，借以防范南人。同时，严禁汉人、南人执把弓箭及其他兵器。至元二十二年（1285），令将汉地、江南拘收的弓箭、兵器分为三等，下等销毁，中等赐给近居蒙古人，上等存库，由所在行省、行院、行台掌管。无省、台、院官署的，上达鲁花赤或畏兀、回回人任职者掌管。汉人、南人虽居职，但不得掌兵器。其后又规定了各路、府、州、县捕盗应备弓箭的数量，仍命由当地蒙古、色目官员掌管。新附军的兵器，平时皆存放库中，有事时临时关发，一旦军事行动停止，仍归库存放，不得继续持有。元朝政府甚至禁止汉人、南人畜鹰、犬为猎，违者没收家资。后至元二年（1336），丞相伯颜当国，为防止南人造反，甚至禁止江南农家用铁禾叉。此外，元政府禁止汉人、南人集体打猎、祈神赛社、习学枪棒武术以及演唱戏文、评话等，以防他们聚众闹事，而蒙古、色目人则不在禁限之内。

四是在征敛方面也是按等征收。元政府规定，在民间括马，蒙古人不括，色目人括取2/3，汉人、南人则全部括取。据记载，元世祖时有一

次括马竟达 10 万匹。括马是一种非常时期为了军事目的而施行的强征，有明显的民族压迫色彩。

元朝蒙古统治者实行民族歧视政策，旨在利用民族分化手段以维护其特权统治。但是事与愿违，其结果是元朝的社会矛盾更加复杂、尖锐，从而加速了元朝的灭亡。

元朝在实行民族歧视政策的同时，为了扩大其统治基础，对各族上层分子也实行笼络政策，利用他们加强对各族人民的统治。

元朝建立后，那些早期投靠蒙古统治者的汉族地主，如真定董氏、易州张氏、大兴史氏、阳城郑氏等，元统治者都把他们与蒙古贵族同等对待。元世祖就曾亲昵地称呼董文炳为董大哥。元世祖的孙子成宗即位后，也称呼董文炳的二儿子董士选为董二哥。元世祖曾当众说过："朕心文炳所知，文炳心朕所知。"① 董文炳的兄弟董文用"每侍燕，与蒙古大臣同列"。还有袭父职任太原、平阳万户的郑制宜，也被元世祖所信任器重。按当时惯例，每年皇帝去上都时，枢密院官员除随行外，还要有一人留守京师。由于留守官员责任重大，从来不派汉人充任。至元二十五年（1288），元世祖破例让郑制宜留守，制宜逊辞。元世祖说："汝岂与汉人比耶！"②

元朝统治者在统治江南后，也注意重用南方的汉族上层人士。至元二十四年（1287），元世祖诏命程钜夫为御史中丞。台臣反映，钜夫是南人，又年轻，不宜担任这个职务。元世祖大怒，斥责台臣说："汝未用南人，何以知南人不可用！自今省、部、台、院必参用南人。"③ 于是派程钜夫为侍御史、行御史台事，奉诏求贤于江南。程钜夫临行时，世祖密谕，一定要把赵孟𫖮、叶李等人找来。程钜夫乘机推荐了赵孟頫等 20 余位江南名流，世祖后来都授予他们一定的职位，企图通过这批人获得江

① 苏天爵：《国朝名臣事略》卷 14，中华书局影印本，1962 年。
② 宋濂：《元史》卷 154《郑制宜传》，中华书局点校本，2011 年。
③ 《元史》卷 172《程钜夫传》。

南上层人士的拥护。

元朝统治者不仅对上层人士、大地主等实行笼络政策，对一般的中小地主也采取笼络措施。元世祖时，蠲免兵赋的儒户多数是汉族地主中的知识分子，元统治者借此来拉拢这些人为元政府效命。如当时的地主豪强严实，他的子弟都是万户、千户。其次子严忠济幕僚宋子贞、李昶、刘肃、徐世隆等，都是当时的知名人物。又如当时窝阔台的翻译官杨惟中推荐了当时的名士窦默、姚枢，姚枢又推荐了许衡。窦、姚、许后来都成了元朝的名臣。

元统治者甚至对为其效力的一般民众也予以笼络。如当时法令禁止汉人执兵器，但"汉人为军者不禁"，"诸打捕及捕盗巡马弓手、巡盐弓手，许执弓箭，余悉禁之"①。

元朝统治者对其他各族的上层，也都采取笼络手段。早在蒙古国时期，成吉思汗就注意争取他们。如契丹旧族耶律楚材随从成吉思汗左右，是成吉思汗重要的谋臣。成吉思汗曾指楚材对太宗（窝阔台）说："此人天赐我家，尔后军国庶政当悉委之。"② 按民族等级规定，只有蒙古人才能担任达鲁花赤，而实际上畏兀人的世家子弟任达鲁花赤的不少。当有人奏称布鲁海牙子弟仕进者多，宜稍加节制时，元世祖说："布鲁海牙功多，子孙亦朕所知，非汝当预。"③ 李桢和高智耀都是西夏的贵族，元太宗命皇子窝阔台出伐宋时告诫他："凡军中事须访（李）桢以行。"④ 元世祖呼高智耀为高秀才而不呼名。回回人赛典赤一直为忽必烈所器重，让他去云南任行省平章。赛典赤死后，其子纳速剌丁继续守滇。元统治者对吐蕃等族上层也竭力拉拢，如封喇嘛首领八思巴为"国师"。当时法令规定，转任地方官、解除军职的官员要交回所佩金虎符，但吐蕃领主赵

① 《元史》卷105《刑法四·禁令》。
② 《元史》卷146《耶律楚材传》。
③ 《元史》卷125《布鲁海牙传》。
④ 《元史》卷124《李桢传》。

阿哥潘转任临洮达鲁花赤时，有旨："勿拘常例，使终佩之。"① 大理段氏的子孙如信苴日等，也都曾享受过特殊的优待。

第三节　社会经济的恢复与发展

元初，由于长期遭受战争的破坏，北方地区的生产处于停滞和倒退的状态。而南方由于受战争的影响较少，加上中原民户不断南移，增加了劳动力，所以生产一直在缓慢地发展。黄河流域遭受战争破坏最严重，到元世祖时期逐渐恢复。今陕西关中地区的小麦"盛于天下"，关、陇、陕、洛出现了"年谷丰衍，民庶康乐"的现象②。绛州（山西新绛）当时亩产可达一钟③。长江以南地区产量更高，仅江浙一省的岁粮总数就占了全国岁粮总数 12114780 石的 1/3 强④。少数民族地区农业生产也有很大的发展，当时北至怯绿连河（克鲁伦河）、乞里吉思、谦谦州（均在今叶尼塞河上游一带），南至罗罗斯（四川南部）、乌蒙（云南昭通），均有屯田，赛典赤在云南教民播种，成绩卓著。

元代，我国南北各地棉花种植逐渐推广。元世祖至元二十六年（1289）四月，元政府曾"置浙东、江东、江西、湖广、福建木棉提举司，责民岁输木棉（布）十万匹。"到了成宗元贞二年（1296），又定江南夏税折征木棉等物。这说明棉花种植在江南已很普遍。棉花在北方陕甘一带普遍种植的情况，见于当时司农司官撰的《农桑辑要》："木棉亦

　　① 《元史》卷 123《赵阿哥潘传》。

　　② 王恽：《秋涧集》卷 86《论范阳种麦事状》，台湾商务印书馆影印文渊阁四库全书本；苏天爵：《滋溪文稿》卷 17《韩公神道碑》，台湾商务印书馆影印文渊阁四库全书本。

　　③ 《秋涧集》卷 37《绛州正平县新开溥润渠记》。

　　④ 《元史》卷 93《食货志一》。

西域所产，近岁以来，苎麻藝于河南，木棉种于陕右，滋茂繁盛，与本土无异。"

元代官营手工业中丝织业有很大的发展。旧的丝织业中心，如江、浙、四川等地，在元代都有较大的发展。官办的丝织业作坊著名的有平江、杭州、成都 3 处的织锦院，院里织机各有数百台，工匠数千人，有挽综、用杼、纺绎等较细的分工。当时，类似大小不等的织染局遍布全国，像福建提举司岁织缎在 3000 匹以上。这些官办手工业的产品主要供宫殿王府装饰和皇室、贵族、官僚穿着之用。

私营手工业也有发展，如杭州私营丝织业作坊的规模与经营情况，在元末明初人徐一夔的《织工对》中就有很翔实的叙述。他说，元末至正年间（1341—1367），杭州"有饶于财者"，家有杼机四五具，雇工十数人。织工劳动"每夜至二鼓"[①]，其中技艺较高的织工，可获"倍其值"的工资。可见，在元代丝织业作坊中已有雇佣劳动出现。

当时丝织业技术较前代有所革新。织锦缂丝方面，许多名工巧匠的作品绚丽多彩，各具风格。1959 年新疆乌鲁木齐东南盐湖出土的一件元代青地粉花缂丝，使用了熟练的披梭戗色法，增强了花朵的晕感，还使用了单双子母经，使断纬和经线的结合更加牢固，并突出了绘画上的勾勒效果。这些都是宋代缂丝中罕见的技法[②]，可见元代丝织技术在传统技巧上有所突破。再如弘州（河北省阳原县）、荨麻林（河北万全西北）两地，有 3300 余户西域回回工匠集中在官营手工纳失失局中，专门生产一种用金线混织、上贴大小明珠的金绮，称为"纳失失锦"，是驰誉中外的丝织品。

元代纺织业中，棉纺织业大放异彩。松江（上海松江区）乌泥泾是当时棉纺织业的中心。元初，棉纺织革新家黄道婆是乌泥泾人，幼年

① 徐一夔：《始丰稿》卷 1《织工对》，浙江古籍出版社，2008 年。

② 夏鼐：《新疆新发现的古代丝织品——绮锦和刺绣》，《考古学报》1963 年第 1 期。

"沦落崖州"（海南岛）①，从黎族妇女中学得了先进的棉纺织技术。成宗元贞元年（1295）前后，她返回家乡，又把汉族地区丝麻纺织的经验用在棉纺织上，改进了从轧花到织布一系列的棉织生产工具。如：原来弹花用小竹弓和手指，"厥功甚艰"②，她改用大弓椎击法；原来纺纱用单绽纺车，她改用三绽纺车；在织染方面，采用错纱、配色、综线、絜花，织出各种美丽图案，适应了当时棉纺织业发展需要，大大提高了松江一带棉纺织工艺的水平。当时，松江棉纺织品畅销全国，有"松郡棉布，衣被天下"之谚。

元代的制瓷业在宋、金的基础上有较明显的发展。南方的景德镇逐渐成为全国最大的制瓷中心，以生产高质量的青白瓷为主。色釉有青花、釉里红、红釉、蓝釉等品种，是这个时期的重要成就。元政府在景德镇设浮梁瓷局，管理官窑，烧制进贡的御器。器内皆记枢府字号，故又称枢府窑。除官窑外，当时景德镇还有300多座民窑烧制各种瓷器。当时南方比较著名的瓷窑还有浙江的龙泉窑，产品以青瓷为主。北方除宋代著名的钧窑、定窑还在继续发展外，山西的蒲州、潞安、霍州都有一批新窑投入生产。随着各地瓷窑的兴建，瓷器的产量逐年上升，除供应国内的需要外，产品还远销日本、朝鲜以及南洋和中亚地区。元末摩洛哥旅行家伊本·白图泰（1304—1377）在游记中曾记载元瓷行销也门和他的家乡。

元代的印刷业也相当普及。当时南北各地兴起许多刻书印刷中心。南方的杭州、建安（建瓯）、福州，印刷业继续发展。北方自元初耶律楚材请立经籍所于平阳（山西临汾）后，"平水刻"盛极一时，书坊萃集，私营书店不断出现。各地私人印刷业的兴起，促进了文化的发展。

元朝统一中国后，随着农业、手工业的恢复和发展，商品经济也逐

---

① 王逢：《梧溪集》卷3《黄道婆祠·诗序》，台湾商务印书馆影印文渊阁四库全书本。

② 陶宗仪：《辍耕录》卷24《黄道婆》条，台湾商务印书馆影印文渊阁四库全书本。

渐兴盛起来。当时国内市场上，北至益兰州（今乌鲁克木河左岸之厄列格斯河下游），南至南海诸岛，西至西藏，东达海滨，使用统一货币，遵奉同一政令，驿站邮传遍布各地区，商队往还络绎不绝。陆运、内河航运和海运畅通无阻，无远不至。这些历史条件使元代商业呈现出空前繁荣的景象。

被称为"汗八里"的大都，当时不仅是大汗的京城，也是世界著名的商贸中心。东欧、中亚、非洲海岸，日本、朝鲜、南洋各地，都有商队、使团来到大都。西藏的喇嘛们每次往返大都均要运输许多货物，他们是宗教团队，兼有商队的性质。从东南沿海直航天津的海船也带来闽、广、江、浙的丝绸、瓷器和南洋的香料。《马可·波罗行纪》载："应知汗八里城内外人户繁多……郭中所居者，有各地来往之外国人，或入贡方物，或来售货宫中……外国巨价异物及百物之输入此城者，世界诸城无能与比……百物输入之众，有如川流之不息，仅丝一项，每日入城者计有千车……此汗八里大城之周围，约有城市二百，位置远近不等，每城皆有商人来此买卖货物，盖此城为商业繁盛之城也。"[①] 大都城里流通的商品有粮食、茶、盐、酒、绸缎、珠宝等，也有单项商品集中经营的市场，如米市、铁市、皮毛市、马牛市、骆驼市、珠子市、沙剌（珊瑚）市等。商业行会的组织中，有"行老"负责业务上的内外事务。

元代，北方的重要城市，沿陆路交通干线有涿州、真定、大同、太原、平阳、奉元（西安）、开封、济南等，再向北则有上都、和林、镇海等。这些城市大多聚集着大批汉族和西域商人，他们从中原地区贩运米粮及百货来此贸易，使当地成为蒙汉经济交流的枢纽。至正初年，已出现"诸部与汉人杂处，颇类市井，因商而致富者甚多"[②] 的现象。西南地区的城市有成都、昆明、大理等，西南少数民族的经济生活也纳入全国的商业网。再往西，当时商业贸易直至西藏日喀则萨迦寺一带，并和尼

---

① 冯承钧译：《马可·波罗行纪》中册，上海书店出版社，2001年，第380页。
② 周伯琦：《近光集·扈从北行纪》，台湾商务印书馆影印文渊阁四库全书本。

泊尔建立了贸易联系。

沿着运河和长江南北东西水路，一些传统的商业城市更蓬勃发展起来，比较有名的如杭州、平江、镇江、集庆（南京）、扬州等城。《马可·波罗行纪》描述杭州的商业情况是："城中有大市十所，沿街小市无数……每星期有三日为市集之日，有四五万人挈消费之百货来此贸易。"①不仅大城市如此，中等城市如湖州，由于丝织业发展，商业资本十分活跃，大商人开设了许多绢庄、牙行，经常深入乡镇，"收积机产"②。

沿海城市有广州、泉州、福州、温州、庆元（宁波）、澉浦、上海等，除福州外，其余都是设有市舶司和提举司的对外开放的贸易港口。泉州是当时对外贸易的第一大港，出口商品主要是瓷器、丝绸、麻布、棉布、金银、铁器、漆盘、席、伞、白芷、麝香、水银、硫黄等，进口商品有丁香、豆蔻、胡椒、钻石、珠宝、象牙、犀角、玳瑁、木材、漆器等。摩洛哥人伊本·白图泰在其游记中写道："泉州为世界最大港之一，实可云唯一之最大港，余见是港有大海船百艘，小者无数。"③当时泉州港口指示航行的灯塔至今仍屹立在海滨。元代的海外贸易东起朝鲜、日本，西达非洲海岸，十分繁荣。官府文书常见有"回回田地里"和"忻都田地里"等用语，前者指阿拉伯半岛、波斯湾沿岸和非洲东北部的广大地区，后者指印度次大陆。元人汪大渊的《岛夷志略》曾提到与泉州有来往的国家和地区达97个。伊本·白图泰在其游记中说，由印度到中国航行，只能乘中国商船，他在印度港口卡利卡特曾看到同时停泊着13艘中国商船。由此可见，当时外贸的规模是相当大的。

至正七年（1270），国内商税"以银四万五千锭为额，为溢额者别作增余"。到至正二十六年（1289），商税已增至"腹里为二十万锭，江南为二十五万锭"④，共计45万锭。不到20年，增长了10倍。商税的增

---

① 《马可·波罗行纪》中册第579页。
② 胡琢：《濮镇记闻》卷首总叙。
③ 转引自桑原隲藏著、陈裕菁译：《蒲寿庚考》，中华书局，2009年，第38页。
④ 《元史》卷94《食货二》。

长，固然说明了封建剥削的加重，但也反映了当时商业的繁荣和贸易额的大幅增加。

第四节　海运的利用和大运河的疏浚

元大都是全国的政治中心，地理位置十分优越，但由于不在当时最重要的农业生产区之内，当地农产品不足以满足首都众多人口的需求。为了供应"百司庶府之繁，卫士编民之众"，京都的粮食不得不"仰给于江南"①。元政府为了保证江南粮食能源源不断地顺利运达大都，除了利用陆路交通和运河外，又开辟了一条海运航线。

沿着海岸线的南北运输，早在唐宋就已经开始了。元世祖派伯颜下临安，取南宋皇室库藏图书典籍，招海盗朱清、张瑄由崇明入海道运至直沽，转至大都。至元十九年（1282），伯颜命罗璧、朱清、张瑄造平底船 60 艘运粮 46000 石，从海道运至直沽。以后逐年增加，至元代中期，海运粮岁达二三百万石，最多达到一年 3600000 石。其路线几经开辟，至元三十年（1293）形成，由刘家港入海，至崇明三沙放洋东行，入黑水洋，至成山转西，经刘家岛、登州（今山东蓬莱）沙门岛，于莱州大洋入界河口，抵天津直沽。运粮船只自苏州刘家港开航，"当舟行风信有时，自浙西至京师，不过旬日而已"②。船户们在航海中，总结出一套行船经验。他们在易出事故的险滩危崖上，白天立旗缨，夜间挂大灯。这是我国海上航行信号运用的早期记录，和当时泉州指示航行的灯塔——六胜塔，都是我国航运史上的珍贵史料。船户们又把潮汛、风信、阴晴、风雨等征候和预报编成口诀，作为传授推广经验的方法。

---

① 《元史》卷 93《食货一》。
② 《元史》卷 93《食货一》。

　　海运比陆运和内河航运要省费得多。据估计，河漕比陆运的费用省十之三四，海运比陆运的费用省十之七八。因此，海运不仅"民无挽输之劳，国有储蓄之富"，而且便于在政治上控御东南。武宗时，元朝统治者也说："海道里官粮交运将大都里来的，（是）最打紧的勾当有"①。这也就是"终元之世，海运不废"的原因所在②。

　　与海运双管齐下的另一条措施，就是对大运河的开凿和疏浚。自隋唐迄宋，大运河主要是以洛阳为中心的一条南北水上运输线。元定都大都，政治中心北移；灭南宋后，全国实现统一，南北经济交流进一步扩大。由于大都所需之大量粮食及其他物资多由江南供应，而旧大运河曲折绕道，不能直达大都，水陆并用，劳民伤财，极其不便，促使元朝统治者重新开凿和疏浚大运河。

　　元代开凿和疏浚大运河工程由中央的都水监和各地的河渠司负责，两个机构都负责掌管水利。元朝初年，南北漕运路线是先从苏北黄河旧道逆黄河而上，到中滦（河南封丘）后，改由陆运至淇门（河南汲县），再由淇门入卫河，北上至大都。当时南北之间没有直达的渠道。至元十七年（1280），元政府利用汶泗诸河的水源，沿着山东丘陵地的西北边缘，向南开凿了济州河，从山东的济宁到东平开辟了一条人工河道。至元二十六年（1289）又开凿了一条会通河，从山东东平到临清，和旧运河（即御河）接通。到了至元二十八年（1291），当时任都水监的科学家郭守敬建议，在金朝运河的基础上开凿一条通惠河，自大都至通州，利用北京西山泉水及白河水接济运河水量，总长160余里，就可以从通州顺白河到天津。济州河、会通河、通惠河三条河道的开凿，就从当时黄河所经的徐州，向西北直达卫河上的临清，打通了一条捷径。运粮船从徐州直接北上，不必再绕道河南，省去了六七百里的路程。从此，北自大都南至杭州的京杭大运河全线贯通起来，成为以大都为中心的新型大

---

　　①　《元典章》卷59《工部二》，中华书局、天津古籍出版社，2011年。

　　②　丘浚：《大学衍义补》卷34，台湾商务印书馆影印文渊阁四库全书本。

运河。元代京杭大运河的贯通使南北经济、文化的交流开始了一个新的时代，在政治上也起了巩固统一的作用。

第五节　理学的传播

13 世纪，崛起漠北的蒙古人，在消灭金和南宋政权的过程中，也开始吸取以儒学为主的汉族先进思想文化。早在成吉思汗和蒙哥从欧洲回师东向，征战中原的时候，就网罗以耶律楚材为首的亡金儒士大夫，如王揖、李藻、郭宝玉、李国昌、元好问、郝经、姚枢、杨惟中等人。但是，由于这一时期南北宋金、宋蒙先后对立，"声教不通"，南方的理学还没有传到北方。因此，当时蒙古人所接触的儒学，主要是北方传统的汉唐经学章句。如严实当年在东平兴学，所用的亡金儒士，只是"授章句"。许衡早年受学，也是金之"落第老儒"的"句读"。但是，也就是这些儒士大夫，对于汉民族文化在北方地区的保存，对于蒙古族对儒学和汉文化的了解和汉、蒙思想文化的交流与融合，对于后来蒙古在征战南宋时期对汉族知识分子的保护和利用，都起了一定的作用。

窝阔台进兵南宋时，儒上杨惟中、姚枢随军，对在湖北俘获的理学名士赵复加以保护，并礼送他至燕京太极书院，请他传授程朱理学。自此，北方的儒士大夫姚枢、刘因、许衡、窦默、郝经等人，才得知理学的要义。但赵复不愿仕元，只处于师儒的地位，且不久又隐迹于真定，因此，北方的理学虽传自赵复，但影响还是有限。在北方理学的传播中，影响最大的当推间接受学于赵复的许衡。正如全祖望所指出的："河北之学，传自江汉（赵复）先生，曰姚枢，曰窦默，曰郝经，而鲁斋（许衡）其大宗也，元时实赖之。"[①] 许衡在理学上私淑朱熹，但对于理学只注重

---

① 黄宗羲：《宋元学案·鲁斋学案》，中华书局，1982 年。

普及，不重"义奥"。他劝元帝兴儒学，以作为推行"汉法"的重要内容。朱子学在元代能成为官学，与许衡父子的大力推崇是分不开的，故明清的理学家对许衡赞赏有加，称他是"朱子之后一人"，是道统的接续者。

与许衡同时的刘因，初从章句之学，后转而崇信理学。与许衡不同，刘因高蹈不仕，消极用世，故在理学上倡主静，不动心，借庄子学说以逃避现实。

许衡、刘因是元初北方的两个理学家，而当时南方的理学家是吴澄。吴澄治学广博，于理学、经学，乃至天文、律算都有所涉猎。元代人称他是"通儒先之户牖，以极先圣之阃奥"、"考据援引，博极古今，近世以来，未能或之先也"①。吴澄从其师承来看，虽为朱学系统，但他在元代理学家中，却是一位"和会朱、陆"的代表人物，一度被人目为陆学。

在元代，除了许衡、刘因、吴澄三位比较有代表性的理学家之外，还有浙东金华北山何基的弟子金履祥、许谦等人较具影响。他们入元之后，多隐迹不仕，以讲学授徒终其一生。他们坚持朱学门户，仍与陆学对立，所以他们与许衡、吴澄虽同称朱学，但又各具特色。元末明初的名儒显宦宋濂等人，就是出自这一朱学系统。

朱学虽然在元代开始成为官学，被列为科场程式，但陆学并未因此衰亡。相反，陆学在被压抑的情况下，其势固不及朱学，但如赵偕、陈苑这些陆学徒裔，仍在坚持陆学"门墙"，一直与朱学观点不同而作为元代的一个理学派别存在着。

元代理学的一个重要特点是出现了朱、陆两派合流的倾向。当时，除一部分人坚守朱、陆学统外，还有不少朱学和陆学的人物，如吴澄、许衡、郑玉、史蒙卿、徐霖、胡长孺、许谦、宋濂等，都不同程度地看到南宋朱、陆之争，其实质上是各走极端（朱主"支离"，陆主"简

---

① 虞集：《道园学古录》卷5《送李扩序》，台湾商务印书馆影印文渊阁四库全书本。

易"），以致各自的学统都有不足，难以为继。所以他们主张打破门户之见，以汇综朱、陆两家之长。陆学之徒固然坚持反求自悟的本心论，但也兼取朱学致知、笃实的"下学"工夫，使陆学不至于"谈空说妙"，流入禅门。而朱学之徒虽然坚持笃实的工夫，但也兼取陆学"简易"的本心论，以避免朱学的"支离"泛滥。这种倾向其实就是在折中朱、陆两家之异，兼长避短，"足以补两家之未备"。当然，元代这种"和会朱陆"的现象，实质上主要是以陆学的本心论，兼取朱学的某些观点，如理气论与理欲之辨而出现的一种新的理学派别。

总之，由北宋兴起的理学，到了元代出现了一些新的气象：一是朱子学开始成为官学。与此同时，在元人修撰的《宋史》中，首开《道学传》，把程、朱这一学派的理学家，正式列入孔、孟以后所谓的儒学"道统"中。明、清承袭了元代的传统，朱子学作为官学的地位不可动摇，正史中的《道学传》不可或缺。二是元代的理学，从总体上看，在理论上没有什么重大的建树。但许衡、刘因、吴澄的一些独立见解还是值得提及，如许衡的"治生"论，刘因的理学根基于质朴的六经和"古无经史之分"的观点等，还是颇具特色。三是理学从南宋时的朱陆之争发展到元代的朱陆合流，是理学史上的一个重要变化。

第二章
元代自我管理思想

第一节　许衡持敬、谨慎、省察思想

　　许衡（1209—1281），字仲平，号鲁斋，是元代著名的理学家，信奉程朱理学。幼读经书，从姚枢、窦默等讲习程朱理学。先后任京兆提学、国子祭酒、中书左丞、集贤殿大学士兼国子祭酒等官职。曾领太史院事，与郭守敬等新制仪象圭表，日测晷景，编定《授时历》。著作有《鲁斋遗书》等。

　　关于人性与人性的修养，许衡的人性论的独到之处，是以"理一分殊"来说明人的性命之别。他说："仁义礼智信是明德，人皆有之，是本然之性，求之在我者也，理一是也。贫富、贵贱、死生、修短、祸福禀于气，是气禀之命，一定而不可易者也，分殊是也。"① 显然，许衡认为，仁义礼智是人的"本然之性"，是"理一"；贫富贵贱是人的"气禀之命"，是"分殊"。在宋代理学中"气禀"有两方面意义：一是以气禀讲性，讲气对人性的影响；另一是以气禀讲命，讲气对人的命运的决定作

————————

① 　许衡：《鲁斋遗书》卷2《语录下》，台湾商务印书馆影印文渊阁四库全书本。

用。宋儒把"天命之性"又叫做"本然之性"，以之与"气质之性"（亦即气禀之性）相对应，本然之性即指未受气质熏染的性之本体，而气质之性则指受气质熏染的性之本体。许衡则与宋儒不同，以"本性之性"与"气禀之命"相对。许衡肯定了朱熹的仁义礼智为本然之性的思想，认为本然之性人人相同，所以说是"理一"；而气禀之命则是人的贫富贵贱气命各不相同，千差万别，所以说是"分殊"。

关于人性的修养，许衡认为恶的来源是气，人的本然之性是善的，人的不善是由于气禀、物欲造成的："为恶者气，为善者是性"①，"人之良心，本无不善，由有生之后，气禀所拘，物欲所蔽，私意妄作，始有不善"②。于是，既然人之不善是由于气禀、物欲造成的，要恢复本性，就要变化气质，而要变化气质，只有靠修养才能实现。修养的方法主要有三：一曰持敬，二曰谨慎，三曰省察。

许衡认为，当一个人独处之时，其心不与外物接触，自然不存在物欲昏蔽，这叫做未发之时；当临事应物，心与外物接触，这叫做已发之时。在这两者之间，还有个将发而未发的瞬间。这几种情况都是根据心的动静来说的。在心体未发之时，其修养方法是持敬。持敬即"身心收敛，气不粗暴"，如恐"鬼神临之，不敢少忽"③，"心里常存敬畏"，"戒慎而不敢忽"，"恐惧而不敢慢"④。要言之，许衡要求人们在心体未发之时，必须心存敬畏、恐惧之心，要惶惶然地警惕不善之念，即人欲的发生，应以"存天理之本然"。具体地说，持敬的"敬"就是敬身，"而敬身之目，其则有四：心术、威仪、衣服、饮食"。有此四目，则"父子、君臣、夫妇、长幼、朋友之间，无施不可"⑤。人能依此涵养，其心能静如"明镜止水，物来不乱，物去不留"，达到"主一"，自定常存，无私

① 《鲁斋遗书》卷 2《语录下》。
② 《鲁斋遗书》卷 3《小学大义》。
③ 《鲁斋遗书》卷 3《大学要略》。
④ 《鲁斋遗书》卷 5《中庸直解》。
⑤ 《鲁斋遗书》卷 3《小学大义》。

欲昏蔽。其心如在无事时能修养到这等工夫，即具"圣人之心"，"与天地之心相似"；一旦应事接物也不致昏乱。许衡讲心体未发时的持敬，其实是要求人的内在"心术"要与外在的"威仪"表里如一。

在心之已发而未发的一瞬间，即心与外物将接而未接的时候，此时也可以说是人欲将萌而还没有完全形成的时候，其心体之动尚在幽暗之中，几微潜滋之时。这时他的所思所求，别人虽然不知，但他自己是知道的，这叫"独知"。对于已在潜滋的一瞬间，其修养的方法是"谨慎"。许衡很重视"谨慎"的修养工夫，他认为，心与外物刚刚接触之时，正是"一念方动之时也。一念方动，非善即恶"①，即一个人的善恶好坏，是始于一念之差。"谨慎"的修养工夫就是采取防微杜渐的办法，将"人欲"禁绝于萌发之际。如果把心与外物刚刚接触、人欲将萌的这一瞬间，放在心体已发、人欲已萌的阶段，它就是这个阶段的开始。

许衡认为，对于心之已发的阶段，其修养方法是"省察"，即省察其行为的意念是否合乎封建道德的标准。对意念的省察，不是靠外来，而是靠自省自悟的自觉。所谓自觉，就是恢复心体本有的知或良知，并且是通过格物才能显现出来的。格物致知也叫穷理。在他看来就是叫人明白命和义，亦即明白永恒不变的天命和应当遵循的封建道德。

许衡认为，通过省察的修养工夫，人心中之理通明，在应事接物的实际行为中，就能"不牵于爱，不蔽于憎，不因于喜，不激于怒，虚心端意，熟思而审处之。虽有不中者，盖鲜矣"②。这样，就可以心诚意正，至诚恻怛，其所发之情，皆得其宜，而临事所施，也无不中节，即无不合乎封建道德的标准。能如此，天理就可以彰著，人欲可以遏制、洗涤己私而达于大公，进于仁爱。这就是他所谓"克己则公，公则仁，仁则爱"③。许衡对"仁"的诠释是不争、容恕、气平、无一私意，故仁为无

---

① 《鲁斋遗书》卷1《语录上》。

② 苏天爵：《元文类》卷13《时务五事》，台湾商务印书馆影印文渊阁四库全书本。

③ 《宋元学案·鲁斋学案》。

私而公，即可达到天地万物与吾一体的境界。

许衡指出，人的修养工夫由持敬、谨慎到省察，最后达到与天地同体的境界，如人的气质变化到这一步，也就内外一体，心静主一，遇物而不为物累，人欲净洁，"与圣人一般"①。许衡在朱学的基础，衍化出一套独特的自我修养方法。

第二节　饶鲁以敬为诚的存养省察思想

饶鲁，其生卒年月不可考。字伯舆，一字仲元，自号双峰。饶鲁是黄榦的"高弟"，朱熹的再传弟子。他生活在南宋末年理宗、度宗时期，逝世于元初。侯外庐主编的《宋明理学史》，将其置于元代部分介绍。饶鲁著作有《五经讲义》《语孟纪闻》《学庸纂述》《西铭录》《近思录注》等。清乾隆时，王朝榘从一些经籍纂疏中，将饶鲁的疏解辑为《饶双峰讲义》十二卷。

饶鲁提出，仁即心，心主血气，而心之存，则在其"意之诚不诚"，也就是程颢所说的"识仁"。饶鲁有关仁、心、诚关系的论述比较有代表性的是以下 3 段：

> 仁，心也。②

> 魂者气之灵，魄者血之灵，心是魂魄之合。气属天，血属地，心属人。人者天地之心，心便是血气为主。能持其心志，则血气听命于心，不能持其志，则心反听命于血气。③

> 诚意、正心、修身不是三事。颜子问仁，夫子告以非礼勿视、

---

① 《鲁斋遗书》卷 5《中庸直指》。

② 《饶双峰讲义》卷 6。

③ 《饶双峰讲义》卷 7。

听、言、动,紧要在四个"勿"字上。仁属心,视、听、言、动属身,"勿"与"不勿"属意。若能"勿"时,则身之视、听、言、动便合礼,而心之仁即存,以此见心之正不正,身之修不修,只在意之诚不诚。所以《中庸》《孟子》只说"诚身"便贯了。①

饶鲁心主血气的说法,同张载提出而为朱熹所发挥的"心统性情"不同。朱熹说人是禀受天道为性,故性具天理;心是性的郛郭,但心不等性,也就是说心不等于天理。而饶鲁却把心当作仁,仁在他那里视为天理的同义语。这与陆九渊"心即理"倒是相似。这里,饶鲁所说的心之能存与否,在于身之视、听、言、动,而视、听、言、动又在于"意之诚不诚",故"诚"是将诚意、正心、修身"三事"贯通起来。显然,"诚"是他在理学修养方法上的重要前提。

"诚",宋儒多解读为真实无妄、不自欺,而饶鲁直承《中庸》的思想:"'诚者天之道,诚之者人之道',一向分两路说去,则天人为二也";"'诚则明矣,明则诚矣',指人道可至于天道,合天人而一之也……盖人道至此,与天道一"②。在他看来,能"诚之者"即可由人道至于天道。可见,饶鲁的"诚之者"不是周敦颐所说的至静至灵、寂然不动的意思,而是指人的涵养自省的修养工夫。这个修养功夫之一就是"敬"。他指出:"道也者,率性之谓,其体用俱在吾身。敬者,所以存养其体,省察其用,乃体道之要也。戒慎,存养之事;慎独,省察之事。《中庸》始言戒慎、慎独,而终之以笃恭,皆敬也……惟其敬,故能诚。"于此,饶鲁自注云:"存谓存其心,养谓养其性,省谓省诸身,察谓察于事。"③ 换言之,饶鲁认为敬的修养工夫就是指存养(包括戒惧)和省察(包括慎独)。其中,关于慎独,饶鲁又称其为"谨独",省察又称为"密察"、"加审",并进一步指出,慎独(谨独)、密察、加审对于那些有"忿懥"

---

① 《饶双峰讲义》卷 2。
② 《饶双峰讲义》卷 10。
③ 《饶双峰讲义》卷 9。

而无"亲爱"的人来说，是更加重要的。他说："有所忿懥好乐而能密察，是慎独以正其心也，知其亲爱贱恶而能加审，是慎独以修其身也"，"诚其意，即谨独之谓也"。而慎独、谨独的意思，他同意二程的说法，可以归结为"守之"①。这同朱熹的观点似乎相左，朱熹是持格物致知说，而饶鲁则持离物自省说，他说："诚之者"的工夫，"不必添入一物字"②。

饶鲁在以敬为诚的存养省察中，也吸取了程颐对初学者所提倡的"静坐"，认为它与持守的慎独可相辅相成。饶鲁对"静坐"较重视，反复予以强调：

问明道（程颐）教人"且静坐"是如何？曰：此亦为初学而言，盖他从纷扰中来，此心不定如野马然，如何便做得工夫？故教他静坐，待此心宁后却做工夫，然亦非教他终只静坐也，故下"且"字。③

静坐时，须心主于敬，即是心有所用，若不言于敬，亦静坐不得，心是个活底物，若无所用，则放僻邪侈无不为己，圣人说"难矣哉"，意甚该涵。④

问入门涵养之道，须用敬否？曰固是如此，但工夫熟时，亦不用说敬，只是才静便存。而今初学，却须把敬来作一件事，常常持守，久之而熟，则忘其为敬矣。⑤

看道理须是涵养，若此心不得其正，如何看得出？《调息箴》亦不可无。盖心固气之帅，然亦当持其志，无暴其气也。⑥

因言《调息箴》亦不可无，如释氏之念佛号，道家之数息，皆是要收此心，使之专一在此。⑦

---

① 《饶双峰讲义》卷 2。
② 《饶双峰讲义》卷 10。
③ 《宋元学案·双峰学案》。
④ 《饶双峰讲义》卷 8。
⑤ 《宋元学案·双峰学案》。
⑥ 《宋元学案·双峰学案》。
⑦ 《宋元学案·双峰学案》。

显然，饶鲁的静坐，其实质上与持敬是一致的，就是要收敛"野马"之心，使之心定持守专一。他明确指出，如果一个人心里没有主于敬，那是根本无法做"静坐"的功夫。饶鲁的静坐与佛教禅学也有类似之处，其在外在形式上，如佛徒道士念佛数息；其在内在本质上，饶鲁的"收此心""专一"，即禅宗的"修心""守心"。饶鲁曾指出："其静，听于无声，视于无形，戒慎不睹，恐惧不闻。"① 这种处于无声无形、不睹不闻的状态，实际上就是离物守心，乃是禅学的方法。在饶鲁看来，人们只要闭目静坐、持守专一，就可以使本来的善性得以充分发挥。

我们必须看到，饶鲁在修养工夫上虽然重视内省，但是也不完全忽视外知，认为明心的"学问"是"非指一端"，并不像陆九渊那样完全排斥格物致知：

> 言学问之事非指一端，如讲习讨论，玩索涵养，持守践行，扩充克治皆是。其所以如此者，非有他也，不过求吾所失之仁而已，此乃学问之道也。②

> 为学之方，其大略有四：一曰立志，二曰居敬，三曰穷理，四曰反身。③

显然，饶鲁认为学问之道是既要内省，也要外知，必须内外结合，也就是程颢的"涵养须用敬，进学则在致知"。他的"为学之方"，首先是"立志"，即"先立乎其大"，然后再"居敬、穷理"，而终止于"反身"。其中，饶鲁对"居敬、穷理"的表述是：

> 格物，穷至那道理恰好闻奥处，自表而里，自粗而精。里之中又有里，精之中又有至精，透得一重又一重。且如为子必孝，为臣必忠，显然易见，所谓表也。然所以为孝，所以为忠，则非忠孝一言之所能尽。且以孝言之，如居致敬，养致乐，病致忧，丧致哀，

---

① 《饶双峰讲义》卷2。
② 《饶双峰讲义》卷14。
③ 《饶双峰讲义》卷2。

祭致严，皆是孝里面节目，所谓里也。然所谓居致敬者，又若何而致敬？如进退周旋，慎齐升降，出入揖游，不敢哕噫嚏咳，不敢欠伸、跛倚，寒不敢袭，痒不敢搔之类，皆是致敬中之节文。如此，则居致敬又是表，其间节文之精微曲折又是里也，然此持敬之见于外者然耳。至于洞洞属属，如执玉捧盈而弗胜，以至视于无形，听于无声，则又是那节文里面骨髓。须是格之又格，以至于无可格，才是极处。精粗亦然……若见其表，不见其里，见其粗而不穷其精，固不尽然，但穷其里而遗其表，索其精而遗其粗亦未尽，须是表里精粗无不到，方是格物。[①]

从此我们可以了解到，饶鲁格物穷理的主要内容就是封建忠孝等伦理纲常，因此他的格物穷理在某种意义上其实也主要是封建道德修养工夫，而不是指认识事物本来面目的方法。因此，饶鲁的格物穷理是与持敬紧密结合在一起。而且饶鲁主张在格物穷理中对封建忠孝等纲常伦理的认识必须由表及里、由粗至精，即不仅要知道"为子必孝，为臣必忠"，而且还要知道其所以然，"所以为孝，所以为忠"，必须深入到"那节文里面骨髓"。饶鲁的这种"格之又格，以至于无可格，才是极处"的穷理修养方法，本于朱熹《大学章句》的所谓"穷至事物之理，欲其极处无不到也"，"致，推极也；知，犹识也；推极吾之知识，欲其所知无不尽也"的说法。

饶鲁格物的一项重要内容是读书信古。他认为天地间万事万物的道理，也包括在圣贤的著述里。故读书虽为"下学"之事，但如果能洞晓"圣人所以作经之意"，则能"上达"其理。这就是宋理学的"由辞以通理"，而不是汉唐经学的"章句训诂"。

"下学上达，意在言表"，程子此语盖为读书者言。读书是下学之一事。盖凡下学者皆可以上达，但恐下学得不是，则不能上达耳。且如读书，则圣人所以作经之意，是上面一层事，其言语则只是下

---

① 《饶双峰讲义》卷2。

面一层事，所以谓之意在言表。若读书而能求其意，则由辞以通理而可上达。若但溺心于章句训诂之间，不能玩其意之所以然，则是徒事于言语文辞而已，决不能通其理也。程子曰："玩其辞，不得其意者有矣。"又曰："前儒矢意以传言，后学诵言而忘味。"此皆下学得不是，而无由上达者也。①

由此可见，饶鲁的所谓读书信古，其实主要在谈封建道德修养工夫。他的"由辞以通理"的理，就是指仁义礼智的封建伦理纲常。他所说的由读书而"通其理"，是在于所"玩味"，"玩其意之所以然"，深刻体会其蕴含的道理，而不是只知道字面意思，"徒事于言语文辞而已"。这种通过读书深刻体会封建纲常伦理的方法，实际上就是他所说的"默识"②的方法，是心与天通的体悟过程。而"心与天通"就是所谓"上达"。如有人问他"上达而与天为一，是知行都到，能如此否？"他说："与天为一，亦以知言。方其未上达时，与天隔几重在。及其既已上达，则吾心即天，天即吾心。"③ 这里"吾心即天，天即吾心"就是达到心与天通，与封建伦理纲常合而为一的境界。

饶鲁的封建道德修养工夫，也涉及知行关系。他说："知行毕竟是二事，当各自用力，不可谓知了，便自然能行。"④ 可见，饶鲁认为知行两者是不同的，知并不等于行，道理知道后，还要加以践行。他指出，知是要通过学问、思辨，才能获得；而获得的知，又必须笃行于日用之间，"以达乎事为之著"⑤，强调了行的重要性，即知必须通过行而得到实现。饶鲁之所以重视行，是因为他看到南宋末年理学流于空谈，不能践行真忠实孝，故提出"实知"还要"实行"，而倡"致知力行为本"⑥。这里也

---

① 《宋元学案·双峰学案》。
② 《饶双峰讲义》卷15《附录》。
③ 《宋元学案·双峰学案》。
④ 《饶双峰讲义》卷2。
⑤ 《饶双峰讲义》卷10。
⑥ 《宋元学案·双峰学案》。

要指出，饶鲁所说的知行关系主要是围绕着封建道德修养工夫。他所说的知，主要就是指"明辨"、"公私、义利、是非、真妄于毫厘疑似之间，而不至于差谬"，也就是"择善"；他所说的行，主要是指在"念虑之微"和行为的活动上，依其"明辨""择善"的知，"加以笃行"、"践其实"。知行的目的是"不使一毫人欲之私，得以夺乎天理之正"[①]。

第三节　吴澄主敬思诚和先尊德性后道问学思想

吴澄（1249—1333）字幼清，因曾在所居草屋讲学，学者称其为草庐先生。就其师承来说，吴澄是饶鲁的再传弟子，饶鲁是黄榦的高弟，因此，他是朱熹的四传弟子。吴澄与许衡同为元代名儒，有"南吴北许"之称。吴澄27岁时南宋亡，入元后，长期隐居不仕。50余岁后，始应召出仕，历任江西儒学副提举、国子监丞、国子司业，翰林学士、经筵讲官等。著作有《五经纂言》。清人合其所有文字编有《草庐吴文正公全集》。

关于敬，历代的注家谓敬为恭肃、庄严、祗栗、戒慎之义。至北宋的二程，始疏敬为"主一无适"，二程弟子又进一步解敬为"此心收敛而常惺惺"，实即解为治心。吴澄则是沿袭二程学说，尤其是程颢的以治心解敬。因为这是符合他自识本心的"本心"论。他认为"万理"都是"根于心""本于心"，是"本心之发见"；不失其本心，就可以得到"天理之当然"[②]。基于他的"本心"论，他对敬特别重视，认为通过主敬就能发见人的本心，因为敬主宰人心，主敬是通往圣人之学的基础。他指

①　《饶双峰讲义》卷10。

②　吴澄：《吴文正集》卷10《象山先生语录序》，台湾商务印书馆影印文渊阁《四库全书》。

出，"人之一身，心为之主；人之一心，敬为之主"，"夫敬者，人心之宰，圣学之基"①。因而程颐解敬为"主一无适"，在他看来是"至切"之言。

吴澄的主敬承接程颢的以治心解敬和程颐的"主一无适"，提出主敬就是"主于一心"、"心专无二"和"无或有慢忽之心"：

> 凡所应接，皆当主于一心，主于一，则此心有主，而暗室屋漏之处，自无非僻，使所行皆由乎天理。如是积久，无一事而不主一，则应接之处，心专无二，能如此，则事物未接之时把捉得住心，能无适矣。②

> 黄直卿（榦）谓敬字之义，近于畏者，最切于己。凡一念之发，一事之动，必思之曰：此天理抑与人欲也？苟人欲而非天理，则不敢为，惴惴徼慎，无或有慢忽之心，其为之敬也。③

由此可见，吴澄的"主于一心""心专无二"和"无或有慢忽之心"就是在人"一念之发，一事之动"时，都要首先想一想这是天理还是人欲。为了排斥外物的诱惑，他要求人们心中只能想着天理，专注于天理，心怀敬畏，这样，自己的思想和行动就都能符合封建纲常伦理。

吴澄的敬的工夫，不仅包括自存本心、主于一心和无或有慢忽之心，还包括恻隐之心的"发见"。他在谈到"仁"的发见时说：

> 体仁之体，敬为要；用仁之用，孝为首。孩提之童无不爱亲，此良心发见之最先者，苟能充之四海皆春。然仁，人心也。敬则存，不敬则亡。④

这是说，要做到"仁"，最关键的是必须有敬的工夫。如有敬的工夫，仁就存在于人心之中；如没有敬的工夫，仁就从人的心中消亡。由于敬，就可以发见自己身上固有的"良心"（爱心）。这种"良心"的发

---

① 《吴文正集》卷4《主敬堂说》。
② 《吴文正集》卷2《答王参政仪伯问》。
③ 《吴文正集》卷6《朱肃字说》。
④ 《吴文正集》卷4《仁本堂说》。

现，他叫做"敬心之发"①。明代的王守仁提出"致良知"，虽然渊源于孟轲、陆九渊，但吴澄"发见"良心之说，亦当为其间的一个环节②。

吴澄所谈的敬工夫，并不是泛泛而言，空洞无物，而是要落到实处，甚至存在于平常的住行、待人接物之中，即"必有事焉"。他说"敬也者，当若何而用力耶？必有事焉，非但守此一言而可得也"，"其必有事焉"，如"居处之敬""步趋之敬""如宾如祭"。总之，要"动静无违，表里交正"③。

吴澄谈敬的同时也谈诚，诚是他"本心"论的一个重要组成部分。清人说吴澄的理学，"所得于诚之功最多，多者从此求之，则可以读先生书"④。可见，诚是吴澄理学思想中的一个主要概念，只有了解了他的有关诚的观点，才能对他的理学思想有个全面完整的认识。

先秦思孟学派提出"诚者天之道"，把诚作为人生最高的思想境界，人能"思诚"即可达于"天之道"的诚，是人道的极则。北宋周敦颐谓诚是人与生俱来的本然之性，故性诚同一。吴澄继承周敦颐的观点，认为所谓"思诚"就是思我心中固有的诚。显然，这同他自识本心、敬心之发都是相互贯通的。他说：

> 人之初生，已知爱其亲，此实心自幼而有者，所谓诚也。爱亲，仁也，充之而为义、为礼、为智，皆诚也，而仁之实足以该之。然幼而有是实心，长而不能行，何也？夫诚也者，与生俱生，无时不然也，其弗能有者，弗思焉尔。五官之主曰思……所以复其真实固有之诚也。⑤

吴澄认为诚与仁一样，都是与生俱来，自幼而有。诚的内容也是爱其亲，与仁的爱其亲是一样的，它充分显露之后就是义、礼、智。可见

① 《三礼考注》卷59。

② 侯外庐：《宋明理学史》，人民出版社1997年版，第746页。

③ 《吴文正集》卷4《主敬堂说》。

④ 《吴文正集》胡宝泉叙。

⑤ 《吴文正集》卷6《陈幼实思诚字说》。

相对于义、礼、智来说，诚是最根本的。他提出，要保持自幼而有的诚，就是思。所谓思，就是去其恶欲和复性的冥悟过程。换言之，就是去掉"人欲"，以达到所谓真实"不妄""不自欺"。这样，就可以达到寂然不动，感而遂通达于天道的最高的精神境界。

吴澄的道德修养功夫亦涉及知行问题。他把"本心之发见"的知，与向外推物应事的"执着"的行，两者统一于心，同时兼尽，认为两者没有先后的关系。他说"能知能行，明诚两进""知行兼该""知有未遍行无不笃""徒知而不行，虽知犹不知也"①。这是说知行两者是紧密结合在一起的，无分先后，知即包括行，行不过是知的体现。这一点，吴澄与朱熹显然不同，朱熹是主张"论先后，知为先；论轻重，行为重"②。朱熹是本于"格物穷理"，故有先知后行的提法，而吴澄立于本心，把知行视为心所产生的东西，故知即行，实则以知代行。后来王守仁的"知行合一"说，实与吴澄的知行说一脉相承③。

宋儒如张载、二程有所谓"见闻之知"和"德性之知"的分别，认为德性之知不是来自见闻之知。在这个问题上，吴澄亦有自己的独到见解。他说："知者心之灵，而智之用也，未有出于德性之外者。曰德性之知，曰见闻之知，然则知有二乎哉？"照他说法，知只有一种，即只有德性之知，无所谓见闻之知，见闻是有的，见闻之知则没有。所以他说："夫见闻者，所以致其知也"，"见闻虽得于外，而所闻所见之理则具于心；故外之物格，则内之知致。此儒者内外合一之学"④。用现代的哲学词汇表述，吴澄认为，知是理性、理论，而不是感性、经验。说见闻之知，如说感性的理论一样，是不通的，理论就是理性，不能是感觉的。但感觉并非没有意见，感觉可以帮助形成理性认识⑤。

---

① 《吴文正集》卷12《学则序》。
② 《朱子语类》卷9。
③ 《宋明理学史》，第747—748页。
④ 《宋元学案·草庐学案》。
⑤ 北京大学哲学系：《中国哲学史》，商务印书馆2004年版，第401页。

据《宋元学案·草庐学案》载："至大元年，召为国子监丞，升司业，为学者言：'朱子于道问学之功居多，而陆子以尊德性为主。问学不本于德性，则其蔽必偏于语言训释之末。故学必以德性为本，庶几得之。'议者遂以先生为陆氏之学。"其实，吴澄的这番话，是对国子监的学生讲的，并不能反映吴澄主张陆学，反对朱学。其意应是吴澄主张先尊德性后道问学，把"反之吾心"放在首位：

> 徒求之五经，而不反之吾心，是买椟而弃珠也。不肖一生，切切然惟恐其堕此窠臼。学者来此讲问，每令其主一持敬，以尊德性；然后令其读书穷理，以道问学。①

吴澄所理解的"尊德性"的方法，乃是"主一持敬"。而主一持敬，是程颐、朱熹的涵养方法，是陆九渊所反对的。吴澄说："仁，人心也。敬则存，不敬则亡。"这是以主敬为心法。又说："人之一身，心为之主。人之一心，敬为之主。主于敬，则心常虚，虚则物不入也。主于敬，则心常实，实则我不出也。"② 这完全是程颐讲的"有主则实"的主敬法。他还说："敬则心存，心存而一动一静皆出于正。"③ 可见，吴澄讲"存心"，也是以敬来存心。其实，朱熹在理论上也是强调"主敬以立其本"，把主敬涵养作为"本"，只是由于朱熹在实践上，其在道问学方面花的功夫多，取得的成就巨大，著述宏富，所以使一些学者误认为朱熹强调道问学而忽视尊德性。总之，吴澄的先尊德性后道问学的观点并没有离开朱学的宗旨。

① 《宋元学案·草庐学案》。
② 《宋元学案·草庐学案》。
③ 《宋元学案·草庐学案》。

第三章
元代家族管理思想

第一节　以孝治家族思想

古人云："百行孝为先。"在传统儒家思想中，孝在修身齐家治国平天下中发挥着重要作用。在元人的许多家谱序跋中，都强调以孝治家族的思想。舒頔在《贞素斋集》卷2《章氏族谱序》中就指出："君子修身必本于孝，孝莫大于敬亲。自吾亲推而至于高、曾，同此一气，下而及乎曾玄，传此一气也。《传》曰：'身也者，亲之枝也，敢不敬乎？'自高、曾至于吾身，几世矣；由吾身及乎曾、玄，又不知几世矣。传愈久，支愈远，溯宗纪系，此家谱所由作也……明于家谱，拳拳不忘，追知孝之本，与若夫家世之兴隆。"他认为，在儒家的修身齐家治国平天下中孝是根本，这是因为，一个人如能孝敬双亲，就能够上推而孝敬高祖、曾祖，下推而曾孙、玄孙也会继承祖先的传统，孝敬长辈。因此，只要有孝的传承，就能把家族治理好。而且，这种孝的优秀传统，必须依靠家谱、族谱把它记载下来，作为治理家族的根本。只要以孝来治理家族，就会使家族世代兴隆。

吴海在孝的基础上，又扩展到悌，认为如能做到孝悌，就能使宗族和睦。而且，他还进一步明确指出，孝悌不仅能使宗族和睦，还能使国家得到治理，因此，孝悌是"天下之达道也"。他说："谱牒之作，示不忘也。夫人不忘乎祖，然后能不忝乎祖；不忘宗族，然后能亲睦乎宗族。孝悌之道，盖在是矣。孝悌者，天下之达道也。不忘，则孝悌兴矣……夫能修其文，则能继其志已；能厚于家，则能达之政已。"①

吴海不仅从齐家、治国、平天下这一思路来论证孝悌在治家族中的关键性，而且他还从社会习俗的角度来阐述孝悌在睦宗美俗中的根本作用。他指出："古者宗法行于天下，宗族有所统一，人心有所联属，故孝悌隆而习俗美……今日所赖，惟简牒之存，使知木本水源之义，是谱所以作也。嗟夫！夫人孰不念祖宗哉，亦孰不愿其子若孙，世世亲睦哉！而祖宗之望，有不若予乎？苟推予之心以及祖宗，则远者犹近，疏者犹亲，服斩而情不斩，属尽而爱无穷。夫恩固赖于相成，而道实原于自致。子焉自致其孝，无怨乎父之不慈。父焉自致其慈，无疾乎子之不孝。兄焉自致其友，无责乎弟之不恭。弟焉自致其恭，无恤乎兄之不友。致于己而不望于人，则其道易成也。"② 吴海认为，每个人都会想念祖宗，都希望子孙世世代代和睦相处，任何人都不例外。如果能将这种念祖亲睦之心推广，那远亲就像近亲，疏远者就像亲近者，虽然宗亲关系因世代多了而消失，但宗亲之情仍然存在，互爱之情无穷无尽。人与人之间的互爱是相辅相成的，其根本在于自己。儿子如无私地奉献孝心，就不会埋怨父亲对自己不慈爱。兄长如无私地爱护弟弟，就不会责备弟弟对自己不恭敬。弟弟如对兄长十分恭敬，就不会责怪兄长对自己不爱护。总之，如每个人首先要求自己尽到爱心，而不求别人也要如此，那么齐家治国平天下的理想就容易实现了。在此基础上，吴海进一步指出，通过修宗谱明世代亲缘血脉关系，是社会安定的基础："仁者不遗其亲，亦不

---

① 吴海：《闻过斋集》卷2《林氏宗谱题辞》，台湾商务印书馆影印文渊阁《四库全书》。

② 《闻过斋集》卷1《吴氏世谱序》。

间人之亲，权之复其故也。其亦仁者之心乎，吾于是得二善焉。夫异姓之不可以相承，犹马之不可以继牛，桃之不可以续李也。祖宗之于子孙，一血气之所传也。彼以婿与甥、外孙为继者，亦曰吾血气之所传，是大惑也。夫坤道善成，而不为主，非天施则地不生，故妇人之族不可以承夫也。奈之何，举世安之而不为非也。不亦祖非其祖，族非其族乎。夫祖非其祖，而自弃其祖；族非其族，而自离其族，此人心之所不安也。奈之何，举世安之而不为非也。"① 吴海此处重男轻女、世系应由男性决定的思想，由于受时代的局限，我们今天不可苛求。但他提出通过修家谱明宗族世代亲缘血脉关系，达到尊祖睦宗，从而使社会安定的思想至今仍有参考价值。

虞集也主张族谱必须明了宗族世代亲缘血脉关系，不得妄自将自己家族依附于名族贤者之后。如果这样做，那就是"诬祖之罪"，是很大的不孝。他说："世之人曾不知古人之意，妄引名族贤者而自附焉。觊以自表，而不知诬祖之罪，其为不孝甚大……其族谱所以为君子之道，而后世之所当师法者也。且夫子孙既多，支分派别而服尽而亲近，而谱有不能及者，遂至如涂之人。士大夫家著谱者尝病之，而文肃公之言又曰：后之续此书者，世绪既远，并载则不胜书，彼此各书则可以互见，此良法也，此小宗附于大宗之微意也。士大夫家作谱者之所当知者也。"② 虞集在此提出，当年代久远之后，宗族子孙繁衍很多，支派必然也变得枝蔓繁杂，一份族谱不可能记载完整，因此，没有记载在族谱的子孙就变得形如路人。他建议当宗族人口繁衍众多之时，可分谱记载宗族各派亲缘血脉关系，后世只要将各分谱对照，就可以互见亲缘血脉，这就是古代小宗附于大宗的意思。

元代虽然是蒙古贵族建立的统一王朝，但在汉传统儒家文化的影响下，贵族、官僚、文人儒士以至平民百姓，都热衷于家族、族谱的编纂，

---

① 《闻过斋集》卷2《新安吴氏家谱叙》。
② 《道园学古录》卷40《跋曾氏世谱后》。

并且重视修祖墓、置膳茔之田。其所以如此，正如舒頔在《北门张氏族谱序》中所指出的："后之子孙，思夫祖宗创业，思贻祖宗令名，秋霜春雨，焄蒿悽怆之心，宁不勃然有感。思继先世者乎，斯可谓孝矣。老泉云：'观吾祖宗之谱，孝敬之心油然而生。'韩魏公云：'谨守牒而不忘乎先茔者，孝之大也。'"[①] 由此可见，家谱、家牒、先人坟茔均是孝的一个载体，是以孝治家思想的物质化体现。

第二节 睦宗亲族思想

在元人的家谱序跋中，除强调以孝治理宗族外，还十分重视以亲亲仁爱思想来治理宗族，这就是睦宗亲族思想。黄溍就指出："乐出私财以赈人之急，谓亲亲仁民，宜有本末次第"[②]；"乐振人之急以为仁民爱物，宜始于亲亲"[③]。他认为，要"亲亲仁民""仁民爱物"，首先可在自己宗族中置义田，立义庄，办义塾，从赈济族人、教养族人做起。如他在《汤氏义田记》中就十分赞赏处士汤镛置义田以赡同族的做法。汤镛"在家生产作业，家以苟完，自奉甚简薄，而乐振人之急……乃置义田以赡同族。其为出二百亩，岁可得谷四百石。择族人廉谨而有干局者，俾任其出纳，月给人五斗。有丧者二石，葬则半之；产子者一石，再有子则倍之；子始入学，予钱三十缗；嫁女如入学之数，娶妇则减三之一；年七十者，每岁帛一匹，能自业者弗预。不知检饬而有子弟之过者，罢之。大略仿范文正公之成规，而微有所损益，其为施贫活族之义，则无以异

---

① 舒頔：《贞素斋集》卷2《北门张氏族谱序》，台湾商务印书馆影印文渊阁四库全书本。

② 黄溍：《文献集》卷7上《沈氏义庄记》，台湾商务印书馆影印文渊阁四库全书本。

③ 《文献集》卷7下《汤氏义田记》。

也……尝观三王之民皆有常业，食饮服用之须，不必仰于人。而后具公卿大夫所受田禄，亦有等差，而不得过其制，安所取羡田以为相赒相恤之资乎？夫合族之道，又非衣食于我之谓也。厥今田制之坏，宗道之废，亦已久矣。又能以义起礼，而宗其恩爱于服穷亲竭之余，不愈难哉！"①黄潛在此十分推崇通过置义田以赡济族人粮食、布帛、缗钱，而达到睦宗亲族的目的，并且认为如有可能的话，还可以推广到"服穷亲竭"的远宗之人。

黄潛在《沈氏义庄记》中则主张在捐田的基础上置义庄、义塾来教养族人。沈君之父"首图创义庄以教养其族人，未及就绪而殁。君以为前人之志不可不续，爰以至顺辛未捐田五百亩，建义塾。构殿宇妥，先圣先师像其中，以春秋修释奠之仪。辟讲舍斋庐，延宿儒为之师，而聚族之子弟，俾随材以受业。乡人来学者，弗拒也。寻复以至正乙酉捐田五百亩，即义塾之南立义庄，屋以间计者若干。岁取其田之所入，以实之。择族中之长且贤者，同主其出纳，贫无以给婚丧诸费者，量厚薄之宜，制隆杀之等，而周给焉。大抵本于昔人之成规，而微有所损益，惧来者弗克嗣其事，则以闻于外……仁人君子苟充其一念之良心，推吾有余资彼不足，使得遂其生而发其油然亲爱之心，岂非礼之以义起者哉？是则生乎千载之下，犹为三代之民也。《传》曰：'一家仁，一国兴仁；一家让，一国兴让。'有能慕沈君之为而兴起焉，将见人各亲其亲，而周宇之内无一夫不获其所矣。"② 在此，黄潛也推崇沈君的做法：捐田建义塾，不仅教育本族子弟，周围乡人子弟要来学习的，也同样接纳。同时，捐田立义庄，赈济同族中贫穷之家婚丧诸费。黄潛认为如天底下仁人君子都能像沈君一样以自己有余资助别人不足，那人人都将充满仁爱之心，每个人都将各得其所矣。

元代，许多较大的宗族都建有宗祠，作为宗族尊祖敬宗、祭祀祖先、

---

① 《文献集》卷 7 下《汤氏义田记》。
② 《文献集》卷 7 上《沈氏义庄记》。

收合宗族的场所，从而有利于融洽宗盟，增强宗族的凝聚力。如婺源大畈人汪同，曾任徽州路府判兼金浙东帅府事、枢密院判等职，于元末建大宗祠知本堂和小宗祠永思堂："同郡汪侯仲玉（即汪同）早岁尝有志于斯，中遭多难，虽军务填委，未尝一日而忘。乃即星源大畈里中创重屋为楹间者五，其上通三间以为室，奉始得姓之祖神主中居及初渡江者及始来居大畈者，而昭穆序列左右者十有余世。又为庙于屋南，像其祖之有封爵在祀典者，配以其子孙之有功德者四人。重屋之下有堂有斋舍，延师其中，聚族人子弟而教之。庙有庑有门，时享月荐，买田以给月费者若干亩，合而名曰知本堂。以族人之属尊而年长者主祀事焉。祀高祖而下四世，其田与祭则继高祖者主之焉。盖知本者，以明大宗之事，而永思则小宗之遗意也。"① 由此可见，元代婺源汪氏宗祠，通过祭祀有官爵、有功德的祖先，以及聚族人子弟在祠堂之下堂舍中延师授课，从而达到族人知本思源、睦宗亲族的目的。

元人陈旅在《义庄记》中推崇丹阳蒋公秉买田千亩为义庄立祠堂，通过祭祀祖先、赈济族人而敦族的善举，认为这足以作为社会风俗的典范。他说，蒋公秉"节缩日用专积之，以买田千亩为义庄，立祠堂县北之石羊里，以祠吾之所宜祀者。旁为屋以受千亩之入，用其入具岁时祀事，余以廪二族之众，丧葬嫁娶悉资之。择二族之贤者各一人，掌其出纳，吾之黾勉以为此也……观公秉所为，必有感其良心而敦族之风兴焉。若然，则公秉之所施者未尝不及远也。后之人其毋贪毋啬，以共保义庄于无穷乎。公秉之义既足以范俗，则部使者与其守令能不为之主张而纲维乎"②。

吴海认为修谱牒不仅能使人以孝治理家族，而且也能使人产生睦宗亲族之情。他指出："谱牒之作以亲亲也，人之亲莫重乎父子兄弟。自吾

① 汪云秀：《汪氏世范录》，明隆庆刻本，安徽省图书馆古籍部藏。
② 陈旅：《安雅堂集》卷9《义庄记》，台湾商务印书馆影印文渊阁四库全书本。

身而上，推而至于远祖，而莫非父也。自吾身而下推而究于百世，而莫非子也。旁而推之，自吾之兄弟、吾祖吾父之兄弟，至凡族子皆世世兄弟之次，虽属有远近，礼有隆杀，而义无独殊者，由人之生一本故也。"①陈高也认为，之所以同宗之人视如路人，甚至富贵奴役贫贱，正由于图谱之不明。如各宗族都有谱以明支分派别，就能够尊祖而敬宗，敬宗而睦族。他指出："古人之尊祖而敬宗，敬宗而睦族，民俗之所以厚也。夫自一人之身，支分派别，而为千百。及其久也，有富有贫，有贵有贱，服与亲尽于是，始相视如途之人。历世愈远，疏者益疏，甚至于富而役贫，贵而奴贱，遂令同宗共祖之人而为佣奴役隶之属，其故何哉？由图谱之不明也。是故族必有谱，然后夫派之别也，而其源同支之分也，而其本一。贵而不敢遗贱，富则不敢忘贫，则民于是乎不偷，而俗且归于厚矣。然则族谱之作，乃所以序昭穆、辨长幼、别亲疏，而尊祖敬宗睦族之道，举在于是。其所系顾不重软……世谱所载，支派非一，而疏远弗遗，后世子孙于吉凶合族之际，考诸图谱以明尊卑，夫岂有富贵贫贱之相弃而不相睦也哉？此盖古者敦厚民俗之遗意，固君子之所尚也。"②

第三节　王结的家族管理思想

王结（1275－1336），字仪伯，中山府（今河北定县人）。皇庆、延祐年间，先后任顺德、扬州、东昌诸路总管。后历任行省参知政事、中书参知政事、翰林学士、中书左丞。著有《文忠集》6卷，其中第6卷为《善俗要义》，不少内容反映了他以传统儒家伦理治理家族的思想。以下

---

① 《闻过斋集》卷2《薛氏家谱序》。
② 陈高：《不系舟渔集》卷10《吴氏世谱序》，台湾商务印书馆影印文渊阁四库全书本。

以《善俗要义》中的内容对其家族思想略做分析。

其一，古代每个家族，实际上是由诸多小家族组成的，要管理好家族，首先必须管理好每个小家族。王结认为，每个家族遵循儒家的孝悌、慈爱、友昆弟、和夫妇，就能使每个家族和睦兴旺。所谓孝悌、慈爱、友昆弟、和夫妇，就是处理好父母与子女、兄弟、夫妻之间的关系。他提出，敦孝悌就是"善事父母曰孝，善事兄长曰悌。虽闾阎村野小民，谁不知爱其父母，敬其兄长。然俗薄教废，其间不能修子弟之职者亦或有之。父母者，生我乳我，养之成人，教之成材。兄者，与己同胞共乳，分形连气，先我而生者。果能以此思之，其所以事之者，自当竭尽子弟之职也"①。王结以儒家伦理思想为理论依据，认为子弟之所以要孝敬父母，是因为父母生我、养我，我应报答养育之恩，所以必须孝顺父母；兄长是我同胞骨肉，先我而出生，所以必须敬爱他。在此基础上，王结提出孝悌的具体做法："事父兄之道，勤力代其劳苦，治生供其奉养，更当和气柔色，宛转承顺。若家贫甘旨不充，但衣食粗给，得其欢心，亦不失为孝悌也。自己如此，子弟效之，亦复能然，则人伦明而家道正矣。"也就是说，子弟如能勤勉帮父兄干活，供养父兄，并能对父兄和颜悦色，顺从父兄，就是孝悌了。即使家族贫困，只要能使父兄基本温饱，让他们高兴，也就做到孝悌了。自己如能做到孝悌，以后子弟代代仿效，那就使这一家族富有正气而兴旺。王结还进一步认为，如每个家族都能做到孝悌，整个社会蔚然成风，尊卑有序，就不会出现狎侮老人、争斗告讦之事。"人能爱亲敬兄，自知尊卑之礼、上下之分，至于狎侮耆老、告讦官吏之事亦不敢为，而悖逆乱常自然无有矣"。

子弟孝悌父兄，这只是一个方面，另一方面，父母必须慈爱子女。王结认为父母慈爱子女，这是人人都有的本性。但父母慈爱子女，应做到不能溺爱；如果溺爱，就会使子女骄傲、怠惰、凶悖。因此，父母慈

---

① 王结：《文忠集》卷6《善俗要义》，台湾商务印书馆影印文渊阁四库全书本，以下王结言论引文均见于此。

爱子女应该严格教育子女，使他们谨慎笃实、恭敬逊让。"人之父母，孰不知爱其子弟，然徒爱而不知训以义，方适足以长其骄傲，滋其怠惰。士农之子不务学问，不勤耕桑，工商之家不习本业，不慎行止，年齿渐长，凶悖日增，此等之人，又岂知爱亲敬兄，事长上，睦亲友之道哉。今后凡四民之子弟，自幼更令入学诵书，教以事亲事长之礼，又常丁宁训导，使之谨慎笃实，恭敬逊让，习熟见闻，渐能成立。稍长，资性明敏者，可使习儒；其余诸人，农工商贾各守其业，亦不失为乡里善人矣。又有父母慈爱不均，好恶偏党，数子之中，私其一二，衣食资财，妄分彼此，以致昆弟不睦，娣姒不和，则骨肉猜怨而家道乖离矣。"

王结认为，兄弟同胞共乳、手足之情，按理是会互相友爱的。但是由于成家后争夺父母财产，互相争吵，甚至告到官府，才变成如同仇人。王结提出，兄弟应该临财相让，遇到事情应该相互商量，通有无，共忧乐，才能使家族和睦。"兄弟者，同胞共乳，分形连气，至亲至厚也。古人以手足为喻，盖谓四肢虽异，本系一体。以此观之，其友爱当何如也？今人岂不知兄弟之爱，多因宠其妻子，偏听私言，计较短长，争竞多寡，以至父母在堂，分财异居，互相告讦，患若贼仇，灭天亲，败人纪，此等之人，岂知有仁义之心哉！若能思同胞共乳、分形连气之理，脱然觉悟，则兄爱其弟，弟敬其兄，临财相让，遇事相谋，通有无，共忧乐，爱敬既笃，家室自和。如此不惟人喜悦，天道亦当佑助也"。

自古以来，夫妻和睦，才能使家族和睦。王结主张，要使夫妻和睦，必须恩礼并用。这就是夫妻既要互相恩爱，又要尽到夫妻各自应尽的责任，这样才能使家族和睦兴旺。"君子之道，始于闺门衽席，终于天下国家。盖情爱之私易于陷溺，故夫妇之间恩礼并用。为夫者当正身以率之，勤俭以道之，勿听其私言，勿徇其偏见。妇人又当和柔婉顺，敬其所夫，纺绩织纴，谨守妇职。如此则夫妇和而家道正矣。今之人溺于情爱者，惟妇言是用，至与父兄背戾。其忘弃恩义之人，则又富贵别娶，冻馁糟糠。妇人亦有欺昧夫主，丧其所守。所以夫妇不和，子妇失教，一家之内，互相憎疾。为人如是，又安知有礼义廉耻之事哉？礼义亡，人道灭

矣。凡为夫妇者，切宜深戒也"。

其二，王结认为，在处理好每一家族父母、子女、夫妇之间关系的基础上，还要处理好大家庭中婆媳、妯娌之间的关系，宗族中各房派之间的关系，甚至男女之间的关系。这样，才能把家族管理好。王结认为，在一个大家族中，妯娌之间不和容易导致兄弟之间不和，分财析居。因此，要使一个家族和睦，首先使妯娌之间和睦，共同奉养公婆，使父子兄弟之间亲爱和悦。"闺门之内，恩常掩义；家道不睦，生自妇人。盖因娣姒入门，异姓来娶，恩义疏薄，猜妒日深，竞短争长，互相谮诉，男子刚正者少，皆为所移，兄弟之间，友爱渐弛，以至分财析户，致误连年，反易天常，悖逆伦理，迹其厉阶，尽由妇人。然男子果能刚正不私，以慈畜之，以庄莅之，自其初来教之奉养舅姑，尊敬冢妇，辑睦亲戚，协和诸妇，傥有谮言，严加呵责，如此则父子昆弟亲爱日隆，一门之内雍熙和悦，子孙必当昌盛，神明亦降福泽。"

王结认为同宗各房派之间既是同一祖宗，不管亲疏远近都是兄弟关系，应当亲爱辑睦。婚丧喜庆、岁时年节，应当互相往来，赈助贫乏，患难相恤，以加深同宗情谊。"人家宗族虽有不同，溯其源流，皆吾祖宗之后，是祖先一身分为吾群从诸父昆弟也。苟能以此思之，则近者固宜亲爱，远者亦当辑睦，吉凶庆吊，随宜往还，伏腊岁时，称情欢会，相爱之意深，相亲之情厚，恤其患难，助其贫乏，子孙化之，乡里效之，不惟宗族和睦，风俗渐当淳美。若不亲其宗族而趋附他人者，人亦贱恶而不之信，盖于所厚者薄，无所不薄矣"。

古代儒家严男女之防，王结主张，在治理家族中要注意男女有别，即男女内外异居，饮食异处，大家闺秀不得抛头露面，更不得与外人随便交往。"古之人男女不亲授受，内外异居，饮食异处，出门男子由右，女子由左，所以防闲分别者，至严至密也。近年礼教不修，风俗薄恶，男女无别，僧尼混淆。其士夫知礼之人，家法严明，闺门整肃者固多有之。然闻闾阎之间，良家妇女颇有追游结托，出入权门者，既失防闲，中岂无弊。亦有贫穷之人素无教养，甘处污贱者，廉耻道丧，事难尽言。

更有好讼之妇，不离官府，甘受捶挞，绝无羞愧。盖皆家长夫主处身不正，训导不严之过。此等之人，亲戚恶之，乡里贱之，刑法坐之，其异于禽兽者几希矣。若能知耻改过，依理治生，夫夫妇妇，有礼有别，则亲戚乡党自然尊敬"。

其三，王结认为要管理好家族，必须正婚姻，即娶妇嫁女要选择好媳妇和女婿，明立婚约，厚男女之别，以和夫妇，不要贪慕富贵权势，计较聘财。"人伦之道，始于夫妇；夫妇之本，正自婚姻。婚姻之事，又当谨其始，而亲信以终之也。凡娶妇嫁女，必先察其婿妇性行及其家法何如，然后明立婚约。称其贫富，办纳聘财及物，虽有多寡不同，必须精粹坚好，却不得以滥恶充数。其要约日期，各宜遵守。又当随其丰俭，聊备酒食，以会亲戚故旧。此所以合姻娅之欢，厚男女之别，以和夫妇，以正人伦也。近年婚姻之家，贪慕富贵权势，不为男女远图，或结婚之后随即乖争，计较聘财多寡，责望资装厚薄，兴讼连年，紊乱官府，以致男大不婚，女长不聘，妇姑不和，翁婿相怨，伤风害义，莫此为甚。又闻府中人家亦有苟贪财贿，甘与异类为婚者，此乃风俗薄恶，家法污秽之极，可羞可贱，而他处所无有也。然皆父母兄长之过，闻吾言而思之，岂无愧耻之心哉！呜呼，良家女子安忍配偶异类之身乎？今后凡议婚姻，钦依元定聘财，选择气类相同良善之家，又遵用吾说，谨其始而以亲爱信实终之，则人伦渐明，风俗渐厚矣。"

其四，要治理好家族，不仅应处理好家族成员之间及姻亲家族之间的关系，而且还要处理好与其他家族成员之间的关系。对此，王结提出了择交游、敬耆艾思想。他认为：与人交游，应接近善良之人，日久受其影响，自身也会变得善良；反之，如接受凶恶之人，日久受其影响，自身也会变得凶恶。"古人云：'与善人居，如入芝兰之室，久而与之俱化。与不善人居，如入鲍鱼之肆，久而不闻其臭矣。'盖人生斯世，必与同类交游，苟不慎择，为患非细。所宜亲近善良，避远凶恶。善良接近，则日闻善言，日见善事，久久习惯，则我亦进于善人矣。凶恶不远，则兴引词讼，触冒刑法，小则危其身，大则及其家，是亦陷于凶人矣。二

者之间，得失甚著，惟在审于其初而不慎其决择耳。"

王结还认为，要与其他宗族成员之间保持友好关系，必须敬耆艾，就是说你尊敬他父兄，他也会尊敬你父兄，从而养成大家互相尊敬的社会风气。"《论语》曰：'乡人饮酒，杖者出，斯出矣。'此言孔子事长之礼，未出不敢先，既出不敢后，盖极其尊敬恭顺也。夫乡里耆艾之人，或与父祖辈行，或与兄长比肩，自吾髫龄以至成人，其抚视存问，情意甚厚，吾能尊崇爱敬，是尊敬吾父祖兄长也。且敬人之父者，人亦敬其父；敬人之兄者，人亦敬其兄；不惟尽吾事长之礼，吾之父兄，人亦中心尊敬之矣。"

其五，古代在管理家族中，都十分重视家族子弟的教育。因为人们认识到，教育能使子弟知书达礼、修身正家，如是聪慧子弟，还能成为治国人才，光宗耀祖。因此，王结主张，在每个家族中，父兄应率子弟亲近师儒，读书明理，讲明人伦五常。"众人之生性中皆有仁义礼智，惟学乃能知其理而造其道，贤人君子皆由此致。若不解学问，则懵然蚩蚩之民。朝廷开设学校勉人读书者，以此故也。凡所在人民，除家道窘迫、资质昏愚者外，其余稍稍殷实之家，父兄率其子弟，皆当亲近师儒，读理义之书，讲人伦五常之道。若年长失学，且读小学一部，其修身正家皆备于此。年壮明敏，更读《大学》《语》《孟》，义理渐解，务要践履所读之书。始于一身，推于一家，信言谨行，正心修身，父慈子孝，兄友弟恭，男女有别，长幼有礼，尊官长，畏刑宪，人伦既明，风俗自厚。其天资颖悟、笃于学问之人，更传习合读经史，日进不已，渐至该洽，则为国士、天下士矣。若言人民各治生理，别无闲暇，仰候农隙或秋冬之夜，果肯用心，自然有进。且人之围棋饮酒皆有工夫，况学问乃自家吃紧之事，所宜勉强着力也。小儿七岁以上，便合读书，候年齿渐长，亦令讲明。久远如此循行，渐见俗化淳美，人才成就，方副朝廷崇儒建学之意云。"

王结认为，读书为学，要靠老师传授。即使年长失学，如能亲近读书有德行之人，听其言谈，观察其行事，也会获益不少。"人为之学，必

资师授，故独学无友则孤陋寡闻。师资既备，义理易穷，其修己治人之方，事亲从兄之道，亦皆可以渐致。此后生晚学必当隆师取友也。虽年长失学，果能亲近读书有守之人，听其言义，观其行事，渐摩既久，为益必多"。

其六，古代宗族的一个重要功能是赈济同宗的贫困和鳏寡孤独之人。因此在管理宗族中，必须充分发挥好这一功能，使这些弱势群体有最基本的生存条件。王结主张，宗族应赈济同宗的贫困、鳏寡孤独之人粮食。贫困之家女子可嫁者，应资助其衣服而嫁之；对家贫无法埋葬死者的家庭，应资助钱物让死者得到安葬；对于尚有劳动力的贫困者，可让他们帮人打工，以自食其力。"鳏寡孤独，天民之穷者也，尚赖官给衣粮，仅能保养以终天年。其余茕独之人，不在收系赡养之数者，亦间有之。然城郭之内，乡村之中，岂无疏远宗族、中表亲戚，若衣食仅能自足者，固所不论，其稍有赢余之人，亦安忍坐视其操瓢挈囊哀号叩哭乞丐于市，而不救恤之哉？况上司明文，鳏寡孤独，亲戚不行收养者有罪。今后仰所在人户家业稍完者，若中外亲戚有孤穷乞丐之人，即当收恤，随时量给粮食，使之粗充口腹。其人如年未衰老，耳目或存，手足不废，仍为分付农家，令其佣作以自赡给。女子可嫁者，聊备衣服，即与嫁之。盖所以广孝友之道，布惠泽之施，又可以免官府惩治之责也。若同里之人死亡，家贫不能营葬者，亦仰众家随其多寡资助钱物，置买棺椁、衣服，众力共为埋瘗，庶免骸骨暴露，亦仁者用心之一端也。"

其七，自古至今，赌博会使人倾家荡产，触犯法禁。王结认为，善于管理家族之人，应教诲弟子不得赌博，应勤谨治生。"人之营治生理，各有常业，能安其分，衣食自充。近年所在贫民为资本不多，利息微细，凡交易诸物，不肯依理货卖，辄行用钱赌博，妄意一胜以图获利之多，而买物之人亦思侥幸，共争胜负。似此愚民，岂有家业增充，但见贫窘日甚，而又触冒禁条，重负刑责。又有游荡无赖之徒，专以赍持钱物共为赌博，胜者则视为易得之财，非理费用，负者则思为报复之计，再破家资。一胜一负，各致穷空，别无所图，皆化为贼盗矣。今后仰随处社长及人家父兄，各宜以此劝谕社众，训教子弟，依理劝谨治生，勿得照前妄作。若不悛改，更仰申报官司，依法惩治。"

第四节　分配家庭、家族财产思想

在古代，家庭、家族的纷争多是因争分家产引起。因此，在管理家族中，对家庭、家族财产的分配，定有十分详细、具体的规定。《元典章》卷19《家财》载有一些分配家庭、家族财产的案例，从中可以窥见元政府分配家庭、家族财产的思想①。

其一，在一般情况下，家族中父辈的财产，由诸子均分。从至元十一年（1274）彰德路褚克衡状告其兄褚克衍拘占父亲"留与生娘阿刘并老娘娘阿田养老事"，不肯分割一案可知，在元代，父辈去世，其身后财产，"理合令诸子均分"。但是，如是分配给父辈妻妾的养老财产，如在分配之后，妻妾自愿与其中一子同居，其子承担侍养之责，那妻妾身后"财产并入同居之家，其异居应继亲属不得争告。"遗憾的是，阿田、阿刘虽然"愿与褚克衍同居，其人必有昏定晨省之礼。以此将元分店舍田产分付褚克衍收管，一处侍养尽终。褚克衍见收阿田遗留下分书为验，即系分另之后，再愿同居。依例，拟将阿田抛下房舍地产等物，断付褚克衍承继为主。"但是，后来经官府查明，"今阿刘、阿田俱系不应分财产之人，止是际出养生，今身死之后，又兼同户应当军役。据元得褚克衍、褚克衡户下财产，理合令诸子均分"。

但是，诸子中如有嫡庶之分，则不均分，嫡子所分家产远多于庶子。如至元十一年（1274），嫡子孙成与庶子孙伴哥争故父孙平抛下房院。经官府审理后，由于孙成系正妻所生，孙伴哥系婢生子，因此，"据所抛房

---

① 本目所引史料均见于《元典章》卷19《家财》。

屋事理，以十分为率，内八分付孙成为主，二分付孙伴哥为主。外，据孙成等户下匠役，亦验上项分数应当。"在此判例中，嫡子所承继房产达8/10，而庶子仅承继房产2/10，当然，故父原承担的匠役，也按这一比例由嫡庶分别承担。

其二，如系诸子各置的己业及妻家所得财物，不在诸子均分之列。至元十八年（1281），彰德路汤阴县王兴祖状告其兄王福欲将自己"承替丈人应当军役，买到庄子一所、地一顷、在城宅院一所计瓦房一十二间、人五口、白磨一盘"等"作父、祖家财均分"，官府处理后的答复是："照得旧例：'应分家财，若因官及随军，或妻家所得财物，不在均分之限。'若将王兴祖随军梯己置到庄宅、人口等物，令王兴祖依旧为主，外据父、祖置到产业家财，与伊兄王福依理均分相应"。即王兴祖"承替岳父应当军役"而随军所得财物，归王兴祖一人所有，而他父、祖所留下的产业家财，才与其兄王福均分。

其三，同宗过继男与庶生子均分家财。皇庆元年（1312）十月，浙东宣慰使李中奉呈一案称，婺州路兰溪"唐证始因无子，与妻王氏于亡宋辛未年间，过房伊亲侄唐柱为子。十有二年之后，典雇葛氏，方生一男唐祯。至元二十七年（1290）抄数时，伊父唐证作成丁长男唐柱、不成丁次男唐祯立籍。唐证父子相安，初无间异。后二十五年有余，至元三十一年（1294），唐证正妻王氏身故，次子唐祯生母葛氏掌管家私，遂生嫌隙，累累言告唐柱抵抗，不欲为子，自愿归宗等事"，其目的是不让唐柱分得唐证身后家产。官府经过审理，最后做出判决："唐祯不思父兄起家之难，遂忘手足友恭之义，假父遗命，弃兄归宗……唐柱、唐祯争告家财事理，依准宣慰李中奉所拟，将唐证应有财产，令唐柱、唐祯均分。"

其四，父母身亡无子，可由女儿继承财产。至元十年（1273）七月，耶律左丞下管民头目张林申一案例："本投下当差户金定户下人口节次身死……止抛下续生女旺儿一十三岁"，并留下田产三顷四十五亩。由于无儿子继承，女儿尚小未成年，官府决定："于当差额除豁，作不在差户内

籍记。据前项抛下地三顷四十五亩，官为知在，每年依理租赁，课子钱物，养赡金定女旺儿，候长立成人，招召女婿，继户当差。"

其五，丈夫死亡，如寡妇无子，可继承丈夫财产。至元八年（1271），寡妇杨阿马状告小叔杨世基将其亡夫杨世明留下的家财、房屋及女儿兰杨归于自己名下，并将陈住儿收继为妾。经官府审理后，做出如下判决："寡妇无子，合承夫分。据杨世基要讫杨世明一分财产并陈住儿，拟合追付阿马收管，及将兰杨令与伊母同居。至如合行召嫁，令阿马、杨世基一同主婚，杨阿马受财。外，应有财产，杨阿马并女兰杨却不得非理破费销用，如阿马身死之后，至日定夺。"可见，官府的判决是追回被小叔杨世基占有的杨世明家财、房屋及陈住儿，归寡妇杨阿马收管，女儿由其母抚养。待女儿兰杨长大出嫁时，由其母杨阿马、叔叔杨世基主婚，财礼归杨阿马。目前，寡妇杨阿马与女儿兰杨所拥有的杨世明财产，不得非理破费销用，待杨阿马死亡，再作定夺。显然，丈夫死后，丈夫的财产可作为寡妇和女儿的生活费，直至寡妇去世、女儿出嫁之后，再根据情况决定归属。

其六，父母未葬不得分财析居。元代以宋理学作为治国指导思想，十分推崇以儒家的孝悌思想治理家族。延祐六年（1319），山东东西道廉访使安正奉牒称："盖闻养生者不足当大事，惟送死可以当大事。斯前代之格言，亦今人之龟鉴也。比见庸愚莫喻此理，不以孝悌为心，务以争讼为事。殊不思父母亡殁之后，犹未安葬，先已分财异居，各为不均，互相毁讦，爱敬之心绝无，往往赴官陈告，积年不能杜绝。父母瘗于浅土，恬然不问，岂暇慎终追远哉？风俗侥薄，乃至如此，须候葬毕，方许分居。如愿永远同居者听。如此，庶几风俗还淳，官无冗政。"后经刑部与礼部共同讲议，规定："丧葬之礼，除蒙古、色目例从本俗，别无定夺，其余人凡居父母之丧，葬事未毕，弟兄不得分财异居。虽已葬讫，服制未终而分异者，并行禁止。"

第四章
元代经营管理思想

第一节　多种经营思想

元代王结在《善俗要义》① 中不仅阐述了自己的管理家族思想，而且还阐述了自己的多种经营思想。王结在继承传统的以农为本思想的基础上，也重视"殖生理"，即发展工商业。即使是以农为本，他的所谓"务农"除传统的农桑之外，还包括"课栽植""治园圃"等，即种桑养蚕纺丝，栽植榆、柳、杨等树木及各种果树、蔬菜等，可供柴薪、建房屋梁柱、食用等。还可以"育牝牸""畜鸡豚""养鱼鸭"等，通过养牛羊、鸡、鸭、猪、狗、鱼类等来发展养殖业。王结还强调，无论是从事农业还是工商业，都必须"戒游惰""致勤谨"，才能取得良好的经济效益。以下对王结的多种经营思想做一简要缕析。

其一，王结认为，治国养民，务农为先。务农不仅要勤力耕桑，还要讲究方法，经常学习农桑之书，深耕匀种，常常锄耨。如条件不宜种粮食的地方，可种瓜菜、桑麻，妇女还可在家织绢沉蜜。如能这样，一

---

① 本目王结言论引文未注出处者，均见于《文忠集》卷6《善俗要义》。

家温饱不愁。"夫治国之道，养民为本；养民之术，务农为先。盖人生所资，惟在五谷布帛，所以累奉条画，劝民敦本抑末、勤修农业者，以此故也。然闻所在民众通晓务农、勤力耕桑者不为无人，其苟且之徒未尽地利，游惰之辈荒废本业者，亦多有之。今后仰社长劝社众常观农桑之书，父兄率其子弟，主户督其田客，趁时深耕匀种，频并锄耨，植禾艺麦，最为上计。或风土不宜，雨泽迟降，合晚种杂田瓜菜者，亦可并力补种，更宜种麻以备纺绩。蚕桑之事，自收种浴川生蛾喂饲以至成茧缫丝，皆当详考农书所载老农遗法，遵而行之。家长率一家男女，劝用心用力，四十日间干系一年生计。若妇人得闲，伏中便可织绢沉蜜，胜似余月。如此上可以办纳差税，下可以一家温饱。苟有蓄积，虽遇凶年，亦免饥寒之患也。"

其二，王结认为，栽桑养蚕，就可使丝绢繁盛。如栽种榆、柳、杨等树，可供柴薪、梁柱之用，种植果树，则可食用。这些都是民众生活所必需的，并可使民殷富。"古人云：'十年之计，种之以木。'若栽桑或栽地桑，何必十年，三五年后便可享其利也。更能修治得法，久远则益无穷。本路官司虽频劝课，至今不见成效，盖人民不为远虑，或又托以地不宜桑，往往废其蚕织，所以民之殷富不及齐鲁。然栽桑之法，其种堪移栽、压条、接换，效验已著，苟能按其成法，多广栽种，则数年之间丝绢繁盛亦如齐鲁矣。如地法委不相宜，当栽植榆、柳、青白杨树，十年之后，枝梢可为柴薪，身干堪充梁柱。或自用，或贸易，皆为有益之事。其附近城郭去处，当种植杂果货卖，亦资助生理之一端也"。

其三，王结认为，牛羊经济价值高，牛可用于耕种，羊毛、羊奶都可卖得好价钱。因此，要想较快富裕起来，可多牧养牛羊。"陶朱公曰：'欲速富，养五牸。'如各县乡有宜畜牧去处，仰有力之家多养牸牛、母羊，随时牧放，如法栅圈。养育得所，孕字必多，牛供耕种，羊堪货卖，剪毛饮酪，皆为利益。善于治生者，所宜斟酌遵行也。"

其四，王结认为，养殖鸡、猪、狗，可供人们肉食。饲养鸡、猪要注意挑选良种。养猪可选择近山林和地面窄隘去处；养鸡应一雄鸡配四

五只母鸡，可多蕃息。"孟子曰：'鸡豚狗彘之畜无失其时，七十者可以食肉矣。'且五豵之中，鸡豚易置。猪种取短嘴无柔毛者良。若近山林，宜多豢养牧放；地面窄隘去处，随宜养牧。鸡种取桑落时生者良，一雄可将四五牝鸡笼内着栈，如法畜养。如此则鸡豚蕃息，上可以供老者之养，下可以滋生理之事也。"

其五，王结主张，河渠、池沼之地，可以多养鱼、鸭，还可栽种莲藕、蒲苇、菱角、鸡头等，这也是治生的好办法。"陶朱公曰：'治生之法，水畜第一。'鱼池是也。仰附近河渠有地有力之家，疏凿池沼，中溜洲渚，求怀子鲤鱼及牡鲤鱼纳于其中，二年之后，其利无穷。鸭尤易养，无所不食，水傍育之，滋孕蕃息。更有可栽种莲藕、蒲苇、菱角、鸡头去处，亦仰多广栽植，亦治生之良法也。"

其六，王结主张，农民除栽种粮食之外，还应该种韭、瓜、茄、葱、蒜、芋、蔓菁、苜宿等蔬菜，除自用助味外，有多余还可出卖以增加收入，有的还可以在饥荒之年用于救饥馑。"谷麦充饥，蔬菜助味，皆民生日用不可阙者。昔龚遂守渤海，劝民每口种薤百本、葱五十本、韭一畦，及课农桑、畜牧之事，吏民渐皆富实。张忠定公为崇阳令，遇农夫买菜出城者，执而笞之，谕使自种。今农民虽务耕桑，亦当于近宅隙地种艺蔬菜，省钱转卖。且韭之为物，一种即生，力省味美，尤宜多种。其余瓜、茄、葱、蒜等物，随宜栽植，少则自用，多则货卖。如地亩稍多，人力有余，更宜种芋及蔓菁、苜蓿，此物收数甚多，不惟滋助饮食，又可以救饥馑度凶年也。"

元人徐元瑞在《吏学指南》中出简略谈到农业的多种经营思想："劝农为政。周公曰，谷不熟为饥，菜不熟为馑，果不熟为荒，牛不安农困。一夫不耕一家饥，一妇不蚕一室寒；养亲祭祀，租税差役，则皆废矣……鸡豚狗彘，羊猪鹅鸭，二社冬年，足可养老祭祀矣。"[①]

---

① 徐元瑞：《吏学指南》（外三种），浙江古籍出版社，1988年，第149－150页。

其七，王结虽然坚持传统的以农为本思想，却不排斥工商业，认为工商业也是人们生活中不可或缺的，城市居民子弟也可把工商业作为本业。各家父兄应训导子弟不要吃喝玩乐、奢侈淫放，勤于工商本业。"城郭之民，类多工商。工作器用，商通货财，亦人生必用之事，而民衣食其中。勤谨则家道增长，怠惰则生理荒废。家道增，上可以办差役，下可以足衣食。然城居子弟易为游荡，各家父兄当严加训导防制，常使勤修本业，勿令无故饮宴及游行非理之地，以致奢侈淫放，费用资财。"

其八，王结提出，每个人无论是从事士农工商中何种职业，都要戒游惰、致勤谨。如有人家子弟游手好闲、惹是生非，父兄应严加训戒，社长应叮咛劝谕，让其悔过自新，勤力谨身。"士农工商，各有常业，谨身勤力，衣食自充，前已屡言之矣。颇闻人家子弟多有不遵先业，游荡好闲，或蹴踘击球，或射弹黏雀，或频游歌酒之肆，或常登优戏之楼，放恣日深，家产尽废，贫穷窘迫，何恶不为。乡村之民亦有不务耕锄，不勤蚕织，呼召党类，趁集饮酒者，甚至与妻同往，以致男女混淆。今后果有似此游荡之人，父兄严加训戒，社长丁宁劝谕，庶能悔过自新。若循袭不改，仰申报所在官司，依法惩戒。""古语云：'勤能胜贫，谨能胜祸。'盖言勤力可以不贫，谨身可以免祸。务耕桑，修蚕织，葺园圃，栽树株，利沟渠，理堤堰，通货财，皆勤力之事也。孝于父母，顺于兄长，言行慎密，出入安详，非善勿友，非义勿取，不学赌博，不作盗贼，不好争讼，不竞贪淫，皆谨身之道也。人能如此，不惟胜贫免祸，乡党识者必皆爱重，称为善人君子矣。"

其九，王结认识到兴修水利工程对于农业生产至关重要，不仅能够使农业旱涝保收，而且能够提高农业的经济效益。因此，各地要因地制宜，积极兴修水利工程。"自昔水田号为常稔，盖旱干则引水灌溉，霖雨则开堰疏放，宜收数倍于陆田，而粳糯又比谷麦常贵。邢台、南和等县濒漳河乡村，从前分引沟渠浇灌稻田，近水农民久蒙利益。然闻南和、任县之境，漳河上下，尚有水势可及之处，居民惮于改作，不知开引调度，湮塞农利，良可惜也。仰濒河有地之家，果然水势可及，当计会通

晓水利之人，凿渠引水，改种稻田。若独力难成，或无知水利者，可采画地形水势，陈说堪以兴修事理，申告上司，添力开挑。如地高，泉脉不能上流，仰成造水车，设机汲引，浇灌田苗。有不解制造者，亦听申复上司，开样颁降。此皆江淮已验良法，条画许令举行，虽南北风土不同，亦有可为之处。农民慎勿乐因循，惮改作，视为迂阔而不之信也。又闻其余县分附近沙、洺河及漳、漯旧河渠地面，每岁五六月霖雨连旬，诸水泛滥，平地漫流，淹没禾稼，各宜以时修理堤防，备御水害。若私己难办，必资众力成就者，亦听申报官司，相度差拨，以为一劳永逸之计"。

元人徐元瑞在《吏学指南》中记载了一则民间脱贫致富的谚语，颇切合当时的现实情况，对现代也有一定的借鉴意义。"谚云：'由人而贫，穷者有十：一要贫，学烧银；二要贫，孝空门；三要贫，好相论；四要贫，好移坟；五要贫，置宠人；六要贫，陪女门；七要贫，要宅新；八要贫，酒赌频；九要贫，宴贵宾；十要贫，好赛神。'其犯一者，未有不贫也。又云人有十可富：一可富，孝亲族；二可富，少奴仆；三可富，省追逐；四可富，效勤苦；五可富，不高屋；六可富，长忍辱；七可富，粗衣服；八可富，养六畜；九可富，多粪土；十可富，没名目。为之三五，无不可富足也。"[①] 徐元瑞的十贫十富归纳起来，大致有以下 5 个方面：一是不搞迷信活动，浪费钱财，如不要烧银钱、孝空门、移坟、赛神等。二是不要贪恋女色，频繁饮酒赌博，如不要置宠人、陪女门、宴贵宾、酒赌频等。三是不要互相攀比，追求住宅要新、高大，奴仆多。四是在家要孝敬亲族，在外要少议论别人，遇事要忍让，能受得了屈辱，才能和气生财。如孝亲族，不要好相论，应该长忍辱等。五是应该勤劳节俭，多养六畜，多积粪土，穿粗布衣服。显然，在元代民间的脱贫致富思想中，节俭是最重要的，如果不厉行节俭，搞迷信活动，浪费钱财，贪恋女色，饮酒赌博，互相攀比，追求宅新高屋、奴仆众多，再富有的

---

① 《吏学指南》（外三种），第 150 页。

人家，也会沦为贫困。而要发财致富，则要和气生财，勤劳致富。

徐元瑞在《吏学指南·时利第九》中提出农业生产必须不误农时，努力耕作，栽种多种作物，可弥补一些作物歉收，这样，才能做到温饱无忧。"教农民栽接园林，广种蔬菜，拆洗凉衣，多作鞋脚，挂备绳索、农器、镰担、车仗，饱饲牛畜，趁时布种，不致荒闲田地。保庇农民，禁止诸色杂人游乐甘闲，乞觅投散，提绳把索，三教九流，师巫乐戏排场。兵卒官吏不得聚敛骚扰诱说，不惟吞食民财，大误国家徭役，利害甚大。二麦三青一黄，催督火速收敛，般（搬）载上场，不分昼夜，打碾子粒，曝晒入仓，方属民物。山东、吴不知熟麦青钐自然子粒圆实，幽燕但过焦雨水顿放多，十去其三四矣。夏麦薄收，火速劝谕多种荞麦、黍、谷、豆，晚田蔬菜、果木、苜蓿、野菜、劳豆、蓬子、稗，可备春首饥荒。加力锄刨三五次，亦能倍收。十月收打荞麦、黍、豆，积垛草秸以备官草牛食，不致风雨损坏……三冬人闲，收敛干桑叶，搭苫积聚，以备蚕场。桑叶饲蚕，亦成救敛，其方亦得丝锦。大救生民，蚕桑也"①。

第二节　许衡的治生思想

许衡作为著名理学家，在经济思想方面，坚持传统儒家的重义轻利、义主利从的观点。他对儒家的"君子喻于义，小人喻于利"做了独到的诠释：把统治者中"损上以益下"的人称为君子，其"损上以益下"的行为即"喻于义"；而把统治者中"剥下以奉上"的人称为小人，其"剥下以奉上"的行为即"喻于利"②。他不仅没有借重义轻利来限制、指责

---

①《吏学指南》（外三种），第152—153页。

②《许文正公遗书·楮币札子》。

百姓的求财利言行，甚至还认为百姓求财是人之本性，"生者以利为本"①。因此，治理国家只有"益下"，使百姓得到财利，才能"遂万物之生，顺万物之情"②。

许衡在此认识基础上，把百姓治生与富国紧密联系起来。他认为，治国必须让百姓家家都能自谋生计、自治生业。这样，就能使"土地辟，田野治，年谷丰登，盖藏充溢"，国家自然富裕，绝不会有"国贫"。

许衡的治生，并不局限于农业生产，而是包括古代社会经济活动中的各种行业，概括地说，主要就是他所归纳的"治生者，农、工、商贾而已"。③ 值得注意的是，他的治生论，一是不包括传统士农工商四业中的士，二是他的治生论，只局限于论述一个士人如何治生问题。以下就其治生论的要点做一缕述。

其一，许衡认为，士人要为学，首先必须治生，这是基础和前提，否则，不会治生，解决不了生活问题，就会妨碍为学。他提出："为学者治生最为先务，苟生理不足，则于为学之道有（缺"所"字）妨。"④ 在中国古代士农工商四业中，士是唯一不生产、出售生活物资的行业。但是，士人为学却必须有一定的物质作为基础，如必须有起码的食、衣、住作为前提，不然，连生存都难以维持，学业是无法进行下去的。

其二，许衡认为，士人治生当以农为业，即"士子多以务农为生"⑤。从事工商业，不如务农为宜，尤其从事商贾是"逐末"，这对士人来说，是不大适宜的。但是，许衡也并不绝对反对士人经商。在他看来，"商贾虽是逐末"，但士人只要"处之不失义理，或以姑济一时，亦无不可"⑥。可见，士人如能以义理经商，取财有道，或只是一时救济生活而为之，

---

① 《许文正公遗书·楮币札子》。
② 《许文正公遗书·国学事迹》。
③ 《许文正公遗书·国学事迹》。
④ 《许文正公遗书·国学事迹》。
⑤ 《许文正公遗书·国学事迹》。
⑥ 《许文正公遗书·国学事迹》。

也未尝不可。

其三，许衡认为，士人不应以教学及做官作为治生的行业，"若以教学与做官规图生计，恐非古人之意也"①。可见，他一方面要求士人从事农、工、商贾以治生，给为学创造物质条件，另一方面，他又反对士人通过教学与做官治生。他认为如靠教学与做官治生谋利，就会有损于官守（廉洁）或师德，如从事农、工、商贾治生谋利，那就是正当的，因为这些经济活动本身就是带有赢利性质的。

在传统儒家思想中，士应该是"志于道"的人，应以"不谋食""罕言利"来要求自己。后来这种传统观念越来越僵化，越来越走向极端，造成了士人轻视农、工、商的偏见。许衡却能打破这种观念，要求士人应该亲自从事治生活动，并把治生作为为学的先务。而且在治生中，他虽然强调"士子当以农为业"，但士人也可为商贾，只要"处之不失义理，或以姑济一时，亦无不可"。司马迁在《史记·货殖列传》中的治生之学，在其后的千余年之间似乎成为绝学。到了宋元时期，治生之学才又重新出现。宋代的叶梦得首续其学，元代的许衡则继其学，对改变治生之学千余年来沉寂的局面，发挥了应有的作用。

第三节 私商承包经营思想

元代有关私商承包经营思想的史料，保存至今的极少，兹举 3 则有关史料，并略作分析。

（元太宗时）富人刘忽笃马、涉猎发丁、刘廷玉等以银一百四十万两扑买天下课税，楚材曰："此贪利之徒，罔上虐下，为害甚大。"奏罢之。常曰："兴一利不如除一害，生一事不如省一事。任尚以班

---

① 《许文正公遗书·国学事迹》。

超之言为平平耳，千古之下，自有定论。后之负谴者，方知吾言之不妄也。"

自庚寅定课税格，至甲午平河南，岁有增羡，至戊戌课银增至一百一十万两。译史安天合者，谄事镇海，首引奥都剌合蛮扑买课税，又增至二百二十万两。楚材极力辨谏，至声色俱厉，言与涕俱。帝曰："尔欲搏斗耶?"又曰："尔欲为百姓哭耶? 姑令试行之。"楚材力不能止，乃叹息曰："民之困穷，将自此始矣!"①

（元太宗时）燕京刘忽笃马者，阴结权贵，以银五十万两扑买天下差发。涉猎发丁者，以银二十五万两扑买天下系官廊房、地基、水利、猪鸡。刘庭玉者，以银五万两扑买燕京酒课。又有回鹘以银一百万两扑买天下盐课。至有扑买天下河泊、桥梁、渡口者。公曰："此皆奸人欺下罔上，为害甚大。"奏罢之。尝曰："兴一利不若除一害，生一事不若减一事。人必以为班超之言，盖平平耳。千古之下，自有定论。"

初公自庚寅年定课税，所额每岁银一万锭。及河南既下，户口滋息，增至二万二千锭。而回鹘译史安天合至；自汴梁倒身事公以求进用。公虽加奖借，终不能满望。即奔诣镇海，百计行间。首引回鹘鄂噜喇哈曼扑买课税，增至四万四千锭。公曰："虽取四十四万亦可得，不过严设法禁，阴夺民利耳。民穷为盗，非国之福。"而近侍左右皆为所啖，上亦颇惑众议，欲令试行之，公反复争论，声色俱厉。上曰："汝欲斗搏耶?"公力不能夺，乃太息曰："扑买之利既兴，必有蹑迹而纂其后者，民之穷困将自此始。"②

至元三十一年四月，钦奉诏书内一款：诸处酒税等课，已有定额，商税三十分取一，毋得多取。若于额上办出增余，额自作额，

---

① 《元史》卷146《耶律楚材传》。
② 《元文类》卷57《中书令耶律公神道碑》，台湾商务印书馆影印文渊阁四库全书本。

增自作增，仍禁诸人扑买①。

扑买又称买扑，自五代时开始出现，到了宋代兴盛一时。据目前有限史料记载，扑买制至元代可能只在前期课税中实行。到了元世祖后期，就明令予以禁止。如上引至元三十一年（1294）四月，诸处酒税等课，"仍禁诸人扑买"。比较《元史·耶律楚材传》与《元文类·中书令耶律公神道碑》有关耶律楚材极力反对富商巨贾承包国家课税的记载，其在细节上略有不同，如其中最明显的是所载数字上有较大的差异。但是其对整个事实过程的记载则是基本相同的。从这两处记载我们大致可以得到以下5点认识：

一是元代的扑买主要由富商大贾向政府承包课税。其承包时完全靠富商大贾雄厚的经济实力，实行全国性对某一课税领域垄断性的承包。并且不采取数家商人投标式的竞争，而是通过非正当性的"阴结权贵""近侍左右皆为所啖"等贿赂手段，来获取特许课税权。

二是虽然《元史·耶律楚材传》与《元文类·中书令耶律公神道碑》所载数字不同，却都是数额庞大。如《元史·耶律楚材传》载戊戌年全国课税银增至110万两，但奥都剌合蛮却愿意出价220万两来承包全国课税。《元文类·中书令耶律公神道碑》则载戊戌年全国课税22000锭，而奥都剌合蛮（即原文中鄂噜喇哈曼）却愿意出价44000锭来承包全国课税。虽然两处所载数额不一，但有一点是一样的，即奥都剌合蛮愿意以高出全国课税格1倍的价格来承包。

三是富商大贾斥巨资承包国家课税权，笼统地说，就是"扑买天下课税"。"扑买课税"，具体地说，就是承包"差发"、"系官廊房、地基、水利、猪鸡、酒课、盐课、河泊、桥梁、渡口等课税权"。从富商大贾所开承包价钱可以看出，其中盐课税额最大，银100万两；其次差发，银50万两；再次系官廊房、地基、水利、猪鸡，银25万两；最少者是燕京酒课，银5万两。

---

① 《元典章》卷3《薄税敛》。

四是富商大贾扑买课税，其主要诉求当然是为了获取巨额的经济利益，但有的也有进一步的政治上的诉求。其中最为典型的就是回鹘人奥都（鲁）剌合蛮。其通过买扑课税大发横财，然后再"以货得政柄，廷中悉畏附之"①，掌握了朝廷大权。"（皇后）以御宝空纸，付奥都剌合蛮，使自书填行之。楚材曰：'天下者，先帝之天下。朝廷自有宪章，今欲紊之，臣不敢奉诏。'事遂止，又有旨：'凡奥都剌合蛮所建白，令史不为书者，断其手。'楚材曰：'国之典故，先帝悉委老臣，令史何与焉。事若合理，自当奉行，如不可行，死且不避，况截手乎！'后不悦。"② 由此可见，奥都剌合蛮通过贿赂皇后，获得了她的宠信，在朝廷为所欲为，干预朝政。

五是大臣耶律楚材之所以极力反对富商大贾承包全国课税，甚至以死抗争，其理由是：这实际上是严设法禁，阴夺民利耳，民穷为盗，非国之福，"扑买之利既兴，必有蹑迹而篡其后者，民之穷困将自此始。"耶律楚材的这一担忧是不无道理的。国家的权力（包括征税权）是不能有偿转让的。当权力与经济利益直接联系在一起时，权力为获取利益而加以滥用，将会对社会和民众造成巨大的伤害。这也就是奥都剌合蛮愿意以高出全国课税格 1 倍的价格来承包全国课税权的秘密之所在。当奥都剌合蛮获得课税权后，将利用手中的权力，大肆盘剥掠夺，从中获取巨大的经济利益。正如耶律楚材所揭露的，其出价增至 44000 锭，但其收益"虽取四十四万亦可得"，是其出价的 10 倍。

---

① 《元史》卷 146《耶律楚材传》。
② 《元史》卷 146《耶律楚材传》。

第五章
元代国家管理思想

第一节　户口与土地管理思想

一、户口分等级管理思想

元朝建立后，在全国实行民族歧视政策，将其统治的民众分为蒙古人、色目人、汉人、南人4个等级。据《元典章》卷17记载，元政府还进一步将其统治的官民细分为诸多等级进行户口管理，如诸王公驸马并诸官员户，五投下户，各投下军、站户，随路壬子年抄过诸色人等户，军户，站赤户，诸色人匠，驱良，军户驱，诸色户驱良，放良户，断案主户，斡脱户，回回、畏吾儿户，答失蛮、迭里威失户，打捕户，儒人户，析居户，招女婿，诸奴婢嫁、娶、招召良人等。元代统治者之所以不厌其烦地将全国官民划分为诸多等级，其目的是根据不同的等级制定各种不同的统治政策。

元代划分等级的依据繁杂，其中一个是按民族及阶级进行划分。如为了维护蒙古王公贵族和各级官员的特权，法律规定："诸王公主驸马并诸官员户计；诸附籍、漏籍诸色人户，如有官司明文分拨隶属各位下户

数，曾经查对，不纳系官差发，别无经改者，仰依旧开除"①。最高统治者通过法律来保障蒙古王公贵族和各级官员所拥有的诸色民户，从而依靠诸色人户的供奉来维护自身的优裕奢侈生活和各种特权。另一方面，最高统治者也限制蒙古王公贵族和各级官员无限制地不断占有诸色民户，以防止其势力膨胀，影响国家财政收入和威胁中央王朝。如"至元元年（1264）诸王共议定圣旨条画内一款：'依着先帝圣旨，诸王、公主、驸马并诸投下不得擅行文字招收户计。'除将各位下已招人户，照依累降圣旨改正，分付各路收系当差，仍常切禁约投下人员，无得似前乱行招收。如有违犯之人，仰管民官捉拿取问是实，申解赴部，呈省究治。如管民官今后不肯用心收拾，及看循面情，纵令诸人招收人户，定是解任断罪"。

与此相反，元朝统治者也通过法律确定达达、回回、契丹、女真等少数民族及"汉儿人"（汉族）被虏民户为驱口（奴隶）。如"照得甲午年钦奉合罕皇帝圣旨：'不论达达、回回、契丹、女真、汉儿人等，如是军前虏到人口，在家住坐，做驱口。因而在外住坐，于随处附籍，便系是皇帝民户，应当随处差发。'"乙未（1295）、壬子（1312）二年规定："本使户下附籍驱口，因而在外另作驱口，或寄留种田人等附籍，依例收系科差，仰于本使户下除豁重籍人丁差役。"可见，元朝将俘虏的各族民户分为王公贵族拥有的"在家住坐"驱口和皇帝拥有的"在外住坐"驱口。并且，无论是"在家住坐"驱口还是"在外住坐"驱口，都必须承担差役，服从主人的奴役。

元朝划分民户等级的另一重要依据是职业，如军户、站赤户、诸色人匠、打捕户、儒人户等，并根据民户不同的职业，分别制定不同的管理条规。如军户是元朝政权依靠的武装力量，对他们实行不当差的优待："蒙古、探马赤投下军人不在当差额内，无问附籍漏籍、应役不应役，今次取勘到官，发与枢密院收系，就便定夺。汉儿军户不在当差额内。"元

---

① 《元典章》卷17，本目以下未注出处引文均见于此。

朝统治者以程朱理学作为全国的主导思想，提倡子弟学习儒家经典，因此在划分户等时特别另立儒人户，并对其予以"免差"的优待："中统四年分拣过儒人内，今次再行保勘到委通文学，依旧免差；不通文学者，收系当差。中统四年不经分拣附籍、漏籍儒人，或本是儒人，壬子年别作名色附籍，并户头身故，子弟读书，又高智耀收拾到驱儒，仰从实分拣，能通文学者，依例免差。不通文学者，收系一例当差。外，诸色人户下子弟读书深通文学者，止免本身杂役。"又如元朝统治者将各种手工业者划为"诸色人匠"，对他们另有不同的当差规定。如"诸投下壬子年元籍除差畸零无局分人匠，自备物料造作生活，于各投下送纳或纳钱物之人，依旧开除。外，不当差役人户，收系科差。""诸投下蒙古户并寄留驱口人等习学匠人，随路不曾附籍，每年自备物料，或本投下五户丝内关支物料，造作诸物，赴各投下送纳者，充人匠除差。"而对于那些"打捕户"，由于打猎的职业特点，他们必须以"送纳皮货"来代替交纳丝料、包银等。"壬子年附籍打捕户应当丝料、包银，替头里送纳皮货到今，别无定夺。若有争差户计，经官陈告者，仰照乙未年元籍名色归着。"

在统一全国的战争中，南宋是元朝最后灭亡的政权，而且在灭亡南宋的战争中，元军曾遭到南宋军民的顽强抵抗。因此，元朝在实行民族歧视的政策时，把南宋境内的汉族列为最低一等，即南人，对其进行残酷的镇压和掠夺。在这样一种历史背景下，时人胡祗遹以过人的胆略和见识，提出了"江南平定，通为一家，南民即我民，南兵即我兵也"[①]，建议元朝统治者安抚江南民众，不可滥杀，应制止滥官污吏对南民的掠夺盘剥，从而缓和社会和民族矛盾，巩固元朝对南宋原统治地区的统治。他提出："江南民心未甚结固，不可屡失。自收附以来，兵官嗜杀，利其反侧叛乱，已得从其掳掠，货财子女则入于军官，壮士巨族则殄歼于锋刃，一县叛则一县荡为灰烬，一州叛则一州莽为丘墟，然则于国何益矣？

---

① 胡祗遹：《杂著·民间疾苦状》，载《吏学指南》外三种，第 245—246 页。

申院申省，反以为功。朝廷不究诘所以反叛之由，而惯赏其将卒定乱之勇。人情孰不欲安？屋粟火食，夫耕妇织，赋役之外，养老慈幼，乐享太平，此亿兆之一心也。今也弃此遐福，去生就死，甘为肝脑涂地，父母妻子骈首受戮者，是何心哉？是盖牧民者有以激之使然。前省所选人员，例以贿赂得官，屠沽驵侩、市井无赖、群不逞之徒十居七八。《诗》云：'恺悌君子，民之父母。'使若辈之民，欲民之安则不可得矣。淫夺人妻子，强取人财产田宅、马牛羊畜，听讼之间，恣情枉法，以是为非，以非为是，百计千方，务在得钱。民之冤抑无所控告，司县州府上下一律，哀声怨气郁积而不能发，所以冒死而不顾。国家自平金以来有事于宋，五六十年而后混一，岂不艰哉！良将精卒经营战斗于数世，一旦以滥官污吏恣其贪残而坏之，惜哉！"①

二、 治理逃户流民思想

元代同古代其他朝代一样，当遇到天灾人祸之时，往往就会出现流民或逃户，甚至在风调雨顺、太平无事之年，一些民众为逃避繁重的赋税、徭役，也纷纷逃离自己的家园，另找谋生出路。流民、逃户问题既影响国家的财政收支、徭役的征发，也影响到社会秩序的稳定。因此，历朝统治者都比较重视解决流民、逃户问题。从总体上看，元政府对流民、逃户问题还是采取比较宽容的政策，通过减免赋役，恢复流民、逃户家业等措施鼓励流民、逃户回乡生产，安居乐业。

时人胡祗遹撰写了《论逃户》《论复逃户》两篇文章②，对逃户产生的原因、逃户问题难以解决的因素及解决逃户问题的对策做了探讨。他认为元代之所以出现逃户现象，最重要的原因是苛捐杂税和繁重的徭役使广大民众无以为生，迫使本安土重迁的农民纷纷背井离乡，到异地他

---

① 《杂著·民间疾苦状》，载《吏学指南》外三种，第 245—246 页。
② 以下所引胡祗遹有关逃户言论，均见于此，两文载《吏学指南》（外三种）第 210—213 页。

乡谋求生路。而当地的贪官污吏乘民众逃离之机，典卖、瓜分逃户的房屋、田地，并将逃户的赋税、徭役分摊给同村的其他住户。结果，形成恶性循环，使其他住户也纷纷逃离，最后形成一村空无一人。他在《论逃户》中指出：

> 汉人凿井而饮，耕田而食，蚕绩而衣，凡所以养生者，不地著则不得也。故安先世之田宅，服先畴之畎亩，守前人之世业，十世百世，非兵革易代，掳掠驱逐，则族坟墓，恋乡井，不忍移徙。此汉人之恒性，汉人之生理，古今不易者也。今也背乡井，弃世业，抛掷百器，远离亲戚姻娅，转徙东西南北而无定居，寄食于异乡异域，一去而不复返，此岂人之性也哉，有不得已焉耳矣！劳筋苦骨，终岁勤动，丰年不免于冻馁，称贷无所得。里胥乡吏，蚕督暮逼，丝银之未足、两税之悬欠、课程之未纳、和雇和买造作之未办，百色横敛，急于星火。糠秕藜藿，百结而不能自恤。仰瞻父母，俯顾妻子而谋曰："今日尚矣，明日将如何矣？吾血肉不堪以充赋税，吾老幼不足以供赁佣，与其闭口而死，曷若苟延岁月以逃。"于是远徙他所，废主户为客户，分耘人田，托栖檐隙，皇皇焉，惴惴焉，惟惧刷逃窜责逋欠者之相寻也。人生至此，可哀之甚也。今之牧民者恬不矜恤，一念申呈上司之不准，再念户口消耗之责己，三念照刷之劬劳，四念乘人之危困，乘时政之失，反可因缘而为奸利。今岁某乡某村逃讫某户，即将本户抛下屋若干、田亩若干、其他产业若干，会计其值，督令邻里及本土主首或典或卖，以充本户合该差发，有余则官分其半，吏分其半，来岁如有典卖不尽者，一遵前例。田宅既尽，披散逃户分数于见在户；继有逃户则亦然。假如某村某年元抄十户，累岁逃讫六户、七户、八户，见在三户、二户抵当十户差发，以至应当不前，竟亦逼迫逃去，遂成空村。复将空村抛下分数普散于一县。以近年见在户所当差发较之初定元额，岂止十倍而已耶！

对于逃户现象严重问题，元政府也曾采取了一些措施，但未收到预

期的效果。胡祗遹认为，主要有10个方面的因素制约了逃户问题的较好解决：

> 为政者首以招集逃户为亟务，明示黜陟，劝惩府州司县牧民之官，广推恩惠，复业者一年租庸调皆免，二年征其半；劳心画策，可谓勤矣。以愚观之，似救其末而不救其本，口惠甘美，而实德未洽，以此为计，正犹以无枝之木来众鸟，潢污行潦聚群鱼，不为不集，集则何以为巢为穴乎？……然则招来复业而无业可复。木之无枝尚不能集鸟，水之行潦尚不能聚鱼，而况童山涸辙乎？愚熟思之，逃民之不能还业，其难有十：无抛下事产，来无所居，欠少钱债，来不能偿，一也；他处得生理，二也；元籍非本乡，已得还乡，漂流已久，地理窎远，无力提挈移徙，四也；流移远方，为商贾，为工匠，五也；元抛产业已为他人所有，六也；夫亡，妻适他人，七也；父母已老死，子孙不知原籍，八也；子孙作赘于人，九也；因流寓而户绝，十也。复业则有此十难，而况无业可复。就令还家，便得所遗事产，舍屋推倒，垣墙无有，反若异乡。兼一年之内能作何活，来岁又复当差，租税从何而出？论至于此，无惑乎逃窜之不复。

总之，胡祗遹认为，尽管逃户返乡复业有10个难处，但最重要的还是逃户家乡的房屋、田地、产业等已荡然无存，就像"童山涸辙"一样，已没有飞鸟游鱼栖身的巢穴。因此，胡祗遹提出，要解决逃户难题，"上策莫若再籍，以籍为定；中策莫若勒令守土官、邻佑人供责逃户元抛土田事产，官为见数招人种佃，所得子粒，官为收贮，复业者连产业与所收子粒并给之，三年全免差役；下策信从虚文，今年招到复业户若干，明年却报逃窜，公私无益，虚费纸笔，为奸吏所弄"。这就是胡祗遹主张：上策是对逃户重新编写户籍，编入新居住地的户籍；中策是命令逃户原居住地的官员、左邻右舍提供逃户原抛弃的土地、产业等，当地官府出面招人种佃，所得地租官府代为收贮，等待逃户回乡复业时，将其土地、产业连同代为所收的地租一起归还逃户，并免除其三年差役，以

此来鼓励逃户回乡复业；下策是走走过场，今年虚报招徕到逃户复业若干户，明年再虚报又逃窜若干户，自欺欺人，对公对私都没好处，只是虚费纸张笔墨，被奸吏所糊弄。

与胡祗遹同时代的陆文圭则对当时的流民问题提出自己的解决办法和主张。元代的逃户一般指因无法承担繁重的赋税、徭役而逃离自己家园的农民，而流民则指因自然灾害而逃离家乡的民众。陆文圭认为，要解决流民问题，必须采取择守令、轻赋役、议赈贷3个方面的措施：

> 救流民之策三：一曰择守令，二曰轻赋役，三曰议赈贷。天灾流行，国家代有区画，备御在得其人。古之循吏所至郡邑，浚陂渠、立堤防，课农桑，广储蓄。四民乐业，安土重迁，设遇旱潦，恃以无恐。今也为人择官，不为官择人。千里之师，帅教令不先百里之父母，抚字不职，郡邑无承流宣化之人；朝廷无考课黜陟之法，常平之政不修，社仓之义不劝。劳徕不息、招集有功者，不闻显赏；阖境逃移，户口稀散者，不必受罚。何异受人之牛羊，立而视其死欤？此守令不可不择也。小民难保，天亦哀矜，本固邦宁，若古有训。升平之时，犹宜轻徭薄赋；灾歉之后，岂堪虐使苛征？且乡田同井，谁甘死徙；维桑与梓，岂不怀归？而余粮栖亩，责之全租；一室悬罄，算之口赋。检覆之额未宽，追呼之费已重。役半饥之氓隶，兴不急之工役。良由此邦之人，莫我肯谷，所以逝将去女，适彼乐郊。九重勤恤之旨屡颁，田里愁叹之声未息，是谓上慢而残下，不能已溺以视人，何异扼饥者之吭而夺之食乎？此赋役不可不轻也。民以食为天，不再食则饥。方其遇灾之始，倘为措置之方，通商、劝分、薄敛已责，但有苟旦夕免沟壑之计，谁无恋坟墓、保妻孥之心？惟其守死之余，遂起逃生之念，山墙野水，露宿草行，蒙袂嗟来，傍人门户，岂得已哉？而所至之处，不能存恤，官吏便文自营，封廪不发，驱之出境，委曰无他。愚谓宜留者给之闲田，贷之牛种；行者与之裹粮，续其口券；复业者返其田宅，正其疆界，利其家，复其身可也。凡此破除之费，一出公上之储，国家富有四海，仁圣

视民如子，岂与琐兮尾兮，流离之子较是区区者哉！此赈贷不可不议也。①

在此，陆文圭主张，如选任地方守令得当，这些守令于平时带领民众疏浚陂塘沟渠，修筑堤防，劝课农桑，广积粮食，使士农工商安居乐业，地方经济繁荣，就能大大提高抗御自然灾害的能力，即使遇到灾荒，也没什么可担心的。因此，选任好地方守令是防范流民最根本的措施。倘若某一地区遇到自然灾害，朝廷必须实行轻徭薄赋措施。如在灾荒之年仍然苛征繁重赋役，许多无以为生的贫民就会背井离乡，成为流民。为了不使社会上大量出现流民，朝廷不仅要轻徭薄赋，还要赈济灾民。如流民愿在新的流徙地定居，政府就给予田地，借给他们耕牛、种子；如果流民继续寻找安身之地，政府就给予他们干粮；如果流民想返回家乡，政府就归还他们的田地、住宅，并免除他们的徭役。如政府切实采取了这些措施，就能解决遇到自然灾害时大量出现流民的社会问题。

据《元典章》卷17《逃亡》记载，元政府对逃户采取较宽容的政策，尽可能保护逃户在家乡的田地、房屋，以鼓励逃户回乡复业。至元二年（1265）正月，元政府规定："今后，如有似此于签军时避当军役在逃抛下事产，改除见充军户代当时，所抛事产官司给与公据，摽拨见充军户为主。本人复业，却行争要元抛事产者，止断付见当军人户为主。如军民在逃抛下事产有他人佃种，若本主复业，照依已降条画，给付本主。"由此可见，元政府规定，除逃避军役而抛下的事产，政府已改拨给见充军户外，其余逃户抛下的事产，如逃户回乡复业，政府均归还本逃户。

当时，一些亲民官吏、豪势往往乘逃户在逃之时，将逃户田地据为己有，并租佃给贫民耕种，以收取地租。对于这种现象，元政府明令予以禁止，以保护逃户田产不被侵占，使他们回乡时能够顺利复业，不至于因失去田产而再次被迫背井离乡，又重新沦为逃户。至元十年（1273）

---

① 陆文圭：《墙东类稿》卷4《流民、贪吏、盐、钞法四弊》，台湾商务印书馆影印文渊阁四库全书本。

闰六月，元政府规定："如在逃军民抛下田桑园圃水陆事产，各处亲民官吏、乡司、里正、主首并在官一切人等不无射佃，虽云出备租课，中间情弊多端，以致在逃军民畏避官司权势，不能还业。此弊不革，害民非浅。合无遍下诸路京府州县，将逃户事产止令无力贫民射佃，似为防奸革弊。使远近年分在逃户计，襁负其子，却归闾里，军民安堵如故，则无逋流之患。此端事理，似为官民两便，乞参详施行。——前件，户部公议得：据在逃军民户抛下地土事产，拟合召诸色户计种佃，依乡原例出纳租课，无令亲民官吏、豪势之家射佃，似为相应。"

三、 限制占田思想

元朝建立之后，就面临着土地兼并严重的问题，并由此引发种种社会矛盾。正如元人赵天麟所指出的："今王公大人之家，或占名田近于千顷，不耕不稼谓之草场，专用牧放孳畜。又江南豪家，广占农地，驱役佃户，无爵邑而有封君之贵，无印节而有官府之权，恣纵妄为，靡所不至，此而弗治，化实难行。又贫家乐岁终身苦，凶年不免于死亡。荆楚之域，至有雇妻鬻子者，虽土风之常，然亦衣食不足之所致也。衣食不足，由豪富之兼并故也。"① 针对这种土地兼并严重而引发的种种社会矛盾，他主张："方今之务，莫如兴复井田，尚恐骤然骚动天下豪富之家，宜限田以渐复之。伏望陛下一新田制，凡宗室王公之家，限田几百顷；凡无族官民之家，限田几十顷。凡限外退田者，赐其家长以空名告身。每田几顷，官阶一级，不使之居实职也。凡限田之外，蔽欺田亩者，坐以重罪。凡限外之田，有佃户者，就令佃户为主。凡未尝垦辟者，令无田之民占而辟之，且全免第一年租税，次年减半，第三年依例科征。凡占田不可过限。凡无田之民，不欲占田者，听。凡以后有卖者，买田亦不可过限也。私田既定，乃定公田。公田之法，凡九等：一品者，二

---

① 以下这一自然段有关赵天麟限田言论，均见于黄淮、杨士奇等：《历代名臣奏议》卷112，上海古籍出版社，1989年。

十顷；二品者，十八顷；三品者，十五顷；四品者，十二顷；其下俱以二顷为差，至九品，但二顷而已。庶乎民获恒产，官足养廉。《易》曰：'君子以裒多益寡，称物平施。'此之谓也。如是而行之，五十年之后，井田可以兴复矣。"由此可见，赵天麟认为，解决土地兼并最好的办法是恢复先秦西周时期的井田制，但由于当时如骤然实行井田制会触犯豪富之家的利益，引起社会动荡，因此只能先实行限田，经过 50 年之后，就能顺利过渡到实施井田制。他还具体规定了宗室王公、从一品官员到九品官员等占田的数量，不过其主张与历代的限田主张一样，最终在实践中都是难以推行的。其思想的可贵之处是看到贫穷之家的衣食不足及种种社会问题，其根源都在于豪富的土地兼并。因此，他主张应将豪富限外之田归耕种此田的佃户所有，如限外之田还未开垦，就让无田之民加以开垦并归其所有，全免第一年租税，次年减半，第三年再按规定科征租税。

四、 清查田亩思想

元代一些有识之士认识到土地兼并严重不仅使贫穷之家衣食不足及引发种种社会问题，而且大土地所有者隐瞒自己所占有的大片土地，借以逃避所应承担的赋税和差役，使政府的财政收入和差役的征发受到很大的影响。对此，元政府采取了"经理"（即清查田亩）的措施，以达到"税入无隐，差徭亦均"。正如《元史》卷93《食货一·经理》所指出的："经界废而后有经理，鲁之履亩，汉之核田，皆其制也。夫民之强者田多而税少，弱者产去而税存，非经理固无以去其害。"

"仁宗延祐元年（1314），平章章闾言：'经理大事，世祖已尝行之，但其间欺隐尚多，未能尽实。以熟田为荒地者有之，惧差而析户者有之，富民买贫民田而仍其旧名输税者亦有之。由是岁入不增，小民告病。若行经理之法，俾有田之家，及各位下、寺观、学校、财赋等田，一切从实自首，庶几税入无隐，差徭亦均。'于是遣官经理。以章闾等往江浙，尚书你咱马丁等往江西，左丞陈士英等往河南，仍命行御史台分台镇遏，

枢密院以军防护焉。"① 由此可见，元朝建立之初，就已出现大片土地欺
隐不实，以逃避赋役的问题。元世祖时就曾着手清查田亩，但效果不大，
大土地所有者用种种手段隐瞒，以逃避赋役。仁宗延祐元年（1314），在
平章章闾的倡议下，元政府又开始大规模地清查田亩。从朝廷派遣高官
平章章闾、尚书你咱马丁、左丞陈士英等到地方主持清查，行御史台分
台镇遏，枢密院以军队进行防护可以看出，最高统治者对清查田亩十分
重视，并下了很大的决心，同时进行周密布署，以防止大土地所有者的
阻挠和反抗。

据《元史》卷 93《食货一·经理》所载，清查田亩的具体做法是：
"其法先期揭榜示民，限四十日，以其家所有田，自实于官。或以熟为
荒，以田为荡，或隐占逃亡之产，或盗官田为民田，指民田为官田，及
僧道以田作弊者，并许诸人首告。十亩以下，其田主及管干佃户皆杖七
十七。二十亩以下，加一等。一百亩以下，（杖）一百七；以上，流窜北
边，所隐田没官。郡县正官不为查勘，致有脱漏者，量事论罪，重者除
名。此其大略也。" 由此可见，元政府清查田亩主要从 3 个方面着手：一
是限期令土地所有者如实申报其所占有的田地面积，如不如实申报，一
经查出，就按隐瞒田地的面积大小予以不同的处罚；二是鼓励知情人检
举告发；三是督促郡县官员如实认真查勘，如不如实认真查勘，致有脱
漏者，有关官员必须受到惩罚，重者除名。

据《元典章》卷 19《民田》记载，至元二十六年（1289），元政府就
颁布法令，对富豪兼并之家不如实申报所占田地进行惩罚，对告发者则
予以奖赏："富豪兼并之家多有田土，不行尽实报官，或以熟作荒，诈冒
供报，许限内出首改正。如限外不首，有人告发到官，其地一半没官，
于没官地内一半付告人充赏，仍验地亩多少约量断罪……犯人十亩以下，
笞四十七下。一百亩以下，杖五十七下。三百亩以下，杖六十七下。五
百亩以下，杖七十七下。一千亩以下，杖八十七下。二千亩以下，杖九

---

① 《元史》卷 93《食货一·经理》。

十七下。已上地亩虽多，罪止一百七下。""田多之家，多有诡名分作数家名姓纳税，以避差役，因而靠损贫难下户。许令依限出首，与免本罪，依理改正。限外不首，有人告发到官，验诡名地亩多寡断罪，仍于犯人名下量征宝钞，付告人充赏。"从以上《元史》和《元典章》的记载，我们大致可以推断，元政府在清查田亩中更多的是使用惩罚的手段，迫使土地所有者如实申报自己的田产，并通过奖惩告发者，使隐瞒田产者无处藏身，从而达到清查田亩、税入无隐、差徭亦均的目的。

但是，让元朝最高统治者始料不及的是，由于那些从事清查工作的官吏奸贪苛酷，在具体实施中常常出现弄虚作假、以无为有、报复陷害等现象，更加重了对民众的盘剥，致使民不聊生、盗贼并起，社会动荡不安。正如《元史》卷93《食货一·经理》所指出的："经理之制，苟有不善，则其害又将有甚焉者矣。"清查田亩"期限猝迫，贪刻用事，富民黠吏，并缘为奸，以无为有，虚具于籍者，往往有之。于是人不聊生，盗贼并起，其弊反有甚于前者。仁宗知之，明年，遂下诏免三省自实田租。二年（1315），时汴梁路总管塔海亦言其弊，于是命河南自实田，自延祐五年（1318）为始，每亩止科其半，汴梁路凡减二十二万余石。至泰定、天历之初，又尽革虚增之数，民始获安。"

五、 典卖田地必须申报官府办理相关手续思想

在元代，田地依然是承担赋税的依据。那些富豪兼并之家往往乘购买田地之时，营私舞弊，隐瞒新兼并的田地，或由卖田者继续承担所卖田地的赋税，从而造成产去税存，富者愈富、贫者愈贫的严重社会弊端，影响国家的财政收入。对此，元政府对民间典卖田地进行严密管理，规定必须申报官府办理相关手续，否则，买卖双方就要受到惩罚。

据《元典章》卷19《典卖》记载，元贞元年（1295）三月元政府规定，田宅不得私下成交："切谓诸人典买田土，不经本管官司给据，一面私下成交。又有权豪势要人等，不问有无告官凭据，辄便收买，其卖主又不经合属陈告过割。拟合立限，令买卖田地人将在先不经官过割田粮

数目，经所属司县出首推收。如违限不首，许令诸人首告，或官司体察得知，取问是实，将犯人枷令，痛行断罪。所该田粮，一半没官，一半付告人充赏。已后典卖田地，须要经诣所属司县给据，方许成交，随时标附，明白推收，各司县置簿附写，专委主簿掌管提调，每岁计拨税粮，查照推收。所据文簿，候肃政廉访司依例照刷。如此，免致诡名迷失官粮，亦免产去税存之弊。"同年六月，元政府又规定："江西产去税存，富者愈富，贫者愈贫，大为民害。今后典卖田宅，先行经官给据，然后立契，依例投税，随时推收，免致人难，常切关防，出榜禁治。若委因贫困必合典卖田宅，依上经官给据出卖，买主、卖主一月随即具状赴官，将合该税石推收与见买地主，依上送纳。如有官豪势要之家买田产，官吏人等看循，不即过割，止令卖主纳税，或科摊其余人户包纳，或虚立诡户，更行取受分文钱物，有人告发到官，取问是实，犯人断五十七下，于买主名下验元买地价钱追征，一半没官，于内一半付告人充赏，当该正官断罪，典史、司吏断罪罢役。"

大德四年（1300）九月，元政府对民间典卖田地做了更详细的规定："今后亲民州县每处委文资正官或同知或主簿科一员，不妨本职，专掌典卖田地、过割钱粮，明置文簿。凡有诸人典卖田地，开具典卖情由，赴本管官司陈告，勘当得委是梯己民田，别无规避，已委正官监视，附写元告并勘当到情由，出给半印勘合公据，许令交易。典卖讫，仰买主、卖主一同赍契赴官，销附某人典卖合该税粮，就取典买之人承管，行下乡都，依数推收。若契到务，别无官给公据，或契到官，却无官降契本，即同匿税法科断。如不经官给据，或不赴务税契，私下违而成交者，许诸人首告是实，买主、卖主俱各断罪，价钱田地一半没官，没官物内一半付告人充赏。仍令税务每月一次开具税讫地税、买主卖主花名、乡都村庄田亩价钞，申报本管官司，以凭查照。年终止验实推收，定姓名科催。元委民得替，与新官相沿交割，仍委本路总管提调。廉访司照刷之日，将州县所置文簿用心检勘，有不如法、因循废弛者，随事理罪。"①

从上引元政府有关典卖田地的 3 条规定可以看出，元政府主要从 4 个方面对民间典卖田地进行管理，从而革除买田者通过隐瞒田地、转嫁赋税等而产生的产去税存、减少国家财政收入的弊端。其一，严厉禁止民间私下交易田地，政府如发现私下交易田地，就将买卖双方的田地、买地钱没官，甚至还要对犯人处以"断五十七下"的刑罚。其二，鼓励知情人告发，如有人告发到官，取问是实，即将买卖双方没官田地、买地钱的一半作为告发人的奖赏。其三，制定了严密的田地买卖申请、审核、出给公据、交易、将地税转给买主、税契申报官府备案查照、廉访司监督审查等程序。首先，典卖田地者必须向官府提出典卖田地申请，说明典卖田地的情况和原因。有关官府经过审核后，出给公据，同意双方交易。其次，买卖双方交易成功后，一起带着税契赴官府，卖主将有关这块田地应承担的赋税转给买主，并将载有买主、卖主名字、乡都村庄、田亩价钞的税契上交官府备案查照。这样，田地交易事宜基本完成。再次，年终，官府根据田地买主进行科催。廉访司则通过照刷文卷进行审查监督，如发现有不法或因循废弛的事情，则予以处理或处罚。其四，元政府在地方州县指定官员负责办理田地典卖事务，即"亲民州县每处委文资正官或同知或主簿科一员，不妨本职，专掌典卖田地、过割钱粮、明置文簿"。

六、 开垦荒地和屯田思想

经过宋末元初战争，人口锐减，大片田地荒芜。为了发展农业生产，元政府颁布了一系列鼓励开垦荒地的政策。其一，荒田开耕，三年之后开始收税。早在元朝初年，赵天麟就建议，豪富之家所兼并的土地，"凡未尝垦辟者，令无田之民占而辟之，且全免第一年租税，次年减半，第

---

① 《元典章》卷 19《典卖》。

三年依例科征。"① 至元二十三年（1286）四月，元政府命令："都省除已札付户部，钦依圣旨事意，多出文榜，召募诸人开耕。若有前来开耕人户，先于荒闲地土内，验本人实有人丁约量标拨，每丁不过百亩。如是不敷，于富豪冒占地土内依上标拨。据开耕人户，三年外依例收税。"② 大德四年（1300）十月，元政府又推迟了开垦荒田收税年限一年："江北系官荒田，许给人耕种者，元拟第三年收税。或恐贫民力有不及，并展限一年，永为定例。"③ 其二，开垦荒地，蠲免杂泛差役。至元二十三年（1286）十一月，元政府又规定："江南系官公围、沙荡、营、屯诸色田粮，诸路俱有荒芜田土，并合招募农民开垦耕种，若不少示宽恩，难以招集。合无将荒芜田土蠲免一切杂泛差役，似望不致荒芜，官民两便。"④ 其三，官有荒地分给贫民开种，禁止官豪势要冒占。至元二十八年（1291）《至元新格》规定："诸应系官荒地，贫民欲愿开种者，许赴所在官司入状请射，每丁给田百亩。官豪势要人等不请官司，无得冒占。年终照勘已给数目，开申合属上司，类册申部。"⑤ 其四，将荒闲田地给还招收逃户。中统二年（1261）四月，元政府为了"安集百姓，招诱逃户"，规定："逃户复业者，将元抛事产不以是何人种佃者，即便分付本主。户下合着差税，一年全免，次年减半，然后依例验等第科征。"⑥

元朝是蒙古贵族依靠武力征服建立的统一王朝，因此，特别重视军队在国家政权中的作用。他们的治国指导思想是"兵者，城之守也；食者，兵之给也。非兵，无以守城；非食，无以给兵。兵足而城安，食足而兵壮。兵、食二者强，国之计也"⑦。早在元朝建立之初，东平布衣赵天麟上书元世祖，就提出必须借鉴前代历史经验，广泛开展军队屯田：

① 《历代名臣奏议》卷 112。
② 《元典章》卷 19《荒田》。
③ 《元典章》卷 19《荒田》。
④ 《元典章》卷 19《荒田》。
⑤ 《元典章》卷 19《荒田》。
⑥ 《元典章》卷 19《荒田》。
⑦ 《历代名臣奏议》卷 260。

"今国家大业已定，不忘武备，江湖、岭海、闽广、川蜀、西北、东北边塞之地，皆有军兵以戍之，坐食粮粟，淮南北等处有屯田官府，而屯田实未之广也。为今之计，宜广屯田，况属承平之秋，非同征伐之日，须立久长之妙法，庶几威德之并行，使先偏后伍之流，务南亩、东皋之事。一朝有事，则历戈摆甲，而奋其战胜攻取之能；群寇销声，则力穑服田，而求其千仓万箱之积。畋于农隙，以讲大事，完其营垒以防不虞，亦既免飞刍挽粟之劳，而又有用寡生多之益也。义归一致，功可双成，伏望陛下念兹在兹。凡戍兵之处，命戍卒为农，开垦旷田，每百人限几顷，凡所用之牛，官为出直于南方、西方市买，而分给之。凡所用之田器，官为于诸冶铸造而分给之。凡力田及不力者，明立赏罚，以劝惩之。可也，虽一时劳费，而实惟永逸之基，借众军余力而建此富强之业，庶乎军民皆以自赡，而各得其所矣。"① 赵天麟认为，元朝建立之后，国家基本上进入安定时期，因此，应该让戍守全国各地的军队屯田进行农业生产。政府分配给戍守士兵农田，为他们提供耕牛、农具，让他们开荒种田。通过发挥他们的生产潜力，使广大军民自食其力，从而成就元朝的富强大业。

至元十四年（1277）三月，元朝廷颁布命令，将全国荒闲无主的田地作为军民的屯田："据淮西道宣慰使昂吉儿奏：'淮西庐州地面，为咱每军马多年征进，百姓每撇下的空闲田地多有。若自愿种田的人教种呵，煞便当。教种时分与了限次，教他田地主人来者。主人每限次里不来，愿种田的人每教种者。种了之后主人每来，道是俺的田地来么道，休争占者。更军每合请的粮食搬运呵，百姓生受，更费了官粮。教军每做屯田呵，于官有益，粮食也容易。'么道，为这般奏的上头，与圣旨去也。圣旨到日，田地的主人限半年出来，经由官司，若委实是他田地，无争差呵，分付主人，教依旧种者。若限次里头不来呵，不拣甚么人，自愿种的教种者。更军民根底，酌酌与牛具、农器、种子，教做屯田者。种

---

① 《历代名臣奏议》卷 260。

了的后头，主人出来，道'是俺的田地来'么道，休争要者。"① 在此，元政府规定，那些因战争而荒闲的田地，鼓励愿意耕种的人前往耕种，或作为军队的屯田用地。原耕地的主人如在半年之内前来认领，经官司查实，应该归还；如超过半年期限，就归后来耕种的人所有。如是军民屯田，政府应酌情给予屯田者牛具、农器和种子等。

据笔者所见，古代论屯田之利，往往从兵食足民的角度予以阐述。元代王恽在《论屯田五利事状》一文中②，不仅认为屯田可使"兵食足民，无转输之劳；边有备，官无和籴之弊"，而且从军事战略角度看，屯田还有五利："今者宋人出没，不时恃山林隘阻，虽云深入如涉虚境，今者如复令边民分地杂耕，上自钧化，下至蔡息，不数年剪去荒恶，荡为耕野，一利也。民则什什伍伍相望，三时种艺，甲兵在旁，彼欲内寇，野战实非所长，复欲伺便鼠窃，又无潜伏出入之便。而复严烽燧，谨斥堠，少有警急，我则收合余力，据守要害，而似前日之寇盗，不可得矣。彼纵来寇，如战处平野，猎者蹙而杀之，获之无不利矣，二利也。至于我军征进，适当农隙，丁力有余者，许随大军入讨，所获悉付本人，是民因私利勇于公斗，三利也。又令向里一切蒙古、奥鲁亦编民间屯，使之杂耕，不惟调习水土，可使久居，且免每岁疲于奔命之役，四利也。不数年，根柢深固，使鄂啰军人倒营而下，近则杂两淮之间，远则抵大江之北，所谓长江之险，我与共之矣，五利也。"简言之，屯田可使荒山密林成为田野，南宋残余抗元力量无处藏身；通过屯田把民众通过什伍组织起来，从事农业生产，再加上设置烽燧、斥堠等军事设施，能有效地防范寇盗侵扰；蒙古军队如进行征讨，碰到农闲时机，可允许屯田剩余劳力随军战斗，所获战利品皆归官兵，使他们因能得到私利而勇于战斗；如命令鄂啰军人也编入民间屯田，使他们也进行农耕，适合当地水土，免于奔命之役；数年之后，鄂啰军人大规模南下，进入两淮、长江

---

① 《元典章》卷 19《荒田》。

② 这一自然段王恽言论均见于《秋涧集》卷 86《论屯田五利事状》。

流域，巩固了元朝对这些地区的统治。基于屯田有这些好处，王恽主张："将河南旧有屯田户计及一切沿边之民，尽折丝银，使之输谷，其屯事于山川，出没要害去处，首为耕垦，官给牛畜，自办农具，其余法且一依经略司元行，然后选近侍为大司农官，及内设屯田郎中员外，专领其事，使通其奏请，趣其应赴，岁时令按察司或督军御史按行屯所，察其成否而赏罚之。不数年，田事可成，坐收必胜之道矣。"

元政府除了将荒闲田地作为屯田外，还将官有田地租给一般农民耕种，收取租税。当时一些贪官污吏依仗权势，侵夺农民租种的官田，或自行种佃，不纳官租，或转租给别人，从中获取地租。针对这种情况，"大德五年（1301）七月，江西行省准中书省咨：御史台呈：备山南廉访司申：'体知得一等农民，将见种官地私下受钱，书立私约，吐退转佃。佃地之家，又不赴官告据，改立户名。又诸衙门见勾当大小官吏，于内一等不顾廉耻营利之徒，于任所恃势诡名佃种官田，不纳官课，更占夺百姓见佃官田，自行种佃，或转与他人，分要子粒。如蒙禁治相应。'具呈照详。得此，都省议得，江南各处见任官吏，于任所佃种官田，不纳官租，及夺占百姓已佃田土，许诸人赴本管上司陈告是实，验地多寡，追断黜降，其田付告人并佃人种佃。外，据佃种官田人户欲转行兑佃与人，需要具兑佃情由，赴本处官司陈告，勘当别无违碍，开写是何名色官田顷亩、合纳官租，明白附簿，许立私约兑佃，随即过割，承佃人依数纳租，违者断罪。咨请依上施行"①。由此可见，元政府鼓励百姓向上级官府告发不法官吏侵占百姓见佃官田，不纳官租，如上级官府核查告发属实，即将不法官吏黜降，并将所占官田给告发人或原耕种者种佃。如原耕种者要将官田转给其他人种佃，需向官府申报，说明转佃情况和原由，经官府审查无误后，开写官田名色、面积、应缴纳的官租等于簿籍内，然后做好转佃交割手续，以后由新的承佃人依数向官府交纳租税。

---

① 《元典章》卷19《官田》。

第二节　赋税思想

元代赋税征收，就其总体上说，主要有税粮（包括丁税、地税和秋税、夏税）、科差（包括丝料、包银）、商税、杂税等，以下就这些税种征收所反映的赋税思想及免税、匿税等思想缕述如下：

一、　税粮思想

元代税粮的征收，《元史》卷93《食货一·税粮》有一概括性的总结："元之取民，大率以唐为法。其取于内郡者，曰丁税，曰地税，此仿唐之租庸调也。取于江南者，曰秋税，曰夏税，此仿唐之两税也。"可见，元代的税粮按地区不同分为两种：一是北方、内地按唐朝前期租调的形式征收丁税、地税，江南地区按唐朝后期两税法的形式征收秋税、夏税。

元代丁税、地税的征收，始自元太宗时期。起初，太宗朝规定："每户科粟二石，后又以兵食不足，增为四石。至丙申年，乃定科征之法，令诸路验民户成丁之数，每丁岁科粟一石，驱丁五升，新户丁驱各半之，老幼不与。其间有耕种者，或验其牛具之数，或验其土地之等征焉。丁税少而地税多者纳地税，地税少而丁税多者纳丁税。工匠僧道验地，官吏商贾验丁。虚配不实者杖七十，徒二年。仍命岁书其数于册，由课税所申省以闻，违者各杖一百。"[①] 从这一记载，我们可以了解到，元代丁税、地税虽取法于唐租调制，但从太宗朝开始，又有自身的特色。其一，从太宗朝开始，元朝就设有课税所，负责全国丁税、地税的登记和统计，然后上报中书省。其二，丁税、地税的征收起初以户为单位征税，后改

---

① 　《元史》卷93《食货一·税粮》，本目引文未注出处者，均见于此。

以丁为单位征税,最后采取就高的原则,即如丁税少而地税多者就以地为单位征税,地税少而丁税多就以丁为单位征收。其三,征收丁税、地税的主要对象是农民,除此之外,对于官吏、工匠、商贾、僧道等另定征税单位,即"工匠僧道验地,官吏商贾验丁"。其四,无论是征收丁税还是地税,纳税者和经办官吏必须如实申报,否则,就要受到处罚。

元代丁税、地税征收,至元世祖时期,逐渐趋于成熟定型。史称:"逮及世祖,申明旧制,于是输纳之期、收受之式、关防之禁、会计之法,莫不备焉。"元世祖时,对丁税、地税的征收主要做了以下 4 个方面的规定:其一,规定了对各种不同纳税对象的征收标准。至元十七年(1280),元世祖"遂命户部大定诸例:全科户丁税,每丁粟三石,驱丁粟一石,地税每亩粟三升。减半科户丁税,每丁粟一石。新收交参户,第一年五斗,第三年一石二斗五升,第四年一石五斗,第五年一石七斗五升,第六年入丁税。协济户丁税,每丁粟一石,地税每亩粟三升。"其二,规定加征脚钱、轻赍钱、鼠耗等。"中统二年(1261),远仓之粮,命止于沿河近仓输纳,每石带收脚钱中统钞三钱,或民户赴河仓输纳者,每石折输轻赍中统钞七钱"。至元十七年(1280),又规定:"随路近仓输粟,远仓每粟一石,折纳轻赍钞二两。富户输远仓,下户输近仓,郡县各差正官一员部之,每石带纳鼠耗三升,分例四升。"其三,规定了输纳丁税、地税的期限。至元十七年(1280)规定:"输纳之期,分为三限:初限十月,中限十一月,末限十二月。"成宗大德六年(1302),对输纳期限根据地区远近做了更合理的规定:"复定上都、河间输纳之期:上都,初限次年五月,中限六月,末限七月。河间,初限九月,中限十月,末限十一月。"其四,对缴纳丁税、地税中的一些不法行为明令予以禁止,违者将受到处罚。至元十七年(1280)规定:"凡粮到仓,以时收受,出给朱钱。权势之徒结揽税石者罪之,仍令倍输其数。仓官、攒典、斗脚人等飞钞作弊者,并置诸法。"至元三十年(1293)四月,朝廷规定:"税粮初限十月终,中限十一月终,末限十二月终。违限者,初限笞

四十，再犯杖八十。"①

元代在江南征收秋税、夏税，始于元世祖平定南宋后。当时，"除江东、浙西，其余独征秋税而已"。其原因是"江南的多一半城子里百姓每，比亡宋时分纳的，如今纳秋税重有。谓如今收粮的斛，比亡宋文思院收粮的斛抵一个半大有。若再科夏税呵，莫不百姓根底重复么？两广这几年被草贼作耗，百姓失散了有。那百姓每根底要呵，不宜也者"②。也就是当时江南大部分地区只征秋税，是因为战争的破坏，使百姓流离失所、土地荒废。

元代真正开始既征秋税又征夏税，是元成宗元贞二年（1296）。当时朝廷根据江南各地区粮食产量的高低以及社会经济发展的不同，来确定各地区秋税、夏税不同的征收率。这种制度安排还是较合理的。史载："成宗元贞二年，始定征江南夏税之制。于是秋税止命输租，夏税则输以木绵布绢丝绵等物。其所输之数，视粮以为差。粮一石或输钞三贯、二贯、一贯，或一贯五百文、一贯七百文。输三贯者，若江浙省婺州等路、江西省龙兴等路是已。输二贯者，若福建省泉州等五路是已。输一贯五百文者，若江浙省绍兴路、福建省漳州等五路是已。皆因其地利之宜，人民之众，酌其中数而取之。"

元政府在定秋税、夏税时，还注意通过以税收为杠杆，给予地广人稀地区税收上的优惠，来促进这一地区荒地的开垦，农业生产的发展。大德三年（1299），朝廷规定："其在官之田，许民佃种输租。江北、两淮等处荒闲之地，第三年始输。"大德四年（1300），"又以地广人稀更优一年，令第四年纳税。凡官田，夏税皆不科"。

二、 科差思想

元代科差有两种：一为丝料，即交纳丝；二为包银，即交纳包银，

---

① 《元典章》卷 24《纳税》。
② 《元典章》卷 24《纳税》。

有部分包银可用丝绢代替。元太宗丙申年（1236）开始征收丝料，"每二户出丝一斤，并随路丝线、颜色输于官；五户出丝一斤，并随路丝线、颜色输于本位"。①元宪宗乙卯年（1255）开始征收包银。"初汉民科纳包银六两，至是止征四两，二两输银，二两折收丝绢、颜色等物。"

元世祖中统元年（1260），"立十路宣抚司，定户籍科差条例"，对科差做了十分详尽、具体的规定。其内容中最主要的特点是把科差户分为许多类型，每种类型各自承担不同数量的丝料和包银：

> 其户大抵不一，有元管户、交参户、漏籍户、协济户。于诸户之中，又有丝银全科户、减半科户、止纳丝户、止纳钞户；外又有摊丝籍户、储也速觯儿所管纳丝户、复业户，并渐成丁户。户既不等，数亦不同。元管户内，丝银全科系官户，每户输系官丝一斤六两四钱、包银四两；全科系官五户丝户，每户输系官丝一斤、五户丝六两四钱，包银之数与系官户同；减半科户，每户输系官丝八两、五户丝三两二钱、包银二两；止纳系官丝户，若上都、隆兴、西京等路十户十斤者，每户输一斤，大都以南等路十户十四斤者，每户输一斤六两四钱；止纳系官五户丝户，每户输系官丝一斤、五户丝六两四钱。交参户内，丝银户每户输系官丝一斤六两四钱、包银四两。漏籍户内，止纳丝户每户输丝之数，与交参丝银户同；止纳钞户，初年科包银一两五钱，次年递增五钱，增至四两，并科丝料。协济户内，丝银户每户输系官丝十两二钱、包银四两；止纳丝户，每户输系官丝之数，与丝银户同。摊丝户，每户科摊丝四斤。储也速觯儿所管户，每户科细丝，其数与摊丝同。复业户并渐成丁户，初年免科，第二年减半，第三年全科，与旧户等。然丝料、包银之外，又有俸钞之科，其法亦以户之高下为等，全科户输一两，减半户输五钱。于是以合科之数，作大门摊，分为三限输纳。被灾之地，听输他物折焉，其物各以时估为则。凡儒士及军、站、僧、道等户皆

---

① 《元史》卷93《食货一·科差》，本目引文未注出处者，均见于此。

不与。

元政府之所以将科差户分得如此详尽细致，其主要目的就是使科差负担尽可能合理，换言之，就是科差负担"皆先富强，后贫弱；贫富等者，先多丁，后少丁"。如上引纳科差最多的就是所谓富强的丝银全科系官户、全科系官五户丝户等，而因灾荒等原因逃亡而今回乡的复业户以及渐成丁户等，则是属于贫弱之户，可以享受"初年免科，第二年减半，第三年全科"减免待遇。元政府还规定，儒士及军、站、僧、道等户免除科差，说明对儒士等知识分子、僧道等宗教人士的优崇，军、站户则因已承担着军役、驿站之役，故也免除科差。中统元年（1260）的户籍科差条例虽提出"合科之数，作大门摊，分为三限输纳"，但"三限"如何输纳还不明确，中统二年（1261）对此做了明确规定："复定科差之期，丝料限八月，包银初限八月，中限十月，末限十二月。"中统三年（1262），"又命丝料无过七月，包银无过九月"。

元代在交纳科差时出现了弄虚作假的行为，以逃避科差。对此，中统二年（1261）四月，中书省奏准："中统元年（1260）科讫差发，多有不尽户计。所据今岁科差，须管仔细照勘，各要尽实科征，不致隐漏。兼各路投下户计差发，钦奉见降圣旨，亦从各路总管府验数科征。仰各路管民官照勘本管地面内住坐人户，及不以是何人等应合收系当差者，须管从实尽数科征见了数目，开坐关部，转行申省闻奏。若是中间却有漏落不尽实去处，事发到官，定将当该官吏严行断罪。外，宣抚司有失体究者，亦行治罪。"①

元代在科差中虽然坚持"皆先富强，后贫弱"的原则，将科差户划分得详尽细致，以达到科差负担尽可能合理。但是，在现实操作中，"应当差发，多系贫民，其官豪富强往往侥幸苟避"。针对这种弊端，至元十九年（1282）五月，朝廷采取防弊措施："据元管、交参、协济等户合着差发，通济验人户气力产业，品搭高下，贫富科摊，务要均平，出给花

---

① 《元典章》卷 25《差发》。

名由帖，并不得多余搭带。各于村庄置立粉壁，开写各户所有差发数目，及于临民府州司县各衙门首，将概管村坊科定花名差发数目分头榜示。如中间官吏、坊里正人等因而作弊、轻重不均者，有人陈告或因事发露到官，究问得实，严行惩戒。将本路州县村坊鼠尾花名合着数目，依上年体例攒造备细文册申部。及将所纳差发，仰本路照依上年，于酌中牢固处置库收受。合设库官，大者三员，小者二员，攒典库了，大处三名，小处一名，自开库日为始给俸。除都省差设监纳、大使各一员外，其余人员仰各路依上于近上有抵业、不作过犯户计内保差。官司不得设立写抄人等，或从纳户，或诸人抄写。其所纳差发，并要两平依理收受，画时印押，给付官民户朱钞各一纸，亦不得搭带加耗，取要分例，刁蹬涩滞。仰更为行下各道按察司体察施行。"① 简言之，朝廷主要采取了两方面的措施：一是征收科差公开透明制度，即将各户所有差发数目，公开书写公布在村庄公共场所墙壁上，供人监督，如有官吏、坊里正人作弊，使贫富负担不均，被人告发，将严肃查处；二是加强对收纳科差官库官吏的选任和管理，严禁他们营私舞弊、额外征取和勒索。朝廷命令各道按察司对此进行监察。

三、 商税管理思想

元代商税管理的指导思想，仍然遵循中国古代重农抑商、增加国家财政收入为出发点，即"商贾之有税，本以抑末，而国用亦资焉"②。元代初期，商税税率并不高，有时甚至对上都商旅免征商税。从元世祖后期开始，才大幅度增征商税，以资国用。史载：元世祖至元七年（1270），"遂定三十分取一之制，以银四万五千锭为额，有溢额者别作增余。是年五月，以上都商旅往来艰辛，特免其课"。至元二十年（1283），"始定上都税课六十分取一；旧城市肆院务迁入都城者，四十分取一"。

---

① 《元典章》卷 25《差发》。

② 《元史》卷 94《食货二·商税》，本目引文未注出处者，均见于此。

至元二十二年（1285），"又增商税契本，每一道为中统钞三钱。减上都税课，于一百两之中取七钱半"。至元二十六年（1289），"从丞相桑哥之请，遂大增天下商税，腹里为二十万锭，江南为二十五万锭"。至元二十九年（1292），"定诸路输纳之限，不许过四孟月十五日"。至元三十一年（1294），"诏天下商税有增余者，毋作额"。元贞元年（1295），"用平章剌真言，又增加上都之税"。至大三年（1310），"契本一道复增作至元钞三钱。逮至天历之际，天下总入之数，视至元七年所定之额，盖不啻百倍云"。元代之所以在元世祖任命桑哥为右丞相之后大肆增加商税，其主要原因是元世祖时的征战不已和对王公贵族的巨额赏赐使国家财政经常窘乏支绌，因此不得不任用敛财大臣阿合马、卢世荣、桑哥等，通过增加税收，"钩考""理算"等大肆搜刮敛财。正如桑哥所说："国家经费既广，岁入恒不偿所出，以往岁计之，不足者余百万锭。自尚书省钩考天下财谷，赖陛下福，以所征补之，未尝敛及百姓。臣恐自今难用此法矣。何则？仓库可征者少，而盗者亦鲜矣，臣忧之。臣愚以为盐课每引今直中统钞三十贯，宜增为一锭；茶每引今直五贯，宜增为十贯；酒醋税课，江南宜增额十万锭，内地五万锭。协济户十八万，自入籍至今十三年，止输半赋，闻其力已完，宜增为全赋。如此，则国用庶可支，臣等免于罪矣。"[1] 其中在商税方面从至元七年（1270）开始"遂定三十分取一"，至天历年间（1328－1330）约60年里，商税竟增加了100倍。

元政府为了保证商税的如实征收，十分重视税务官的选任与考核激励。太宗甲午年（1234），"始立征收课税所，凡仓库院务官并合干人等，命各处官司选有产有行之人充之。其所办课程，每月赴所输纳"。至元二十年（1283），"诏各路课程，差廉干官二员提调，增羡者迁赏，亏兑者（赔）偿降黜"。这里，选择"有行之人""廉干官"是以德行为标准，因为管理税务官吏有很多寻租机会，选德行廉正之人管理税务能避免许多营私舞弊、敲诈勒索现象的发生。选有产之人任税务官是以提高犯罪成

---

① 《元史》卷205《奸臣传·桑哥》。

本来避免营私舞弊、敲诈勒索现象的发生，拥有较多财产的人为保住自己的财产，不敢胆大妄为，以身试法。朝廷对税务官采取"增羡者迁赏，亏兑者（赔）偿降黜"，其目的是督促税务官在征税中勤勉负责，能完成国家规定的征税任务就给予奖赏，不能完成征税任务的就必须受到罚款或降职的处罚。

元政府为防范税务官在征收商税中营私舞弊、敲诈勒索，采取一些措施，对征收商税过程进行监控：

> 商税各处若不关防，中间作弊百般，欺隐课程。今拟除府城门外吊引，入城赴务投税，附历收课外，据在先杂税，于税务门内置局，亦吊引税。今发下千字文号贴，仰令当该攒典人于上将税物货先行从实抄写数目，亦依号附历给发，标写某物该税钞若干，令税物人赍把号贴，赴务投税。仰税官将吊到号贴当面收受合该税钱附历监收准备，日晚依号照勘，收计施行。毋得再令拦头人等虚抬高价，口喝税钱，刁蹬百姓。仍仰已委官常切用心提调，每日具报单状，十日一次呈押赤历，每月不过次月初五日呈省，亦与酒课一就解省。①

从中我们可以了解到，对征收商税的监控主要有3个环节：其一，吊引税，即官吏在府城门外设税务局，将该征收商税的货物如实进行登记，发给商人号贴，标写某货物该缴纳税钞若干，命令商人带着号贴，赴税务缴纳税收。其二，税务官吏根据号贴所标写该缴纳的税钞数目，向商人征收商税，当晚再与吊引税时登记商税货物的历相核对，以防止那些收税的拦头虚抬高价，肆意多征税钱，以刁难商人，进行敲诈勒索。其三，税务官员每天必须上报登记征收商税的单状，每10天必须上报汇总商税的会计账簿赤历，每月必须在初五前向行省呈报上个月的征收商税情况，并与酒课一起向行省上缴税款。

元代为防止税务官员借征税营私舞弊，亦制定了一些法律条文，对

---

① 《元典章》卷22《课程》。

不法或失职官吏进行惩罚。如规定："其所办课程，每月赴所输纳。有贸易借贷者，并徒二年，杖七十；所官扰民取财者，其罪亦如之"。"诸办课官，估物收税而辄抽分本色者，禁之。其监临官吏辄于税课务求索什物者，以盗官物论，取与同坐。诸办课官所掌应税之物，并三十分中取一，辄冒估直，多收税钱，别立名色，巧取分例，及不应收税而收税者，各以其罪罪之，廉访司常加体察。诸在城及乡村有市集之处，课税有常法。其在城税务官吏，辄于乡村妄执经过商贾匿税者，禁之。诸办课官，侵用增余税课者，以不枉法赃论罪。诸职官，印契不纳税钱者，计应纳税钱，以不枉法论。"[①]"凡随路所办，每月以其数申部，违期不申及虽申不圆者，其首领官初犯罚俸，再犯决一十七，令史加一等，三犯正官取招呈省。"另一方面，元政府为保证纳税人能如实纳税，对逃税、匿税人进行惩罚。如"世祖中统四年，用阿合马、王光祖等言，凡在京权势之家为商贾，及以官银卖买之人，并令赴务输税，入城不吊引者同匿税法"。至元七年（1270）又规定："凡典卖田宅不纳税者，禁之。"至元十三年（1276）规定："匿税者，其匿税之物一半没官，没官物内一半付元告人充赏。外，犯人仍笞五十。入门不吊引者，同匿税法科断。"[②]

四、 杂税管理思想

元代所收杂税涉及面较广，兹简略介绍4种比较常见的杂税：

其一，和买诸物依例纳税。和买虽然是政府购买行为，但卖方必须纳税。至元四年（1267）五月，"平章政事制国用使司：来申：'每季上司和买纸札，其纸户不曾赴务投税。并制府见买牛一百只，合无官收税钱'事。制府相度，虽是官买物件，亦合投税。仰照验，如有和买诸物，依例收税办课施行"[③]。大德十年（1306）"和买木绵布匹，吉州路收到税

---

① 《元史》卷104《刑法三·食货》。

② 《元典章》卷22《课程》。

③ 《元典章》卷22《杂课》。

钱中统钞二百六十三锭一两二钱一分，既于各月正课内结解，年终作数考较了当。失收布税四十六锭二十八两五钱一分，亦已着落务官追陪（赔）到官，另项起解"。① 可见，政府和买木绵布匹，没向卖方征收布税46锭28两5钱1分，被发现后要求有关官员进行追赔，征收到税款后另行起解。但是，政府和买毕竟与民间私人贸易有所不同，因此，元政府规定："凡官司和买官物，难同客商人等私相买卖，合该税钱拟合另项作数起解。"②

其二，典当房屋需纳税。《元典章》卷22《杂课》载有两例典当房屋需纳税的案例。一是高二买陈县丞房屋，不肯出纳典价税钱，制国用使司下文要求其缴纳。至元四年（1267）四月，"制国用使司：'来申：高二买陈县丞房屋，该价钱市银三十一定，合税钱三十四两四钱四分。有高二男高大言，契上先典价钱市银六百五十两，已经税讫，外据贴根契价市银九百两，合该税钱二十两，即时纳讫。余上先典价合出钞一十四两四钱四分，不肯出纳。乞明降。制府合下，仰依验实该价钱市银三十一定取要税钱。'承此。"二是段阿李质当人户房舍，不缴纳税收，属犯罪行为，必须补缴。至元四年（1267）十二月，"制国用使司：'来申：段阿李质当人户房舍，不行投税，取讫招伏。合得罪犯，已经赦恩原免。本路拟：段阿李质当房舍，不系漏税。制府相度，段阿李终是立到文契，钦遇赦恩，止合免罪。据断到钞数，合行结课。'承此。"

其三，贸易田宅、奴婢、畜产等要缴税。至元七年（1270）十月，"尚书户部奉尚书省札付：来呈：'检到旧例：私相贸易田宅、奴婢、畜产，及质压交业者，并合立契收税，违者从匿税科断，乞遍行'事。都省准呈，遍行各路，依上施行。"③

其四，婚姻聘财要纳税。至元八年（1271）三月，"尚书户部：据真

---

① 《元典章》卷22《杂课》。
② 《元典章》卷22《杂课》。
③ 《元典章》卷22《杂课》。

定路申：'人户张增等告：收管到亲家取女聘财绢匹，税务作漏税拘管事。'呈到省札该：'制司讲究到：中都路运司备在城税使司申：从来婚姻财礼。若允所议，表里不曾收税。若将布绢等物依价准折财钱，合行投税，随路不曾奉到省府明文。合无拟将各人今次物色验价收税，遍榜各路照会，使民易避难犯。呈准省札，依例收税施行'"。① 此案例表明：元朝规定男女婚姻财礼钱是要缴税的，张增收到亲家娶自己女儿的聘财不是钱，而是绢匹，但也要按收到财礼钱一样缴税。

五、 免税思想

元政府所征收的商税虽然涉及面较广，但有些商品交易还是免税的。以下简要介绍数种免税的规定。

其一，农具买卖、灾民货物不收税。元政府为鼓励农业生产，规定农具买卖不收税；当遇到自然灾害时，为赈济灾民，规定灾民货物不收税。至元八年（1271）八月，"尚书户部：据中都等处民匠打捕鹰房铁冶总管府申该：'王明状告：铸到中都路分农器犁耳，搬载前来货卖。至河西务码头卸卖，要纳讫税钱钞。又于七月二十一日，先令焦大押运犁耳七百，而经由施仁门入城内，吊引处要讫钞四钱五分，税务内要讫七两四钱。申乞照验'事。省部照得至元八年二月内承奉尚书省札付：'御史台呈：为本部准大名路备录事司申：崔良弼等四名状告：自来但有铸镥农器犁铧等物，并不投税，有税使司不容分说，便要收税公事。省府送法司检会得旧例：蚕织、农器及布帛不成端匹，灾伤流民物货，并不在收税之限。为此，呈奉到都堂钧旨：送本部，一体施行。'"② 此案例表明：至元八年（1271）王明、焦大押、崔良弼等人因贩卖农器而被税务官要求交税，他们提出状告，最终依据买卖农器不收税旧例而被免税。

其二，借丝还绢虽似交易，但可免税。"至元八年（1271），尚书户

---

① 《元典章》卷22《杂课》。
② 《元典章》卷22《免税》。

部：来申：'李和于本家借讫自抽搔到丝一百两，却还朱齐驴出举丝一百两、绢一十匹。理同交易，合行依例投税，今赵长留首告。据所获绢匹，官司不合受理，难作匿税科断。'今据见申，合下，仰照验施行。"①

其三，不属于买卖的物品不收税。如元政府规定，那些留作自用不卖的日用品、农产品等，不予收税。至元二十八年（1291），"江西行省禁治扰民榜内一款节文：各处院务、有自来不曾收税物件，及庄农鸡、猪、牛、羊等各家畜养自用不卖之物，毋得收税扰民，如违痛断。本管转运司官、提调官有失钤束，亦行连坐。"②又如死去的牛，牛肉分给社人食用，不属于买卖牛肉，也可以免税。"至元七年八月，司农司：据冠州申：'社长工伟等告：社户内有倒死牛只，除牛皮官为拘收外，牛肉俵散社众人，却令补助。今有务官须要赴务投税。乞明降'事。本司得此。备呈奉到尚书省札付该：'省府相度，既是俵散社众食用，却令补助，不系买卖，不须纳税。合下，仰照验施行。'"③

其四，站户购买马匹，用于国家役使，不须收取税钱。大德五年（1301）八月，"通政院准本院同签孙奉政咨：平江路姑苏马站户吴绍宗告：'大德五年（1301）四月内，用中统钞八定补买黄骟马一匹入站。走递间，被在城税司收要税钱中统钞一十三两六钱六分，非理取要讫分例中统钞二两三钱七分，乞追给施行。'得此。追照平江路文卷内：'至元二十一年（1284）六月十三日承奉浙西宣慰司札付：嘉兴路申：陈九二告在前收买马匹，即系官司马匹，不收税钱。申乞定夺。府司得此。照得至元十二年（1275）五月内，河南宣慰司承中书户部关该：曹州申：本州和买站马，近有断事官也里真赍奉中书省札付该：据马契，止于本处务内，分付各站头目收执。外据楚丘县状申该：据站户郭代等告，邻封归德府等处走递马匹，俱各不税马契。得此。于正月十八日申复省部，

① 《元典章》卷22《免税》。
② 《元典章》卷22《免税》。
③ 《元典章》卷22《免税》。

呈奉中书省判送，批奉都堂钧旨：送本部，行下曹州官司，站马依例税契，不须出纳税钱。外据归德府等路站马，就关宣慰司一体施行。奉此。今据陈九二状告收买站马乞免税钱事理，仰行下合属，依例施行。奉此。当日行下姑苏马站。今后应有站户买到马匹，仰各路关报税司报税讫，在站应役，却不得妄于站户处取要税钞。并下在城税司，依奉札付内事理，不得取要税钱。'照到如此。今据见告，令平江路行下合属，依例施行。"① 在此，姑苏马站户吴绍宗、嘉兴路陈九二、楚丘县站户郭代等均因购买马匹用于国家役使而被强行征税，因此，他们向上级官府提出申诉，最后使元政府做出统一规定，站户购买马匹供国家役使，有关税务官"不得妄于站户处取要税钞"。

其五，不得重复收税。至元八年（1271）七月，"尚书户部：'照得见于通州起盖仓敖二百间，合用木植数多，以差陆章等前去尉州等处和买。据各官状申，依应于尉州依例起税了当。令人伐到檀州州门，有管税木场官每三十分抽一分。欲行伐去通州盖敖造作，其在都税务又要起税遮当，不令前去。切缘关支官钱所买木植，节次税讫，并不曾折伐别作交易。若便再税，委是重并。'省部相度，既是尉州依例起税，又到檀州门外，管税木场官已经抽分，前去通州起盖官仓，别无重纳起税体例。仰行下合属，毋得遮当，重复收税违错。"② 至元八年（1271），通州盖仓敖，派陆章等人到尉州购买木材。当木材运至檀州时，已缴纳三十分之一的商税，但运到通州时，都税务又要征税。对此，元政府指出，这批木材檀州已经征收商税，如通州再征，就是"重复收税"，是不对的。又如"元贞二年正月，福建行省：体知各院务将果木生、熟二次，并地税一次，如此三次取要钱物，刁蹬百姓，重并生受。省府出榜，发下合属，于凑集处张挂，省谕务官人等，须要钦依已降圣旨事意三十分中取一，

---

① 《元典章》卷 22《免税》。
② 《元典章》卷 22《免税》。

毋得重并收取税钱违错"①。元贞二年（1296），福建税务官员对百姓果木三次征税，勒索百姓。对此，福建行省发布告示，命令税务官吏应遵照圣旨，征取 1/30 税收，不得重复征税。

第三节　茶、盐、酒专卖和市舶思想

一、茶专卖思想

据《元史》卷94《食货二·茶法》记载："世祖至元五年（1268），用运使白赓言，榷成都茶，于京兆、巩昌置局发卖，私自采卖者，其罪与私盐法同。六年（1269），始立西蜀四川监榷茶场使司掌之。十三年（1276），既平宋，复用左丞吕文焕言，榷江西茶，以宋会五十贯准中统钞一贯。"元代茶课，"大率因宋之旧而为之制焉"②，其中最主要的就是继承了宋代的茶引制，尽管在实际执行中屡经变化，但通过茶引而达到专卖的思想却没有变。

至元十三年（1276），元政府"定长引短引之法，以三分取一。长引每引计茶一百二十斤，收钞五钱四分二厘八毫。短引计茶九十斤，收钞四钱二分八毫"③。可见，长引、短引的区别主要在于每引茶的重量不一样，因此所收的钞的数量也不一样。到了至元十七年（1280），"置榷茶都转运司于江州，总江淮、荆湖、福广之税，而遂除长引，专用短引。每引收钞二两四钱五分，草茶每引收钞二两二钱四分"④。由此可见，至元十七年（1280）取消了长引，专用短引，而且每引所征钞的数量大幅

---

① 《元典章》卷 22《免税》。
② 《元史》卷 94《食货二·茶法》。
③ 《元史》卷 94《食货二·茶法》。
④ 《元史》卷 94《食货二·茶法》。

度提高，从每引收钞四钱二分八毫提高到每引收钞二两四钱五分，在短短的 4 年时间里，竟然提高了 5.7 倍多。至元三十年（1293），"又改江南茶法。凡管茶提举司一十六所，罢其课少者五所，并入附近提举司。每茶商货茶，必令赍引，无引者与私茶同。引之外，又有茶由，以给卖零茶者。初，每由茶九斤，收钞一两，至是自三斤至三十斤分为十等，随处批引局同，每引收钞一钱"。① 由于榷茶制度严密，严格规定有茶定要有引相随，无引之茶即为私茶，就要受到惩罚。因此，元政府就必须给零售茶叶商人发茶由，作为其所卖茶非私茶的凭据。茶由所收钞数量更大，"每由茶九斤，收钞一两"，而至元十七年（1280），每引茶九十斤，则收钞二两四钱五分。由此可见，茶由收钞数是茶引的 36.7 倍。

由于茶引在榷茶中的重要性，因此，元政府对贩茶中如何使用茶引有更详细的规定。至元十八年（1281），元政府规定："客旅兴贩茶货，纳讫正课宝钞，出给公据，前往所指山场装发茶货出山，赍据赴茶司缴纳，倒给省部茶引，方许赍引随茶。诸处验引发卖毕，限三日已里，将引于所在官司缴纳，即时批抹。违限匿而不批纳者，杖六十。因而转用，或改抹字号，或增添夹带斤重，及引不随茶者，亦同私茶断。仍于各处官司，将客旅节次纳到引目，每月一次解赴上司缴纳。"② 至元二十五年（1288），元政府又规定："诸人应有卖过茶袋、合纳旧引，依限赴所在官司缴纳，每月缴申总管府，每季将缴纳旧引申报尚书省，咨省照勘。如违限，及不经由所在官司，或与茶司通同作弊，再行赴场支茶，许诸人告首到官，或因事发露取问是实，依条治罪。"③ 由此可见，元政府所规定的在贩茶中使用茶引的程序是十分严密的。商人贩卖茶叶之前，就必须向有关部门缴纳钱钞，然后凭借有关部门发放的缴纳钱钞凭据，前往所指定的山场装运茶叶出山，再将凭据缴纳茶司换取茶引，然后商人带

① 《元史》卷 94《食货二·茶法》。
② 《元典章》卷 22《茶课》。
③ 《元典章》卷 22《茶课》。

着茶引将茶贩运到各地销售。各处销售地管理部门检验茶引属实后准许商人卖茶，并限制商人卖完茶3天之内将旧茶引、装茶的茶袋等缴纳给所在地的官府，以防止商人用旧茶引、茶袋贩运私茶。所在地官府收到旧茶引、茶袋后，即时批抹注销，定期上缴总管府，并上报尚书省。为了严防私茶，禁止官商勾结在榷茶中营私舞弊，元朝规定有关部门如隐匿旧茶引不即时批抹注销者，杖六十。重复使用，或改抹茶引字号、或超过或夹带茶引所规定的茶叶重量，以及茶引不随所贩卖的茶叶，都按贩运私茶罪进行处罚。据至元二十四年（1287）五月，元政府规定："但犯私茶者，杖七十，所犯私茶一半没官，一半付告人充赏。应捕人亦同。如茶园磨户犯者，及运茶车船主知情夹带装载无引私茶，一体科断。本处官司禁治不严，致有私茶生发去处，仰将本处当该官吏勾断。"①

尤其值得注意的是，元政府一方面以严厉手段禁止私茶，另一方面也制定不少措施，保护商人在政府规定的榷茶范围内进行茶叶贩卖，免遭贪官污吏、军队、地方豪强恶霸的勒索、侵夺和强迫征用运茶车船、马匹，阻挠榷茶事务，将榷茶厚利据为己有等。至元二十五年（1288）三月，榷茶运司条画规定：

一，所办茶课，照依茶引内条画事理施行。

一，运茶纲船，随处官司不得拘撮搬运官物。如为军情紧急，明有行省许令文字，然后应副。

一，随处河边若有旧来钉立桩橛，阻碍运茶船只勾当，沿河官司尽行拔去。若不出拔，因而损坏贩茶船只，据茶本一切损失之物，当处官司赔偿，仍行断罪。

……

一，诸路应管公事官吏、军民人匠打捕诸色头目人等，常切禁约，无得纵令歹人虚桩饰词，妄行扇惑，搅扰沮坏见办课程。如有违犯之人，并行断罪。

---

① 《元典章》卷22《茶课》。

一，经过使臣人等，不得将运司催办课程人等骑坐马匹、贩茶车辆船只头匹夺要走递。如有违犯之人，听于所在官司课陈告，开具姓名，申省闻奏。

一，旧来茶园，诸人不得斫伐，恣纵头匹啃咬损坏，违者重行断罪。

一，诸局院人匠、鹰房打捕并军人奥鲁诸色人等，如是不有朝廷法度，专擅地利，以国家榷货看为私家永业，贪图厚利，聚成群党，恃势打夺，私酒曲货匿隐，不畏公法之人，事发到官，如或各处占悋不发，仰转运司、本路宣慰司、总管府将犯人及占悋人一同依条归断，不得妄分彼我。

一，办课官吏除职官外，其余运司各差员数，如是阙员，照依累降条理，于不以是何投下，许令踏逐慎行止、有家业、不作过犯、能干人员勾当。

一，运司办课去处及行茶地面阔远，如遇差官巡绰，出给差札勾当，不得因而夹带不干碍人等，如违治罪。

一，随处所办课程，依旧例，管民正官充提点官。若有差出，以次官提点。如有沮坏亏兑，取问得实，依条究治施行。

一、所办课程，照依元认课额，须管比额增羡，尽实到官，无致欺隐。如有亏兑，勒令依数赔偿，更行治罪。

一，茶司周围蒙古军万户、千户、头目人等，无得非理于取茶司取要饮食、杯酒、撒花等物。①

二、 盐专卖思想

（一） 盐专卖制度思想

元代，榷盐是国家财政的重要收入。"国之所资，其利最广者莫如

---

① 《元典章》卷 22《茶课》。

盐。"① 因此，政府十分重视对榷盐的管理。朝廷在户部之下设有管理各地榷盐的机构，如大都河间等路都转运盐使司、山东东路转运盐使司、河东陕西等处转运盐使司，"大都河间等路都转运盐使司，秩正三品。掌场灶榷办盐货，以资国用"②。在各县设常平盐局，"合设盐局，除各县置立一处外，各路并户多州郡及人烟辏集镇官市可以添设去处，本路就便斟酌设立讫，开具各各数目，保结申宣慰司，呈行省。腹里路分申部"③。盐局官吏的配备是"从各处官司于近上户计内选保有抵业人、通商贾、信实不作过犯之人充。每局大使一员，副使一员，本路出给付身，委用勾当，开具花名，保结申宣慰司，呈报行省。腹里路分，申部照会"。盐局主要负责榷盐的贩运和销售，"合卖年销盐数，验各处人户多寡，斟酌可用盐袋，开坐数目，行移宣慰司、总管府各差管押官一员，赍擎公文，将引各处局官，前去合干运司关引支拨，须要交割明白。到局若有短少，着落元关局官赔偿。如是在场盐数不敷，分作两次搬运。合用脚力，运司就便和雇。行下盐转运司依上施行，仍将卖过盐引逐旋缴申提点官批凿讫，申复本路，转申省部"。

元政府还于榷盐交易市场设立批验所，"专责批凿盐引，发运办课，欲使无扰盐商，交易快便"，并"于本土诸行铺户内，选到有抵业、慎行止、不作过犯、知商贾、信实之人，以充盐总部辖，专一说合卖盐交易"。

元代榷盐与榷茶一样，盐引、盐袋是榷盐的重要工具。客商在贩卖盐之前，必须先"入状运司买引"，"每引纳官中统钞六十七两五钱"。然后"运官监视，挨次交检数足，送库收讫，支引出库。随于引面上书填客名，次于引背上墨印批凿'两淮都转运盐使司发引，赴某处盐仓支盐'，于墨印上再用本司正印讫，出给下仓勘合，同引当官给付客旅，赴

---

① 《元史》卷 94《食货二·盐法》。

② 《元史》卷 85《百官一》。

③ 《元典章》卷 22《盐课》，本目以下引文未注出处者，均见于此。

仓关盐。本司另置花名销簿，于上附写一贴'几年月日某人买盐若干，几年月日用某字号勘合'，行下某仓放支，仍于贴项后余留空纸。已后盐仓、批验所申到出仓卖过月日，并于本客名下相续销付"。"盐仓从运司置立关防号簿，每号余留空纸半张，印押过，预发诸仓收掌。如承、司勘合，比对元发字号相同，辨验引上客名印信别无诈冒漏落，即于簿上附写'几年月日，承奉运司几年月日某字几号勘合，放支客人某人盐若干'，然后照依资次，拨贷支盐"。"如承盐仓关到客人出仓盐袋，即于簿上附写'几年月日某仓关到某人出仓盐若干'，仍于客名后余留空纸。每日卖过盐数，牙人、盐商赍引同赴本所批凿"。"如匿不批引，私自发卖者，依条追断。仍将盐仓元关客名、盐数、卖过花名月日、收到官钱数目，随于前簿本客名下销附，每月一次开申运司照验"。"诸贩盐客旅卖过盐袋、退引，限五日赴所在官司缴纳。如违限匿而不批纳者，同私盐法。"从以上《元典章》卷22《盐课》记载可知，在元代盐的专卖中，盐引自始至终贯穿着整个过程，从盐商向官府买盐引支盐，到盐仓领取榷盐，贩运盐到销售地，再将盐卖出，并在卖后限定的时间内缴纳旧盐引，盐引与盐如影相随。正如元政府所规定的："诸人贩盐，引不随行，依私盐法。"不言而喻，盐引在榷盐过程中不可或缺。

此外，元政府还严格规定装盐必须用政府指定的盐袋，盐袋与盐引一样，也自始至终贯穿着榷盐的整个过程。这是因为使用政府特定的盐袋，一是可以更好地辨别私盐，防止商人夹带私盐，二是防止官商作弊，如贪官污吏少支盐给商人，克扣斤两，或商人用大袋装盐，从而夹带私盐。如《至元新格》规定："诸场盐袋，皆判官监装，须要斤重均平，无有余欠。运使以下分转检校，仍于袋上书写监装检校职位姓名，以千字文为号，如法编垛。凡遇商客支请，验其先后，从上给付。行省、户部差官不测体验，但有搭带余盐，或克除斤重，及支给失次、刁蹬盐商者，随即追问是实，各依所犯轻重理罪，仍听察官纠弹。"[1] 至大四年（1311）

---

① 《元典章》卷22《课程》。

闰七月，行台准御史台咨云："其装盐袋法，以四百斤为则，多则亏官，少则损民……合令行省、腹里各处运司设法关防，用心钤束场官、秤子人等，须要依法，每引盐四百斤。出场已（以）后，宜从都省选官前去掣挈秤闸，若有短少，运官及仓场官等依条追断，仍议黜降，似望少革其弊。"

元代，盐的生产者称灶户，政府通过统购灶户生产的盐，来实现盐的专卖。为了防止盐司官吏在统购灶户盐时从中克扣，或以他物来代替原应支付给灶户的工本钱，元政府加强对统购灶户盐的管理和监督："诸灶户中盐到场，皆须随时两平收纳，不得留难。其合给工本，运官一员监临给付。若盐司官吏因而有所克减，或以他物移易准折者，计其多少论罪，仍勒赔偿。每给工本时，肃政廉访司差人暗行体察。"

灶户生产的盐由官府统购后，必须集中储藏，妥善保管。元政府规定："诸场积垛未桩盐数，须于高阜水潦不能侵犯去处，如法安置，仍委运官时至点检。若堆垛不如法、防备不尽心，以致损败者，并勒赔偿。"为了使国家榷盐不被侵盗，元政府特制定了严密的支盐手续："诸盐法，并须见钱卖引，必价钞入库，盐袋出场，方始结课。其运司官，如每事尽心，能使盐额有余、官吏守法、商贾通便、课程增多者，闻奏升赏。"[①]榷盐支出，商人必须先用钱钞买到盐引，然后凭盐引到存盐仓库支领。"盐仓从运司置立关防号簿，每号余留空纸半张，印押过，预发诸仓收掌。如承运司勘合，比对元发字号相同，辨验引上客名印信别无诈冒漏落，即于簿上附写'几年月日，承奉运司几年月日某字几号勘合，放支客人某人盐若干'，然后照依资次，拨袋支盐……仍将出仓月日，客名、盐数、收到官钱，各于前簿本客名下销付，每月一次，开申运司照验。"由此可见，盐仓还必须将盐引与关防号簿核对查验属实后，再依照先后顺序，拨支盐给盐商，并将支盐出仓时间、支领榷盐商人姓名、支领榷盐数量、收到官钱，各于关防号簿下注销，并每月一次，申报运司审核。

---

① 《元典章》卷 22《课程》。

元代，由于贩卖私盐能获取高额利润，因此食盐走私成为一种较严重的榷盐管理问题。大德四年（1300）十一月，两淮都转运盐使司称："比年以来，诸人盗卖私盐，权豪多带斤重，办课官吏贿赂交通，军官民官巡禁不严，以致侵衬官课。"对此，元政府采取措施，查禁私盐。如"真州采石依旧设官批验，置军巡捉，江淮海口私盐出没去处，添拨车船。附场闲杂船只，不许往来湾泊。军民捕盗等官，常切用心防禁，毋致私盐生发。""煎盐之所，皆为禁地。在前诸人闲杂船只通行往来，因而搬贩私盐。今后除灶户搬运柴卤等船、运盐纲船、巡盐船只，运司印路行使外，其余诸人船只，并不许于附场江淮海口并场边港汊往来湾泊。违者捉拿到官，犯人决杖五十七下，断讫牒发元籍，仍将船只拘没入官。"可见，对于海盐的查禁，主要是禁止未经准许的闲杂船只进出往来盐场，并派军巡视，以达到禁贩私盐。对于一些屡惩不改的走私盐罪犯，元政府在其居住的房门前予以标记，责令有关官吏重点管制："败获盐徒，多系累经配断，视为寻常，不改前过。一番事发，一遍诈人，诸场富上灶户、有司殷实良民，多被妄行通指。此等之徒，纷乱淮甸。今后犯盐经断贼徒，各于门首粉壁，大字书写'犯盐经断贼徒'六字，官为籍记姓。责令巡尉、捕盗等官，每月一次点名抚治，务要改过，别求生理。出入往回，须使邻佑得知。三日之外不归者，即报捕盗官究问。三年不犯，邻佑保举，方许除籍。"

元政府一方面发布禁令、派遣军队巡视，以禁私盐，另一方面又对查禁私盐有关人员进行约束，防止他们借查禁私盐扰民生事。至大四年（1311）十一月，御史台称："本台看详，除运司依例差委有职役请俸巡盐人员每道不过二人，约会所属提点官，一同依理巡禁私盐外，其余盐司不许滥设无职役之人，豪强巡禁，亦不许灶户人等擅自搜捉，扰民生事，诚为便益，宜令合干部分定拟相应。"《至元新格》则规定："诸盐司凡承告报私盐，皆须指定煎藏处所，详审查明，计会所在官司同共搜捉。非承告报，其巡盐人员止许依例用心巡捕，不得妄入人家搜捉。诸捉获私盐酒曲，取问是实，依条追没。其所犯情由，并追到钱物，皆须明立

案验，另附文历，每月开申合属上司。"① 这就是说，搜捕私盐，必须有真凭实据，否则，不能妄入民宅搜捕。搜捕到私盐，还必须审问明确，才能依法予以追没，并将罪犯事实及追到钱物，每月申报上级官府。搜捕私盐必须由官府指定的提点官和巡盐人员负责，无职役之人、豪强、灶户等不许擅自搜捕。

元政府为了禁止私盐，特制定了严厉的刑罚，对贩卖私盐者进行威慑。如《至元新格》规定："诸犯私盐者，科徒二年，决杖七十，财产一半没官。决讫，发下盐司带镣居役，满日疏放。若有告捕得获，于没官物内一半充赏。如获犯界盐货，减犯私盐罪一等。仍委自州府长官提调禁治私盐罪。如禁治不严，致有私盐并犯界盐货生发，初犯笞四十，再犯杖八十，三犯已上开具呈省，闻奏定罪。若获犯人，依上给赏。如有盐司监临官与灶户私卖盐者，同私盐法科断。"② 这里，一方面对三类犯私盐罪进行处罚：一是贩卖私盐者，二是禁治私盐不严以致私盐犯罪现象不断发生的有关官吏，三是盐司官吏和灶户私卖盐者。元政府通过对私盐犯罪者的严惩使人们不敢以身试法，对失职官吏的惩罚使官吏不敢玩忽职守，认真负责查禁。另一方面，对告发、抓捕私盐犯罪者予以奖赏，有利于对私盐犯罪者的揭露和惩治，使私盐犯罪者无处藏身。至元二十年（1283），元政府扩大了私盐犯罪的惩罚对象：一是实行连坐法，如私卖盐者的邻居知情而不告发，必须受到惩罚："如灶户人等私卖盐者，同私盐法科断。两邻知而不首者，减犯人罪一等。"二是"场官失觉察者，初犯笞四十，再犯杖八十，三犯杖一百、除名"。由此可见，政府通过惩罚知情而不告发者和失察的官吏，来提高破案率，从而更能起到对贩运私盐者的威慑，使他们不敢心存侥幸而贩卖私盐。

元世祖时期制定的惩治贩卖私盐者的法规，在终元一代基本上都坚持贯彻执行。如元仁宗延祐六年（1319）八月，朝廷在《盐法通例》中

---

① 《元典章》卷 22《课程》。
② 《元典章》卷 22《课程》。

重申，"诸犯私盐者，科徒二年，决七十，财产一半没官。决讫，发下盐场镣役。两邻知而不首者，决六十。买食私盐者，杖六十"。"管民提点正官，关津渡口守把军官军人、巡尉弓兵人等，致有私盐、犯界盐货走透私盐，初犯笞四十，再犯杖八十，三犯杖一百，仍除名。通同纵放者，与犯人同罪"。

元政府一方面对贩卖私盐者予以严惩，另一方面对在国家规定的榷盐限制范围内守法经营的商人进行保护。如严厉禁止不法官吏对盐商进行刁难、阻挠，乘机进行敲诈勒索，"诸仓遇客支盐，若留难不给，随即理断，因而受财者，并从枉法科断。其运官人等给散工本、脚价及席索等钱而有侵克者，各如之"。"客旅买到官盐并官司纲运盐货经由河道，其关津、渡口、桥梁妄生事故邀阻者，取问是实，杖一百。因而乞取财物者，徒二年。官司取受故纵者，与同罪。失觉察笞五十。如有拘当客旅取利者，徒二年，盐付本主，买价没官"。朝廷责令地方官府清理河道内桩橛，保持运盐船只顺利通航；如因桩橛损坏运盐船只，当地官府应予赔偿。"随处河边，旧有钉立桩橛，阻碍运司船只，沿河官亲行点视拔去。若有因而沮坏贩盐船只，其工本一切损失之物，当处官司赔偿，仍行断罪。"政府不仅对盐商，而且对生产盐的灶户、搬运盐的纲船、工脚以及制造生产盐的工具铸盘、包装盐的织席的手工业者也制定法规予以保护，使其免受勒索骚扰："盐商、灶户、纲船、工脚、铸盘、织席之家，运司常加照管，无令有司拖拿骚扰，违者究问。"

（二） 革除盐专卖弊端思想

1. 陆文圭革除盐专卖弊端思想。

陆文圭在《流民、贪吏、盐、钞法四弊》中提出，当时"拯盐法之策三：一曰减官额，二曰省职员，三曰恤亭户"。①

其一，陆文圭认为，当时盐的生产受自然条件和生产技术的限制，

①《墙东类稿》卷4《流民、贪吏、盐、钞法四弊》，此目陆文圭言论引文均见于此。

产量不稳定，但一些官吏不断加重对盐户的盘剥，提高盐的专卖收入，以此来使自己获得晋升。对此，陆文圭提出应当降低政府所定的盐额。他说："盐者，国之宝，天之所生，地之所产。晴风朗日，苦雨阴霾，盈缩有时，消长不一。自兴利之臣图进身之阶，但知数羡，遑恤额亏，视初立法，不啻数倍。岁煎之利有限，官给之本几何，输既求赢，出宜长价，灰砂夹伪，铢两求余。况挽越于官豪，致抑塞于商贾，出门之引转鬻，在场之数虚包。长此安穷救之无术，不思公私之积，务要流通，慈父权子，情所不忍。上损下益，于计曰宜，此官额不可不减也。"

其二，陆文圭认为，当时管理榷盐官吏太多，而且这些官吏贪污受贿、盘剥盐户，使官府盐利亏损。对此，陆文圭提出应当精简榷盐官吏。他说："转运之职，始于开元。在后租调、度支、漕运、盐铁、酒酤、贡举、按察之权，皆隶此官。今既分有所属，所掌唯盐，似宜从简。而张官置吏，有如大夫，六曹分案，动至溢员，公事既稀，复营差委，场官已备，安事催煎，案牍无多，岂宜典史。如监运称盘之类，检校管勾之名，色目横生，弊端百出。一官之下，必有数卒，纵横井邑，莫敢谁何，衣食所须，包苴所入，盐课之外，他无借手，巧为支破，公然克剥。利亏于官，而不亏于此辈；害及于下，而不及于汝曹。设使尽汰冗员，正亦何妨国计，此职员不可不省也。"

其三，陆文圭认为亭户生产海盐极为艰辛，如遇天灾人祸，则往往亏损，因此而逃散弃业。对于政府采取迁拨之令，有些亭户通过行贿而规避，弱者则忍气吞声受奴役，有的则奋起反抗，有的则因破产而轻生。官府则仍然严禁私贩，纵容巡兵横行。对此，陆文圭主张，罢除盐专卖，让商人自行贸易，官府征收盐税，使亭户生产海盐能维持生计。他指出："滨海之民以牢盆为业，勤苦尤甚，春不得避风尘，夏不得避暑潦。天时不顺，则失其利；官本不敷，则失其利；盐丁逃役，则失其利。利耗民散，亭场空虚，于是迁拨之令行，而亭户重受害矣。黠者行赇而规避，弱者吞声而受役，倚权上交于台府，发愤变激于里间，破产立偿，轻生何忍。令甲虽严于私贩，巡兵阴纵其横行，势有相容，情难独禁。莫若

效古之法，听其与商人为市，而官收其税。数年之间，亭户稍得苏息，而官亦无不利焉。而其法又当熟议而行之，此亭户不可不恤也。"

2. 王恽革除盐专卖弊端思想。

王恽在《论盐法》一文中提出，当时榷盐弊端主要有 5 个方面：一是官府卖盐所得钱粮，五七年还无法收回；二是官府卖盐所得诸物没什么用处，其交易有作弊之嫌；三是官吏参与买卖盐引，营私舞弊；四是管理榷盐官吏太多；五是解盐价格太高，百姓购买不起。王恽针对这 5 个方面弊端，提出了一些具体对策。

其一，王恽指出："近见运司官差规措官于南京等处，不问人之贫富、有无抵业，九一抽分，虚立文契，指于某处中纳粮斛，其实将引到家，不问价直高低，货卖了当，或偿旧债，或纳官钱，或别作营，至今五七年间，钱粮不能到官者，不可胜计。"对此，他主张加速官盐流通："今者止合明出榜文召募诸人于所措仓分，先行送纳粮斛，纳获米钞，然后赴规措所支引，次后来关盐，厘勒监主毋得刁蹬停滞，立便支发，似此别无阻碍。盐法大行，仓廪充实，不须和籴和中，岂小补哉？"①

其二，王恽指出："长芦本处除收米粟外，并不得收受诸物，止收宝钞，赴万亿库送纳。止收米粟者，以备御河上下官为支持；不收诸物者，诸物官司无用，中间作弊，不无阻碍盐法。"因此，他建议官府卖盐"止收宝钞"，"若以收钞、纳钞，其便有三：一则钞法通快，二则革去旧弊，三则官民两便"。

其三，王恽认为，官吏如参与买卖盐引，会产生诸多弊端："若使本管官吏得买（盐引），其间客旅深为未便。课程不能亏办，何故？盐价贵，则官吏尽数拘买，客旅不能得买；盐价贱，则官吏并不收买，客旅谓曾赴仓场，不能得买，尝被耽误。又知盐价迟涩，亦不兴贩。亏损官库，皆此之由。又官吏买盐，先拣离场近便去处，次拣洁净干白好盐；又不依序，先行搀支，使客旅人等，无所措手。其弊不能一一遍举。"对

①　《秋涧集》卷 90《论盐法》，此目王恽言论引文，均见于此。

此他主张："便商贾为利者，许诸人赴场买引关盐，厘勒监主不得刁蹬客旅，最为急务。盖禁官吏不得买引、卖引是也。"其理由是"盐场天下号为争利之所，况本管官吏乎？盖防微杜渐，尚有不能禁者，以官物为己有之资，放纵由我，可不戒哉！"不言而喻，官吏不能利用权力和官盐与商人竞争，否则，只能使国家利益受到损害，民间商人破产。

其四，王恽认为，当时管理榷盐官吏太多，"运司上下，大小请俸人员近七百名，其中虚设者大半行户部都转运司之名"。对此，王恽建议精简榷盐官吏，运司"可易为提举盐使司大使、副使各一员，次以管勾催煎，足以办集，自然官减俸省，亦便利之一端也"。

其五，王恽指出，解盐价格太高，百姓购买不起，所以导致私盐泛滥："往年陕西运司为课额重大，立法颇峻，山谷远人不知禁忌。食既艰得，未免私煎冒贩，事发到官，情罪不小，往往有破家戕生者，良为可哀。"对此，他建议降低盐价："若于见定解盐价直内更为减免分数，使民易得食用，亦国家惠民而不费之一端也。"

3. 郑介夫废除盐运司及各场所设官吏、团军、巡卒思想。

元代名臣郑介夫认为元政府在"随处立运司、各场置令丞"[①]，"致弊百端"，其主要者是盐司之设"不便于盐户""不便于商旅""不便于百姓""不便于官府""不便于国家"。因此，他提出"宜将盐运司衙门及各场所设官吏、团军、巡卒尽行革罢，并入有司管领"。此思想从管理学角度看较有价值，以下就其观点做一介绍。

其一，郑介夫认为当时管理榷盐官吏太多，蚕食、盘剥盐户，对盐户造成伤害。他举福建为例说："且如福建一道，仅抵淮浙一场，周岁办盐七万引，亦设运司正官首领官吏人等，所辖一十场，批引入所盐仓二处，官攒人吏、游食之徒不计其数，惟蚕食盐户而已。今各处运司官吏每岁轮番分司，给散工本，虽曰唱名，其实阳散阴收，才并开煎，即以守催，监装开灶、起火住火，比附考较，封埋巧立名色，百计科扰，场

---

① 《历代名臣奏议》卷 67，此目郑介夫言论引文，均见于此。

官因而倍取，盐户必须应付。又有总司差人催办取数，什伍为群，不时下场追扰，若不取之盐户，从何而出，上下交征，通同隐蔽。户之富者尚堪少延，贫者无措，必致私煎私卖之弊。官司追搜，如捕重寇，只得举家逃窜，即目逃户。已多不敢申明，止令同灶盐丁代办，数年以后，必尽逃矣，此盐司之设，不便于盐户也。"

其二，郑介夫认为，当时官吏利用权势，百般敲诈、勒索盐商，并挤压盐商的经营空间，使盐商受到伤害。他说："商旅贩卖，所以流通。盐法助办官课，令运司卖引，盐仓支盐，则有照引散帖百种需求，方得支发。纂节去处，又设批引官，索瘢求瑕，恣行刁蹬；至地头行卖，又差拘收引官，检校多余，无非渔猎客人而已。若盐价高，运司官吏诡名先行揽买；或盐价低，则勾盐商聘卖。及有上司官与权要之家，挟势夺买，必须先尽数足。而盐商有守等半年一年，不能得者。又计其引数，需要答头钱，以客旅与官府交易，本自疑忌，岂可更加挟持。此盐司之设，不便于商旅也。"

其三，郑介夫认为，团军、巡卒不但起不到查禁私盐的作用，反而四处为非作歹，借禁查私盐敲诈、勒索百姓，使老百姓深受其害。他指出："运司关防私盐，并远场毁远灶，立团煎煮，外立团军巡绰，为法可谓严矣。但团军岁一更易，何所顾借，附团数十里，鸡犬不得宁，甚至掠人杀牛，桩配居民，无所不为，其能保私盐之不漏乎？又有盐司差人及管军头目巡盐，络绎乡村间。遇见有盐，不审虚实，使指为私。从其诈骗，则免公庭；少不依随，遂成实祸。及有正犯到官者，设无贿赂，监禁经年，转指平民，连逮无已。溪壑既厌，尽皆撒放。或至遭断者，无非穷民，断没家财一半，多不过五七贯而已。有援者咸得清脱，无力者必至于罪。此监司之设，不便于百姓也。"

其四，郑介夫指出，盐司不隶属于地方州县管辖，常常瞒着地方州县，与不法之徒勾结，贩卖私盐。如遇案发，则百般包庇，而地方州县受其牵连，则要承担罪责。因此，监司之设，对地方官府也是不利的。他说："运司立法，凡有私盐生发，罪及县州正官。盐出于仓场，而罪归

于州县，似此无辜，何异池鱼之殃。兼盐户不属有司，无相统摄，致有一等惯卖私盐无赖之徒，结构盐司，上下容情，纵令不轨，无所畏惮。及与附场民户交参住坐，便作灶户、柴户等名色，衮同影占。又有民税诡寄，规避差役，凡遇有司追会词讼，庇称盐户，沮挠官府不得施行。有必合约问之事，即以办课推辞，动经岁月，不得杜绝。此盐司之设，不便于官府也。"

其五，郑介夫指出，从表面上榷盐增加了国家的财政收入，但实际上榷盐也增加了国家的管理成本，其实收入上并没有增加，反而还会减少。因此，盐司的设置，对国家也是不利的。他说："煮盐榷课，所以资助国用。今言者但知为国兴利，不知为国省力，总其所入，为数虽多，扣其所出，已费不少，何异以羊易牛，犹谓之得策耶。且以一引盐论之，岁给工本及柴草等物，又有盐司官吏月支俸给，般（搬）运水脚之费，通以价钱准除折算，而官司月过本钱，将及一半矣。此则大不便于国家者也。"

郑介夫针对盐司之设不利于盐户、商旅、百姓、官府和国家，因此，提出改革建议："理财常以养民为先，又谓官多则民扰。但于出盐之乡，置盐官收盐户所煮之盐，转鬻于商人，任其所之。自余州县，不复置官，或商绝盐贵，则减价鬻之，谓之常平盐。其始江淮盐利四十万缗，季年乃六百余万缗，由是国用充足，民不困弊。此已验良法，古今不能易也……宜将盐运司衙门及各场所设官吏、团军、巡卒尽行革罢，并入有司管领；选省部内才干官一员，充榷盐使于各州县；摘佐贰官一员，提调盐事于出盐去处；设乡官一员，专掌支发；但签取本处有抵业富家，应当亭户，分认周岁盐额。令亭户自行收拾，灶户任便煎煮，随处立仓交纳，亭户不致于逃亡，灶户可息于追剥，民户亦免团巡诬逮之挠，既无所挠，自皆乐于应办矣。若非亭户、灶户而自煎者，方为私盐，许令盐户告发，依条治罪。事既归一，谁肯轻犯。如工本实为盐司所有，而盐户虚受其名，得免额外苛虐，已云幸矣。虽不支工本，亦无怨也。终岁额办盐引，预于春季，作一次发下诸路，给散各乡官收管。令客人径于

收盐去处，支买依时价，两平交易，听从他处发卖，随所至缴盐引，自可革去买引、揽引，支盐分例批引过关一应之弊。商人获利既厚，则贩者必多，而民间亦可得贱盐食用也。古今盐法不过为办课耳，使课而无亏，何必广布衙门自取多事。今盐有定额，户有定数，私煎有定罪，若一委之有司，取办于亭户，既省俸给、工本，自可全收课程，官享其利而民安其业矣。至于户日蕃而赋益广，盐日多而利益博，他日之增羡未可以限量计也，富国惠民之道已尽于此。"郑介夫改革盐法的主旨是废除盐运司衙门及各场所设官吏、团军、巡卒，精简榷盐机构、人员，从而既节省政府管理榷盐成本，又可消除管理榷盐官吏、稽查私盐官兵利用权力敲诈勒索盐户、商人和普遍百姓等。同时，政府简化榷盐管理程序，通过控制统购盐户所生产的盐来垄断榷盐利润，一旦政府加价将盐卖给商人后，即允许商人自行贩卖。这样商人既免受贪官污吏的层层盘剥、勒索，又可通过自行贩卖获利，民众也可食用到较低价的食盐，从而增加食盐的消费量。这样就形成了良性循环，食盐销售量越大，百姓就越能食用价低的食盐；商人则薄利多销，获取更大的商业利润；政府也从榷盐中获得更多的财政收入，从而达到富国惠民。

三、 酒专卖思想

元代对酒、醋也实行专卖，并成为国家财政收入一项较重要的来源。据《元史》卷 94《酒醋课》记载，"元之有酒醋课，自太宗始。其后皆著定额，为国赋之一焉，利之所入亦厚矣。初，太宗辛卯年，立酒醋务坊场官，榷沽办课，仍以各州府司县长官充提点官，隶征收课税所，其课额验民户多寡定之。甲午年，颁酒曲醋货条禁，私造者依条治罪。世祖至元十六年（1279），以大都、河间、山东酒醋商税等课并入盐运司。二十二年（1285），诏免农民醋课。是年二月，命随路酒课依京师例，每石取一十两。三月，用右丞卢世荣等言，罢上都醋课，其酒课亦改榷沽之制，令酒户自具工本，官司拘卖，每石止输钞五两。"由此可见，元代榷酒源自太宗时期，至元世祖时期已屡经变革。

有关元代反映酒专卖思想的史料，笔者所见并不多。《元典章》卷22《课程》是保存相对较多的，其内容也较具体。兹据这些有限的史料，对此略加分析。

> 酒醋课程，须酌量居民多寡，然后厘勒各官置赤历，开写每月炊荡浆米石斗、可用曲货斤重，造到清酒味醇薄、发卖价直、除工本外每月实办息钱钞、每石可留息若干。当日晚具单状，于已委定提调官处呈照。十日一次呈押赤历，每月一次打勘办到课程，不过次月初五日呈省。据办到课程数目，每月解赴宣慰司，每季差官起运赴省交纳施行。

从这条记载可以知道，元朝的酒专卖曾采取这样的方式：由官府自办酿酒作坊，根据这一地区居民人数的多少，酌情决定所酿造酒的数量。从而计划每月应备多少石斗的米、多少斤的酒曲用来酿酒，待酒酿好后，再根据酒味醇薄、质量好坏定价销售。元朝十分重视酒专卖的经济效益，注意核算除工本费用外每月"实办息钱钞、每石可留息若干"。并且命令管理酿酒作坊官吏设置赤历会计簿籍，将这些核算详细记载，每天晚上向提调官上报，十天一次编成赤历会计簿籍，每月一次审核办到课程，于次月初五前上报行省。每月提调官还必须将办到课程上缴宣慰司，每季再由宣慰司派官押运上缴行省。

元政府注重榷酒的经济效益，以榷酒收入的多少、酒的质量等作为考核管理榷酒官吏的政绩，酒课收入增加者给予奖赏，亏损有过者予以罢免降级。至元十三年（1276）十月，元政府规定："各道申到月办课程，省府亦验各处户计多寡，再行比较得本处户计数多办到课程数少，务官人等税物刁蹬百姓，及酒味淡薄，虽不侵欺，亦仰禁治。已委提调官，亦取有失钤束招伏。如恢办向前，课程额羡，年终考较定有功者，闻奏。有过者，黜降。"[1]

元代曾有一些有权势的人家，设立酒库，采取多酿酒出卖、少交规

---

① 《元典章》卷22《课程》。

定课额的办法，损害国家酒课收入，使自己牟取更多的卖酒利润。对此，元政府一律予以禁止取缔，改为官酿官卖。至元十三年（1276）十月，行中书省称："体知得随处多有势要之家，设立酒库，恃势少认办到课额，恣意多造醋酒发卖。办到息钱，除认纳定官钱外，余上尽行入己，实是侵衬官课。仰截日尽行罢去，止委总管府选差人员造酒，依例从实办课。据罢讫酒库应有见在米曲、浆米、酒醋、浸清酒并一切什物，官为拘收作本。合该价钱，官吏保结，申省定夺，支拨施行。"[①]

元政府为了维护榷酒专利，也制定了一些法规，对犯私酒曲货者进行惩罚："诸犯私酒曲货者，取问是实，科徒二年，决七十，财产一半没官，于没官物内一半付告人充赏。""随州府司县应立酒务办课去处，无得将别行酝造到只应使客醋酒沽卖，仍委自酒务官关防体究。如是因而沽卖，便同私酒法科断施行。"[②]

四、 市舶思想

元代疆域辽阔，最高统治者重视海外贸易，在继续宋代市舶制度的基础上，进一步加以调整，使其更符合于当时海外贸易实际的需求。《元史》卷94《食货二·市舶》载："元自世祖定江南，凡邻海诸郡与蕃国往还互易舶货者，其货以十分取一，粗者十五分取一，以市舶官主之。其发舶回帆，必著其所至之地，验其所易之物，给以公文，为之期日，大抵皆因宋旧制而为之法焉。于是至元十四年（1277），立市舶司一于泉州，令忙古䚟领之。立市舶司三于庆元、上海、澉浦，令福建安抚使杨发督之。每岁招集舶商，于蕃邦博易珠翠香货等物。及次年回帆，依例抽解，然后听其货卖。时客船自泉、福贩土产之物者，其所征亦与蕃货等，上海市舶司提控王楠以为言，于是定双抽、单抽之制。双抽者蕃货也，单抽者土货也。十九年（1282），又用耿左丞言，以钞易铜钱，令市舶司

---

① 《元典章》卷22《课程》。

② 《元典章》卷22《课程》。

以钱易海外金珠货物，仍听舶户通贩抽分。二十年（1283），遂定抽分之法。是年十月，忙古䚟言，舶商皆以金银易香木，于是下令禁之，唯铁不禁。二十一年（1284），设市舶都转运司于杭、泉二州，官自具船、给本，选人入蕃，贸易诸货。其所获之息，以十分为率，官取其七，所易人得其三……二十九年（1292），命市舶验货抽分。是年十一月，中书省定抽分之数及漏税之法。凡商旅贩泉、福等处已抽之物，于本省有市舶司之地卖者，细色于二十五分之中取一，粗色于三十分之中取一，免其输税……凡金银铜铁男女，并不许私贩入蕃。行省行泉府司、市舶司官，每年于回帆之时，皆前期至抽解之所，以待舶船之至，先封其堵，以次抽分，违期及作弊者罪之。三十一年（1294），成宗诏有司勿拘海舶，听其自便。元贞元年（1295），以舶船至岸，隐漏物货者多，命就海中逆而阅之……延祐元年（1314），复立市舶提举司，仍禁人下蕃，官自发船贸易，回帆之日，细物十分抽二，粗物十五分抽二……（至治）三年（1323），听海商贸易，归征其税。"

综观元代市舶制度的变化，其形式主要有两种：一是由民间舶商自行从事海外贸易，政府对其抽分；二是禁止民间舶商自行从事海外贸易，由官府组织发船贸易，政府甚至还提供船只、资金，待回帆之时进行抽分。虽然两种市舶制度形式不同，但目标却是一致的。其一是通过抽分获取财政收入。至元三十年（1293）八月，福建行省称："今定例抽分，粗货十五分中一分，细货十分中一分。所据广东、温州、澉浦、上海、庆元等处市舶司，舶商回帆，已经抽解讫物货，并依泉州见行体例，从市舶司更于抽讫物货内，以三十分为率，抽要舶税钱一分，通行结课。般（搬）贩客人，从便请给文遣，买到已抽经税物货，于杭州等处货卖，即于商税务内投税。"① 为了防止"市舶去处行省、行泉府司、市舶司、权豪势要之家，与贩舶船不依体例抽分，恃势隐瞒作弊"，亏损国家财政收入，至元三十年（1293）四月，元政府规定："行省官人每、行泉府司

---

① 《元典章》卷 22《市舶》。

官人每、市舶司官人每、不拣甚么官人每、权豪富户每，自己的船只里做买卖去呵，依着百姓每的体例，与抽分者。私下隐藏着不与抽分呵，不拣是谁，首告出来呵，那钱物都断没，做官的每根底重要了罪过，勾当里教出去。于那断没来的钱物内，三分中一分与首告人充赏呵。"① 其二是禁止舶商贩卖违禁货物。元政府规定："诸市舶金银铜钱铁货、男女人口、丝绵缎匹、销金绫罗、米粮军器等，不得私贩下海，违者舶商、船主、纲首、事头、火长各杖一百七，船物没官，有首告者，以没官物内一半充赏，廉访司常加纠察。"② "诸下海使臣及舶商，辄以中国生口、宝货、戎器、马匹遗外番者，从廉访司察之。诸商贾收买金银下番者，禁之，违者罪之。诸海滨豪民，辄与番商交通贸易铜钱下海者，杖一百七"③。元政府为达到这两个目标，在市舶管理中采取了一系列的措施，主要有以下 6 个方面：

其一，市舶船只必须按原申报的地点、时间从事海外贸易。由于海外贸易范围辽阔，远涉日本、朝鲜、东南亚诸国，甚至非洲东海岸，元政府要进行有效的管理是相当困难的。因此，元政府就采取在市舶船只出海前，就预先定好其前往贸易的地点以及回帆的时间和地点，这样就能对市舶船只进行有效管理。《市舶则法》规定："诸处市舶司舶商，每遇冬汛北风发时，从舶商经所在舶司陈告，请领总司衙门元发下公据、公凭，并依在先旧行关防体例填付。舶商大船请公验，柴水小船请公凭。愿往番邦，明填所往是何国土经纪，不许越过他国。至次年夏汛南风回帆，止赴元请验凭发船舶司抽分，不许越投他处舶司，各舶司亦不许互拽他处舶司舶商。如本处舶司依见定例抽税讫，从舶商发卖与般贩客人，亦依旧例就于所在舶司请给公遣，从便于各处州县依例投税货卖。其元指所往番邦国土，如有不能得到所指去处，委因风水打往别国，就博到

---

① 《元典章》卷 22 《市舶》。
② 《元史》卷 104 《刑法三·食货》。
③ 《元史》卷 105 《刑法四·禁令》。

别国物货。至回帆抽分时，取问同伴在船人等相同，别无虚诳，依例抽分。如中间诈妄，欺瞒官司，许诸人首告是实，依例断没，告人给赏。"[1]

其二，加强对市舶船只船上人员，所载货物及船只大小的登记，并召人作保，使官府便于稽查。《市舶则法》规定："舶商请给公验，依旧例召保舶牙人，保明某人招集到人伴几名下船收买物货，往某处经纪。公验开具本船财主某人、纲首某人、直库某人、梢工某人、杂事等某人、部领等某人、人伴某人、船只力胜若干、樯高若干、船面阔若干、船身长若干。每大船一只止许带小船一只，名曰柴水船，合给公凭。如大小船所给公验、公凭，各仰在船随行。如无公验或无公凭，即是私贩，许诸人告捕，给赏断罪。所载柴水船，于公凭内备细开写，亦于公验内该写力胜若干、樯高若干、船面阔若干、船身长若干，召到物力户某人委保，及与某人结为一甲，互相作保。如将带金银违禁等物下海，并将奸细、歹人回舶，并元委保人及同结甲人一体坐罪。公验后空纸八张，泉府司用讫印信，于上先行开写贩去物货各各名件、斤重若干，仰纲首某人亲行填写。如到彼国博易物货，亦仰纲首于空纸内，就地头即时日逐批写所博到物货名件、色数、斤重，至舶司以凭照数点秤抽分。如曾停泊他处，将贩到物货转变渗泄作弊及抄填不尽，或因事发露到官，即从漏舶法断没。保内人能自首告，将犯人名下物货以三分之一给与充赏。如舶司官吏容庇，或觉察得知，或因事发露到官，定将官吏断罢不叙。所给公验，行泉府司置半印勘合文簿，立定字号，付纲主某人收执，前去某处经纪，须要遵依前项事理。所有公凭小船，并照公验一体施行。"

其三，加强对海外来船的监督管理，不许他们在中途随意停泊、装卸货物，以防范其私贩货物，躲避抽分。《市舶则法》规定："番船、南船请给公凭、公验，回帆或有遭风、被劫事故，合经所在官司陈告。体问的实，移文市舶司，转申总府衙门，再行合属体复。如委是遭风、被劫事故，方与消落元给凭、验字号。若妄称遭风等搬抻船货，送所属究

---

① 《元典章》卷22《市舶》，本目以下引文未注出处者，均见于此。

问断没施行。或有沿途山屿滩屿海岸停泊，汲水取柴，恐有梢碇、水手、搭客等人乘时怀袖偷藏贵细货物，上岸博易物件；或有舶商之家，回帆将到舶司，私用小船推送食米接应舶船，却行辄取贵细货物，不行抽解，即是渗泄，并许诸人告捕，全行断没，犯人杖一百七下，告捕人于没官物内三分之一给赏。仍行下沿海州县，出榜晓谕屿㟪等处，责在官吏、巡检人等常切巡捉，催赶船只，随即起离彼处，不许久停。直至年例停泊如东门山等，具申各处市舶司廉能官封堵坐押，赴元发船市舶司，又行差官监搬上舶，检空船只，搜检在船人等怀空，方始放令上岸。如在番阻风住冬不还者，次年回帆，取问同船或同伴船只人等是实，依例抽分。若便妄称风水不便，转指买卖，许诸人首告，依例断没，告人给赏。"

对于海外来的商船，元政府依据其国所开具的货物种类及重量进行核对抽税。如海外商船回国，也必须在其公验内填写所带去的货物，并不允许他们带去违禁货物。有关部门必须派官负责发卖货物给海外商人，并办理有关事项。《市舶则法》规定："夹带南番人将带舶货者，仰从本国地头，于公验空纸内明白备细填附姓名、物货名件斤重，至市舶司照数依例抽税。如番人回还本国，亦于所坐番船公验内附写将去物货，不致将带违禁之物。仍差谙练钱谷廉干正官，发卖其应卖物货，将民间必用并不系急用物色，验分数互相配搭，须要一并通行发卖，管限四月终了毕。并不许见任官府、权豪势要人等诡名请买，违者许令诸人首告得实，将见获物价尽数没官断罪，于没官价内一半付告人充赏，仍令拘该肃政廉访司体察。"

其四，海外贸易船只启航前，市舶司官吏必须对船只进行检查，确定无违禁货物之后，才能开船。《市舶则法》规定："舶商下海开船之际，合令市舶司轮差正官一员，于舶船开岸之日，亲行检视各各大小船内有无违禁之物。如无夹带，即时开洋，仍取检视官结罪文状。如将来有人告发，或因事发落，但有违禁之物，及因而非理骚扰舶商、取受作弊者，检视官并行断罪。肃政廉访司临时体察。"

其五，在元代海外贸易中，任何出海船只必须持有政府发给的验凭，否则就要遭到处罚。如上文所引，所谓验凭即公验、公凭，其记录出海船只前往贸易的地点、回帆的时间和地点、船上人员、所载货物、船只大小等重要信息，是元政府稽查出海贸易船只的重要依据。因此，任何出海贸易船只如没有持有政府发给的验凭，就是违法行为，必须受到处罚。如《市舶则法》规定："海商不请验凭，擅自发舶船，并许诸人告捕，犯人断罪，船物没官，于没官物内以三分之一充赏，犯人杖一百七下。如已离舶司，即于沿路所在官司告捕，依上追断给赏。""海商贸易物货，以舶司给籍用印关防，具注名析斤数、纲首、杂事、部领、梢工书押，回日以物籍公验纳市舶司。""金、银、铜钱、铁货、男子妇女人口，并不许下海私贩诸番物。如到番国，不复前来，亦于元赍去公验空纸内明白开除，附写缘故。若有一切违犯，止坐舶商船主。"

其六，出海贸易人员必须结成"甲"，互相作保，保内如有一人违法犯罪，其余互保之人也要坐罪。《市舶则法》规定："海商每船募纲首、直库、杂事、部领、梢工、碇手，各从便具名呈市舶司申给文凭。船请火印为记，人结五名为保。"如"召到物力户某人委保，及与某人结为一甲，互相作保。如将带金银违禁等物下海，并将奸细、歹人回舶，并元委保人及同结甲人一体坐罪"。

第四节　钞法思想

元代是中国古代第一个在广袤的幅员中全面使用纸币的王朝。元代对纸币不用宋人的"交子""会子"之类的称谓，而是袭用金人"交钞"的名称。元朝最初只在某些地区发行交钞，到了元世祖时才开始发行"中统元宝交钞"（简称中统钞），形成了全国统一的纸币流通制度。元代禁用金、银，又不铸铜钱（后期曾一度铸造），事实上纸币成为唯一合法

流通的货币。元政府规定：一切交易、支付均完全用钞，"所纳酒醋税、盐引等课程、大小差发，一以元宝为则"①。由于纸币在元王朝经济生活中的这种特殊重要的地位，纸币问题理所当然引起元代朝野人士的普遍重视。人们对纸币问题的议论之广，参加议论的人士之多，在中国古代史上是较突出的。元代在宋、金纸币管理思想的基础上，对纸币管理思想和制度做了进一步探讨和完善，使之达到一个新的水平。

一、 钞本思想

据《元史》卷 93《食货一·钞法》所载，元代发行纸币的钞本先后经历了丝、银、金为本的阶段，其中银是最主要的钞本。"世祖中统元年（1260），始造交钞，以丝为本。每银五十两易丝钞一千两，诸物之直，并从丝例。是年十月，又造中统元宝钞。其文以十计者四：曰一十文、二十文、三十文、五十文。以百计者三：曰一百文、二百文、五百文。以贯计者二：曰一贯文、二贯文。每一贯同交钞一两，两贯同白银一两。又以文绫织为中统银货。其等有五：曰一两、二两、三两、五两、十两。每一两同白银一两，而银货盖未及行云。五年（1264），设各路平准库，主平物价，使相依准，不至低昂，仍给钞一万二千锭，以为钞本……然元宝、交钞行之既久，物重钞轻。（至元）二十四年（1287），遂改造至元钞，自二贯至五文，凡十有一等，与中统钞通行。每一贯文当中统钞五贯文。依中统之初，随路设立官库，贸易金银，平准钞法。每花银一两，入库其价至元钞二贯，出库二贯五分，赤金一两，入库二十贯，出库二十贯五百文……至大二年（1309），武宗复以物重钞轻，改造至大银钞，自二两至二厘定为一十三等。每一两准至元钞五贯，白银一两，赤金一钱。元之钞法，至是盖三变矣。"由此可见，元代发行纸币以丝为钞本的时间十分短暂，仅数个月，即被银所取代。到至元二十四年（1287），元朝廷除以银为钞本外，又增加以金为钞本，从"每花银一两，

① 王恽：《秋涧先生大全文集》卷 80《中堂事记上》。

入库其价至元钞二贯"和"赤金一两，入库二十贯"来看，银和金的比价是1：10。

元代纸币虽以银、金为钞本，以银、金为发钞准备并可和银、金兑换，纸币的"贯"也规定有银、金价值；但事实上纸币并不是在银已成为流通中主要货币的基础上，作为银的代表进入流通的，而仍是从宋、金以钱为本的纸币的基础上发展而来的。在元代商品经济贸易中，银、铁铸币同大额贸易、远途贸易的矛盾难以协调，而国内的银、金产量及输入量又远不能解决这种需要。因此，纸币就作为银、金的价值符号应运而生。如中统钞是银的价值符号，以银价计算。中统钞虽然仍以"贯"为单位，钞面书"贯""文"字样，但朝廷规定"两贯同白银一两"，"每花银一两，入库其价至元钞二贯"①。同时还规定以银为发钞准备，即以银为钞本，中统钞可按规定比价同白银相兑换。各路钞库存储的钞本即准备金，必须应持钞人的要求以银兑换交钞："如有诸人赍元宝交钞，从便却以赴库倒换白银物货，即便依数支发，并不得停滞。每两止纳工墨钞三分外，别无克减添搭钱数"②。

二、 面值思想

元代禁用金银，又不铸铜钱（后期曾一度铸造），民间虽然还沿用前代旧铜银，但事实上纸币是官方发行的唯一合法流通的货币。为了便于零星交易，元代在纸币面值的设计上既有一贯文、二贯文的大面额，又有五文、十文的小面额。如中统元年（1260）十月所发行的中统元宝钞，其面额"以十计者四：曰一十文、二十文、三十文、五十文。以百计者三：曰一百文、二百文、五百文。以贯计者二：曰一贯文、二贯文。每一贯同交钞一两，两贯同白银一两"。至元十二年（1275），元政府因为中统钞面额最小者是十文，不便于民间零星交易，因此"添造厘钞。其

---

① 《元史》卷93《食货一·钞法》。
② 《秋涧先生大全文集》卷80《中统元宝交钞·榜省谕》。

例有三：曰二文、三文、五文。初，钞印用木为版，十三年（1276）铸铜易之。十五年（1278），以厘钞不便于民，复命罢印。"到了至元二十四年（1287），元政府又对至元钞进行改造，其面值"自二贯至五文，凡十有一等"①。

元代纸币在实际流通中，由于民间零星交易数量巨大，因此，面值小的纸币时感不够。如《元典章》云："访闻民间缺少零钞，难为贴兑。今颁行至元宝钞，自二贯至五文，凡一十一等，便民行用。"甚至一些权势之家与库官、库子等管理纸币官吏相互勾结，囤积倒卖小额纸币，从中牟利。这不仅使一般民众受到损害，也使商品贸易、纸币正常流通受到影响。对此，至元三十一年（1294）三月，御史台监察御史建议多发行小面值纸币，以满足零星商品交易的需要："切见至元钞法，自二贯至五文分为一十一等，大小相权，官民甚以为便。即今所在官关到钞本甚多，小钞极少，又为权势之家及库官、库子人等结揽私倒，得及细民者能有几何？致使民间以物易物，及私立茶帖、面帖、竹牌，转相行使，非惟小民生受，亦且涩滞钞法。卑职参详，宜于印造宝钞一十一等料例内，斟酌多降下六料零钞，发付随处官库，仍令提点正官厘勒库官、库子人等常川开库，听从人户随意倒换，毋致权势之家搀倒。所据私立茶帖、面帖、竹牌、酒牌等类，省会合属禁断相应。乞照详施行。"②

元人程文海在《江南买卖微细宜许用铜钱或多置零钞》一文中指出，小面额纸币太少是造成物价上涨、纸币贬值的一个原因："比来物贵，正缘小钞稀少，谓如初时直三五分物，遂增为一钱，一物长价，百物随例。省府虽有小钞发下，而州郡库官不以便民为心，往往惮小劳而不领取，提调官亦置而不问。于是小经纪者尽废，民日困而钞日虚"③。针对这种情况，程文海主张，政府应该允许民间使用铜钱并多发行小面额纸币，

---

① 《元史》卷93《食货一·钞法》。

② 《元典章》卷20《钞法》。

③ 程文海：《雪楼集》卷10《江南买卖微细宜许用铜铁或多置零钞》，台湾商务印书馆影印文渊阁四库全书本。此段程文海言论引文均见于此。

以满足民间零星商品交易的需求。他说："若尽发在官之钱，使民间以钞一贯就官买钱若干添贴使用，其有民间窖藏未入官者，立限出首纳官免罪；如限外不首，私自发掘行用，许邻右、主首诸色人捕告验实，坐以元罪。有诬告者，亦反坐之。试行一二年，如公私果便，永远行用，如其不便，然后再禁，公私亦无所损。如不复用铜钱，更宜增造小钞……宜令增造小钞数倍，常年分降江南州郡，特便细民博易，亦利民重钞之一端也。"从此我们可以了解到，程文海主张政府允许民间使用铜钱也是有条件的使用，即不允许民间使用私藏的前代铜钱，而只允许民间使用以钞向官府购买的铜钱。从程文海主张"宜令增造小钞数倍"来看，当时小面额钱币的缺口是相当大的。

元人胡祇遹则认为，朝廷发行的纸币中，小面额的零钞太少，而民间绝大多数商品交易又是零星的贸易，对小面额的零钞需求量很大，流通领域零钞缺乏，对民间日常商品贸易带来很大的不利影响。因此，他建议，百文以下零钞应占纸币总发行量的十分之七八。他说："近年零钞销磨尽绝，至于百文者亦绝无而仅有，所以元直十文五文之微，增价数倍，交易之间不能割绝，以致即当寄留欺谩涩滞。如诸路钞库关请十分为率，百文以下零钞当发七八分，以救积弊，以便市易。兼交钞所以便于交易者，以其比之丝绢麻布金银缎匹能分能零也。且小民日生旅求升合者十盖六七，图锱铢之利者十盖七八，若无零钞，何以为生，何以为成市？"①

三、 防止纸币贬值思想

中国古代自宋代政府发行纸币之后，物价上涨，纸币贬值就与纸币发行形影相随。在封建专制政权财政收支不平衡时，发行超量的纸币是掠夺民财最方便的工具。宋、金就是如此，当财政出现赤字时，就以发行大量纸币来平衡财政收支，从而走上了恶性通货膨胀的道路。元代在

---

① 《史学指南》（外三种）第202页。

初发行纸币时，重视对发行纸币的管理，纸币价值比较稳定。但不久以后，由于财政入不敷出，纸币发行管理制度逐渐遭到破坏，终于造成日益严重的物重钞轻之势。面对这种情况，元代政府和一些大臣对防止纸币贬值提出了一些应对措施。

1. 国家发行纸币必须有充足的准备金，并承担兑换的责任。元代，中统钞的发行，以银为准备，称为"钞本"。当时，对"钞本"的规定为：

> 随路设立钞库。如发钞若干，随降银货，即同见银流转。据倒到库银，不以多寡，即桩垛各库作本，使子母相权，准平物估。钞有多少，银本常不亏欠。①

宋人在发行纸币中，就已认识到国家发行纸币必须有一定数额的准备金。如北宋末年的周行己就提出：发行交子应"常以二分之实，可为三分之用"②。这就是说准备金如达到纸币发行量的 2/3 就够了。元代对中统钞的发行则要求准备金必须与钞本相等，即达到 100%，这就是"发钞若干，随降银货"，"钞有多少，银本常不亏欠"。中统钞的准备金必须与钞本相等，虽然其做法不尽科学合理，未能充分接受宋人的经验，但从中也可看出，当时朝廷对发行纸币所持的审慎态度，把国家拥有 100% 准备金作为稳定纸币币值的重要保证。

在此认识的基础上，中统五年（1264），朝廷"设各路平准库，主平物价，使相依准，不至低昂，仍给钞一万二千锭，以为钞本"。至元二十四年（1287），"遂改造至元钞……依中统之初，随路设立官库，贸易金银，平准钞法"③。各路钞库存储的钞本即准备金，必须应持钞人的要求以银兑换交钞："如有诸人赍元宝交钞，从便却以赴库倒换白银物货，即便依数支发，并不得停滞。每两止纳工墨钞三分外，别无克减添搭钱

---

① 《秋涧先生大全文集》卷 80 《中堂事记上》。
② 周行己：《浮沚集》卷 1 《上皇帝书》。
③ 《元史》卷 93 《食货一·钞法》。

数。"① 由此可见，中统钞发行初期，同宋、金纸币不同，不是不兑换的纸币，而相当于可兑换的银行券。

至元二十四年（1287）三月，至元钞法规定，纸币与准备金的兑换手续、比价是："依中统之初，随路设立官库，买卖金银，平准钞法，私相买卖，并行禁断。每花银一两、入库官价至元宝钞二贯，出库二贯五分。白银各依上买卖。课银一锭，官价宝钞二锭，发卖宝钞一百二贯五百文，赤金每两价钞二十贯，出库二十贯五百文。今后若有私下买卖金银者，许诸人首告，金银价值没官，于内一半付告人充赏，仍于犯人名下征钞二锭，一就给付。银一十两、金一两以下，决杖五十七下。银一十两、金一两以上，决杖七十七下。银五十两、金一十两以上，决杖九十七下。"② 由此可见，元世祖至元年间依中统钞初发行时的办法，随路设立官库，通过官方买卖金银，兑换纸币，以稳定钞值。其比价是花银一两，入库官价抵至元宝钞二贯，出库官价抵至元宝钞二贯五分；赤金一两，入库官价抵至元宝钞二十贯，出库官价抵至元宝钞二十贯五百文。严禁私人买卖金银，违者依法将买卖的金银没收入官，并根据其买卖金银的不同数量处以不同的杖刑。

元政府在发行纸币初期，为了维护纸币信用，让持币者随时可以兑换到金银，规定官库必须经常开库，不得任意闭库，库中必须随时备有金银兑换。如库中一缺金银，必须迅速报告，户部及时予以调配。至元二十年（1283），御史台咨：奉中书省札付："体知得随路平准行用库官典，往往苟延月日，闭库不行倒换。拟令户部行下各路，须要常川闭库，倒换金银、昏钞。比及倒尽，预为申复关支。各路提点官常切关防，不致停闭。据日逐倒换数目，即便退印，检使料倒。起解日，提点官封记桩入包子，复封开坐钞包字号个数、提点官职位姓名并起纳押解库官姓

---

① 《秋涧先生大全文集》卷 80《中统元宝交钞·榜省谕》。
② 《元典章》卷 20《钞法》。

名，一就申部，仍先入递飞申。平准库亦具一同文解，另申提举司照会。"①

2. 国家应禁止使用银钞和铜钱，防止其对中统、至元钞造成的冲击，使它们贬值。元仁宗继位后，至大四年（1311）四月，颁布诏书曰："昔我世祖皇帝参酌古今、立中统、至元钞法，天下流行。公私蒙利，五十年于兹矣。比者尚书省不究利病，辄意变更，既创至大银钞，又铸大元、至大铜钱。钞以倍数太多，轻重失宜；钱以鼓铸弗给，新旧恣用。曾未再期，其弊滋甚。"② 由于"至元钞五倍于中统（钞），至大（银钞）又五倍于至元（钞）"③，以及民间所藏前代铜钱大量与大元、至大铜钱通用，对中统、至元钞形成巨大冲击，使中统、至元钞"轻重失宜"，大幅贬值。对此，元仁宗在至大四年（1311）四月诏书中"住罢银钞铜钱使中统钞"：

一，至大银钞一贯，准至元钞五贯，该中统钞二十五两。其信益虚，民用弗便。已令住罢印造，应尚书省已发各处至大钞本，截日封贮。民间行使者，赴行用库依例倒换，仍听于中书户部及各处转运司预买至大五年盐引，挨次支查。其余诸色课程、差发，亦仰从便收受，勿致损民。

一，中统钞废罢虽久，民间物价每以为准，有司依旧印造，与至元钞子母并行，以便民用。凡官司出纳、百姓交易，并计中统钞数。

一，钱虽古制，时用不同。比者尚书省所发新旧铜钱，具有缗数。其民间宿藏者，所在充溢，不可胜算。虽畸零使用，便于细民，然壅害钞法，深妨国计。据大元、至大铜钱，诏书到日，限五十日内赴各处行用钞库依例倒换，无致亏损。其历代旧钱，有司所发者

---

① 《元典章》卷20《钞法》。
② 《元典章》卷20《钞法》。
③ 《元史》卷93《食货一·钞法》。

与百姓宿藏既不可辨，仰截日住罢不使。违者治罪。①

元人胡祇遹也认为，在日常商品贸易中，纸币比铜钱更便于携带，因此纸币当比铜钱更有优势。但是，在日常生活中，由于铜钱其本身比纸币更具有价值，因此，如钞法经常改变，信用度不高的话，那铜钱与纸币并用，百姓往往更喜欢选择使用铜钱，从而使铜钱不断升值，而纸币不断贬值。胡祇遹在《宝钞法》中指出："圣人以其丝绢绵布之不可以零分，粟麦百谷之不可以远赍，假二物守之以信，以便交易而已。以优劣较之，则交钞优于铜钱。请以今日之事言之。元宝贯钞行之十有余年，钞法愈实，通利如流水者，以其母行在贯钞独行，无他货以相杂也；一有他货以相杂，便有优劣轻重。铜钱与钞并行，是以他货相杂也。即今前代旧钱销费无几；纵有，当立法一新，亦不可用。铜器亦糜费无多，必当设官置吏，即山冶铜，方得铸造，工本亦不为轻。至于怀挟赍擎，远近交易，不若贯钞之便利。兼钞法通利，钱法必不能相胜，少铸则不能遍及天下，多铸则虚费工本，堆积而无用，徒杂乱钞法。货立二价，渐不为便。亡金风俗，积钱而不积钞，是以钞法屡变而屡坏。盖以钱钞相杂，钱重钞轻，又不能守之以信故也。"②

3. 国家控制纸币的发行量，是防止纸币贬值的一个重要措施。元初陆文圭就指出，"称钞法之策三，一曰住印造"，把停止印发纸币作为防止纸币贬值的第一条措施。他说："今中统之造，五十余年矣。物以少而贵，多而贱，贱则折阅，贵则宝重，此势然也。易之以至元，以五准一，犹云可也；更之以至大，低昂太骤，民听惶惑，已行辄罢，亦势然也。故虑楮之轻，莫若住造，民间鲜得，市价自平；取数既多，后何以继。或虑经用乏阙，则又有说矣。此印造不可不住也。"③ 陆文圭以比较直观的认识，即"物以少而贵，多而贱，贱则折阅，贵则宝重"的道理，来

---

① 《元典章》卷 20《钞法》。
② 《史学指南》（外三种）第 198 页。
③ 《墙东类稿》卷 4《流民、贪吏、盐、钞法四弊》。

说明要使纸币不贬值，莫若停止印发纸币，市面纸币少了，自然就会升值了。

王恽则从钞（纸币）与钞本（准备金）的关系来阐述纸币的发行如超出其准备金，就会导致纸币的贬值，这无疑在理论上比陆文圭深刻了。王恽指出："其钞法初立时，将印到料钞止是发下随路库司换易烂钞，以新行用外，据一切差发课程内支使，故印造有数，俭而不溢，得权其轻重，令内外相制以通流。钱法为本，致钞常艰得，物必待钞而行，如此，钞宁得不重哉？今则不然，印造无算，一切支度虽千万锭，一于新印料钞内支发，可谓有出而无入也。其无本钞数，民间既多而易得，物因涌贵而难买，此致虚二也。"基于这种认识，王恽主张用银回笼纸钞，减少民间所持有的纸钞，纸钞自然就会升值。他说："今谓救其虚，莫若用银收钞，大路止用得课银一二千余锭，小处一二百锭，民间钞俭，必须将银赴库以倒换钞货，是钞自加重，银复归于官矣。"①

4. 厉行节俭务农，可抑制纸币的贬值。元初的陆文圭、胡祗遹都有抑制纸币贬值的类似主张。如陆文圭在《流民、贪吏、盐、钞法四弊》一文提出"称钞法之策三"，其中"二曰节用度，三曰禁侈奢"。具体而言，陆文圭认为当时朝廷用度开支太大，是导致纸钞贬值、物价上涨的一个重要原因，所以必须节省朝廷用度。他说："朝廷初平中夏，是时未有钞法，贸易不过丝银，科差以是为准，宫府创立制度一新，征伐四出，调度繁兴，未闻有乏财之忧也。江南既平，库藏充溢，金帛如山，而用之者舒矣。外而四方之朝聘，内而千官之俸秩，近而诸司之侍卫，远而边庭之供亿，日增月盛，时异事殊，而况赏赐滥及于俳优，营缮力殚乎工木，商舶市宝价莫得，名藏室翻，经费不胜计。山林莫供于野烧，海水终泄于尾闾，桑谷渐空，工役方急，楮轻物重，职此之由。真人践阼，躬履节俭，力改前非，然财散不可复收，弊久未能损革，此用度不可不节也。"王恽还认为当时社会奢侈成风，衣食无度，也会导致纸币贬值、

———————————

① 《秋涧先生大全文集》卷 90《论钞法》。

物价上涨，因此必须禁奢侈。他说："今倡优得为妃后之饰，皂隶可僭公卿之服，涂金织翠，佩玉曳缟，物直如之何而不穷？古者游末有禁，务农为上，今鸣钟鼎食，酾酒刲羊，何曾下箸万钱，不足毛仲请客。百事皆备，财产如之何而不耗？今世以豪侈相尚，俗以淫靡相煽，上行下效，风流波漫，惟其取之无术，用之无艺，是以生者莫给，作者莫供，盖钱陌轻微、百物腾踊之害小，而工贾得志、兼并伤农之害大，此奢侈不可不禁也。"①

胡祗遹也认为，当时农业凋敝，衣食匮乏，是导致纸钞贬值、物价上涨的重要因素："方今之弊，民以饥馑奔窜，地著务农者日减日消，先畴畎亩抛弃荒芜，灌莽荆棘何暇开辟……生之者寡，食之者众，物安得而有余哉？由是观之，五谷衣帛常苦于不足，不足则不得不贵。失胎无母之钞十已六七，加以川流海溢，泛滥四出，已苦于有余，有余则安得不贱？为今之计，可敛者钞而无法以敛，可增者农而无法以增，饥寒日用之物日益不足，权信之楮币日益有余，贵者益贵，贱者益贱，虽使桑弘羊、刘士安之徒复出，亦无以为计矣。"② 当时有人提出："改印新钞，一当旧五，期年之内，旧钞自废，钞与百物适平。"胡祗遹则反对这种做法，认为政府发行纸币，最重要的是要对民众讲信用，如失去信用，以新钞一当旧钞五使用，就会导致拥有大量纸钞之家破产，拥有粟帛之家不进行交易，最终于农工、于国家都没好处。这就是："钞代百物之交易，所恃者信而已；一失其信，民莫之从。新旧均为之钞，何优何劣……以新换旧，徒失其信。积钞之家不胜其损，破家坏产；粟帛之家不肯从贱，或至闭籴。愚恐农工两受其祸，无益于国。"因此，他主张，要使物价下降、纸币升值的最有效办法："上策莫若务农，务农则地无遗利，粟麦布帛如水火，斗米三钱，其祥自至……为农者众，布帛五谷丰足，百物之价不劳估计均平而日自减贱。不妄费赏赐，支发兼以银两粟

---

① 《墙东类稿》卷4《流民、贪吏、盐、钞法四弊》。
② 《史学指南》（外三种）第195—196页。

帛，则钞价日实。"①

胡祇遹还认为物价上涨、纸币贬值与风俗奢淫有关："风俗奢淫于下，妄费谷帛。谷帛妄费则实用之物不足，不足则物价日增，物价增则钞日益虚。"② 因此，他又建议："向之耗坏钞法之弊，如立总回易库，诸路行钱，以钞贵买诸物，买金换银，良马美女奇珍异货之贿赂贡献，今皆革去。但能节用务农，戒奢侈，去浮冗，抑游惰，只此数条，不惟实钞，一举而数得，实天下无穷之福。"

总之，胡祇遹通过务农增加日用之物的供给，通过节用、戒奢侈减少对贵重奢侈品的需求，从而达到降低物价、升值纸币的目标。正如他所总结的："行钞之法，钞为子而百货为母，母子相守，内外相应，货重而钞轻则敛钞，钞重而货轻则收货，一弛一张，权以取中，母子既以信相应，钞货价平而不偏，如此则虽行之于万世而无弊。"③

四、 严禁伪钞思想

古代由于防伪技术的限制，纸币还是易于作伪的。为了严禁伪钞，封建国家主要通过制定法律，对造伪者予以严厉惩罚，以达到严禁伪钞的目的。元代也不例外，至元二十四年（1287）三月，至元钞法规定："伪造通行宝钞者处死。首告者赏银五锭，仍给犯人家产。"④

至大四年（1311）四月，仁宗即位初，颁布"住罢银钞铜钱使中统钞"诏书中较具体详细地规定了对制造伪钞、买使伪钞、知而不首者的处罚，以及对告发伪钞、捕获伪钞者的奖赏。兹节录如下：

一，诸伪造宝钞，首谋起意之人并雕版、抄纸、收买颜料、书填字号、窝藏印造，但同情者，并行处死，仍没家产，会赦不原。

一，挑剜裨凑宝钞，以真作伪者，初犯，杖一百七下，徒一年。

---

① 《史学指南》（外三种）第 196 页。
② 《史学指南》（外三种）第 203 页。
③ 《史学指南》（外三种）第 197 页。
④ 《元典章》卷 20《钞法》。

再犯，断罪流远。

一，买使伪钞者，初犯杖一百七下。再犯断罪，加徒一年。三犯依上科断，流远。

一，印造伪钞，两邻知而不首者，杖七十七下。坊里正、主首、社长失觉察，并巡捕军兵各决四十七下。捕盗正官及镇守兼巡捕军官，各决三十七下。未获贼徒，依强盗例捕限缉捉。

一，告获印造伪钞者，赏银五锭，仍给犯人家产，应捕人减半。告捕挑剜裨凑者，赏中统钞十锭，犯人名下追给。应给而不给者，肃政廉访司纠察。

一，诸造伪钞，其事未发自首者，除其罪。能自捕获同伴者，减半给赏。①

元代严禁伪钞的法律条文有以下4点值得注意：一是为了切实全面地严禁伪钞，法律所涉及的惩罚对象相当广泛。如在惩罚"伪造宝钞"罪中，涉及的罪犯有"首谋起意之人"，即主谋者；"雕版"，即雕刻印制伪钞木版者；"抄纸"，即生产提供印刷伪钞纸张者；"收买颜料"，即生产提供印刷伪钞油墨、彩墨者；"书填字号"，即为伪钞填写字号者；"窝藏印造"，即窝藏那些印刷好的伪钞者；"同情者"，即除上述参与印制伪钞者外，其余与此情况相同的或相似的参与者，统统处以相同的刑罚。元代之所以在惩罚"伪造宝钞"罪中涉及罪犯如此之多，意在从印制伪钞的主谋策划领导环节、雕刻印制环节、提供纸张和颜料环节、填写字号环节、窝藏伪钞成品环节以及其他有关环节，不遗余力地通过严惩加以威慑制止。二是印制伪钞者之所以甘冒杀身之祸，铤而走险，其目的是获取巨额的经济收益。元政府通过对"买使伪钞者"的惩罚，使民众不敢购买、使用伪钞，从而遏制伪钞在社会上的大量流通，维护国家经济利益。三是为了使印刷、购买、使用伪钞者无处藏身，元政府在立法中一方面对知情而不向政府告发的左邻右舍，同坊间的里正、主首、社

---

① 《元典章》卷20《钞法》。

长以及负责巡捕印制、使用伪钞者的官兵加以惩罚，另一方面对向政府告发印制、使用伪钞者的民众，成功捕获印制、使用伪钞者的官兵，予以奖赏。甚至对于原参与印制伪钞的罪犯，只要在官府发觉此案之前自首的人，均免除其罪；对不仅自首，还能捕获同案罪犯者，则减半给予奖赏。从而使企图印制、购买、使用伪钞者处于严密的人人监督之中，而不敢轻易以身试法。四是元政府根据伪钞犯罪或与犯罪相关者的不同性质，处以各种等级不同的刑罚。如：首先，对印制伪钞中的"首谋起意之人"，雕刻印制之人，提供纸张、颜料之人，填写字号之人，窝藏印造之人以及其余与此情况相同或相似的参与者，均处以死刑，并没收其家产，即使遇到大赦之年，也不予赦免。因为这些印制伪钞参与者是性质最严重的犯罪，是伪钞犯罪出现的根源，因此，必须通过严惩从源头上加以制止。其次，"挑剜裨凑宝钞"虽然也属于伪钞犯罪，但是这在性质上是"以真作伪者"，即将政府发行的真钞"挑补钞的，一两挑补做二两、五钱挑补做一两使的"①，其犯罪性质是把真钞上的面值通过"挑补"作伪改大，不如完全印制伪钞严重，因此，仅处以"初犯，杖一百七下，徒一年；再犯，断罪流远"的刑罚。再次，"买使伪钞者"，其犯罪性质显然又轻一等，因为其不是伪钞的印制者，而只是使用者，因此处罚轻于前两者，"初犯杖一百七下。再犯断罪，加徒一年。三犯，依上科断，流远"。最后，最轻的处罚分别是"知而不首者，杖七十七下"，而那些坊里正、主首、社长"失于觉察"，巡捕官兵"未获贼徒"，同属于失职，故处罚更轻，分别处于"决四十七下""决三十七下"等。

五、 倒换昏钞思想

元代，所谓昏钞，就是指在流通过程中损坏破烂的纸钞。对于这些昏钞，元代制定了一系列倒换的措施。至元二十四年（1287）三月，《至元宝钞通行条画》规定："民间将昏钞赴平准库倒换至元宝钞，以一折

---

① 《元典章》卷 20《钞法》。

五，其工墨钱止依旧例，每贯三分。"① 这就是说，元代昏钞倒换新钞，按 5：1 的比例兑换，另加工墨钱 3 分。

元政府在倒换昏钞的规定中，首先对需倒换的昏钞做了详细明确的界定。如果纸钞面值清晰，只是稍微有些破损者，一般不予倒换，并令行用。至元十五年（1278）六月，行中书省称："体知得街市买卖人等，将贯伯分明、微有破损宝钞依前不行接转。及各处平准行用钞库所倒昏钞，尽是贯伯分明、堪以行使宝钞，盖是本库官典不为用心行运钞法，以致如此。省府相度，须合再行出榜晓谕，诸行买卖人等今后行使宝钞，虽是边栏破碎，仍存贯伯分明，即便接受，务要通行流转，不致涩滞钞法。若有似前将贯伯分明微有破软钞数，不肯接受行使，告捉到官，严行治罪。及将堪中行用宝钞赴库倒换，仰库官人等亦不得回倒。如库官人等却将堪中行用宝钞倒换，定将官典断罪施行。"② 这里，元政府明确规定纸钞面值贯伯分明、只是微有破损的纸钞，必须继续使用流通。如果民众拒绝使用，或官吏将还可使用的纸钞倒换新钞，都必须受到法律的制裁。

元代在倒换昏钞中一个关键的环节就是认定破损昏钞是否符合倒换条件。据《元史》卷 93《钞法》记载："大德二年，户部定昏钞为二十五样。"这"二十五样"就是昏钞倒换体例，十分具体详细地规定了 25 种昏钞破损情况，以及各种情况是否符合倒换条件。《元典章》卷 20《钞法》所保存的倒换昏钞体例 25 样，林林总总，篇幅较长，归纳起来，其最主要的衡量昏钞是否倒换的标准是看昏钞上是否保存面额的大小，即所谓"贯伯俱全""字贯分明""字贯可以辨认"；否则，如果昏钞其余部分保存再好，再完整，而"贯伯""字贯"部分损毁或不清晰，均不能倒换。因为纸币的核心就是由其面额来决定在市场流通的价值，所以，在代表面额的"贯伯""字贯"中，数目字又是最重要的。此外，如前所

---

① 《元典章》卷 20《钞法》。
② 《元典章》卷 20《钞法》。

述，"挑剜褙凑宝钞，以真作伪者"就是将昏钞中数目字挖补到另一面额较小的真钞上，将面额较小的真钞当大面额真钞使用，并将挖去数目字的昏钞再拿到官府换取新钞。为了防止"挑剜褙凑宝钞"这种犯罪行为，元政府规定，即使昏钞其余部分都完整、齐全，但没有数目字，或数目字损毁辨认不清，也一律不准倒换。由于《元典章》卷20《钞法》所载"倒换昏钞体例"篇幅较长，兹不全文录引，仅节录25样中数样以资说明：

一样：止存"二""文"二字，其"贯""省"二字并贯伯下截纸张俱各损去。——前件，议得：使钞当以数目字为主。若"二"字既在，其"贯""省"二字并贯伯下截纸张虽各损去，终有"二"字完全，可以倒换去之。

一样：损去"二"字近上一半，并近上钞张不存，余皆可以辩验。——前件，议得：前年有接补、剜挑、造伪者，往往将"二"字、"一"字移于五伯、三伯文钞纸上，作二贯、一贯钞使，又存"文省"二字，及钱贯边栏尚不失元母。虽是真钞，终是造伪，以致事败，枉伤人命。今后若无数目字，虽是真钞，似难倒换。

……

一样："文省"二字并贯伯左边一半俱各损去。——前件，议得：使钞多凭数目字。既存"二"字，虽"文省"二字并贯伯左边一半损去者，亦合倒换。

一样：止损"二"字并一角钞钱，其"贯文省"三字并贯伯完全。——前件，议得：此钞若便作不堪，却缘是真昏钞，又贯伯完备。若拟作堪中钞两，奸人乘便，或将完钞扯"二"字一角，接于他处用度。倘或事发陷人，临时相视，前项软烂真昏，擦磨损去"二"字并一角，字画微有可辨认处，尚可倒换。若厚硬钞纸无"二"字并一角者，即系剜去"二"字，不可倒换。

……

一样：碎烂补作一处，用别纸衬贴，字贯可以辨认。——前件，

议得：虽是碎烂补作一处，若非别纸钞张，又无裨凑痕迹，元是一
张，字贯可辨，堪以倒换。

一样：昏钞，纸张边角有火烧烟熏痕迹。——前件，议得：若
无行用库退印，字贯分明，虽是钞纸边角有火烧痕迹，可以倒换。

为了便于民众倒换，节省管理成本，元政府简化倒换昏钞手续，精
简倒换昏钞机构，废罢州郡钞库43处及多余官典，将倒换昏钞事务归各
处掌管课程的茶盐运司官、路府州县提点官兼职负责："江南镇店，买卖
辏集，每倒昏钞，直须远赴立库去处倒换，不惟钞法涩滞，或被盗失事，
于民不便。若许令课程内收受昏钞，带收工墨，随解本管上司，令办课
官赴库续倒好钞纳官，公私便当。外，州郡见设钞库四十三处，将近下
库分并罢，革去冗设官典，省减俸钱，一举兼得数利……今后应据诸处
差发、课程，许受昏钞，每两依例带收工墨二分，委自各处茶盐运司官，
路府州县提点正官厘勒当该官典人等，不得多收工墨。如违，追陪（赔）
断罪。"①

元政府对倒换的昏钞，还要统一集中烧毁。至元二十二年（1285），
元政府规定："所倒之钞，每季各路就令纳课正官，解赴省部焚毁，隶行
省者就焚之。"② 为了防止昏钞在烧毁前被人偷盗重新使用，或挖去其中
的面额数字、贯伯文字等接补于其他纸钞上，大德五年（1301）四月，
元政府规定："各路平准行用库倒换昏钞，随即使讫退印，配成料例，库
官检数，别无挑剜、接补、诈伪、短少，提调正官封记，每季不过次季
孟月十五日已里，就委起纳课程官，将引行用库官、库子，一同管押起
运，前来烧纳。"③ 这就是对倒换到官的昏钞，行用库首先立即加盖退印
注销，库官清点数目，并检查昏钞上是否有挑剜、接补、诈伪、短少等
不法行为，然后提调正官将昏钞封存标上印记，每季于次季第一月十五

---

① 《元典章》卷20《钞法》。
② 《元史》卷93《食货一·钞法》。
③ 《元典章》卷20《钞法》。

日之前，起纳课程官会同行用库官吏一同押运省部烧毁。

为了禁止不法官吏在倒换昏钞中多收工墨钱、侵盗昏钞或挑剜、接补等犯罪行为，元政府制定了有关法律条文，对此进行惩罚。至元十九年（1282）十月，《整治钞法条画》规定："钞库内倒换昏钞，每一两取要工墨三分，不得刁蹬，多要二本。库官、吏人等令人于街市暗递添搭工墨，转行倒换，一十两以下决杖五十七下，一十两之上决杖七十七下，一锭之上决杖一百七下、罢职。两相倒钞之人同罪。于犯人名下追钞五锭，给付捉事人充赏。专委管民官常切提调，如不用心提调，治罪施行。""收倒钞，当面于昏钞上就使讫毁印，封记，将昏钞每季解纳。如不使毁印者，决杖五十七下，罢职。"①

至元二十九年（1292），御史台根据当时发生的将倒下昏钞不使退印，同谋分使，"收受接补剜挑伪钞、倒出好钞，又侵借钞本、多收工墨"，"买嘱监视烧钞人员，虚行作数"等多起案件，重新强调对倒换昏钞、烧毁昏钞中不法行为的防范与惩罚：

一，凡遇诸人以昏钞易换料钞，照依已行辨验无伪，必须随即用讫退印，依例收倒。本路提调正官不测检校，若收到昏钞内但有不使退印者，库官取讫招伏申部，库子人等就便断罢。提调官循情不理及违慢不行者，廉访司官取招，申台呈省。

一，每遇起纳合烧钞数，须提点官检闸无差，监视装发，直至合烧处所。若被委官员不为用心关防检察，致有盗诈情弊别因，事发到官，凡所由当该官员，并行取招论罪。

一，行用库倒换昏钞，每贯例除工墨三分，不得刁蹬人难，涩滞钞法。势要人等结揽者，依条痛断。库官违犯，断罪除名。所在廉访司常切体察。

一，平准钞库应有见在金银、宝钞，各路总管并各处管民长官照依元降条画，上下半月从实计点。但有移易借贷违法事理，取问

---

① 《元典章》卷20《钞法》。

明白，申部呈省。长官差出，次官承行。如无争差，亦须每季一次保结开申。①

御史台在此重申了朝廷在倒换昏钞中的 4 项禁令：一是对倒换到官府的昏钞，必须随即加盖用讫退印注销，否则，提调官、库官、库子等有关官吏必须受到惩罚。二是对于押运省部等地烧毁的昏钞，提点官必须认真清点，监视装运，直到烧毁地点。如提点官不认真负责，发生盗窃昏钞等事情，必须受到惩罚。三是倒换昏钞时，官吏不得刁难勒索，多收工墨钱，否则，违犯官吏则要受到惩罚。四是平准钞库的金银、宝钞等，各路总管和管民长官必须每半个月核点一次，禁止挪用借贷，否则，必须受到惩罚。

六、 郑介夫的钞法思想

元人郑介夫在钞法方面提出了一些与当时主流思想颇不相同的观点，虽然不尽正确，但视角比较独特，见解新奇、大胆，故此另立一目介绍。

1. 建议印制大德新钞以解决纸钞的贬值问题。母子相权论是古代重要的货币理论，早在春秋时期，单旗就已把它们用来分析货币问题了。最初，"母子"的说法只是被用以说明大小不同的金属货币之间的关系，并无主辅币之别。南宋杨万里却用"母子"来说明金属货币同纸币的关系，这一用法使母子相权论有了发展，即母与子异质，它们不是同一材质货币的大小不同的形制；子从母生，即纸币是由金属货币衍生的。

元人郑介夫对前人的母子相权论又做了新的解读："天下之物，重者为母，轻者为子；前出者为母，后出者为子。若前后倒置、轻重失常，则法不可行矣。"② 他根据这一理论，指出后出至元钞以一贯相当于前出中统钞五贯，是"以子胜母，以轻加重"，本末倒置，所以导致至元钞法混乱，纸币贬值。因此，这种以印发新钞来解决旧钞贬值的做法是行不

---

① 《元典章》卷 20 《钞法》。

② 《历代名臣奏议》卷 67，此目郑介夫言论引文，均见于此。

通的。他说："国初以中统钞五十两为一锭者，盖则乎银锭也，以银为母，中统为子。既而银已不行，所用者惟钞而已，遂至大钞为母，小钞为子。今以至元一贯准中统五贯，是以子胜母、以轻加重、以后逾前，非止于大坏极弊，亦非吉兆美谶也。今物价日贵，钞价日贱，往年物值中统一钱者，今值中统一贯。如至元钞五厘与一分，买不成物，街市之间，无所用焉。久而不革，则至元一贯仅值中统一钱，物值钱而钞不值钱，将见日贱一日，而钞法愈见涩滞。此弊之一，所宜急救也。"他批评："昔右丞叶李请造至元钞，谓中统一张，仅可一张之用，若以至元一张抵中统五张，一岁造钞之费无所增益，自可获五倍之利，以此唉国，遂行其说，岂知遗弊至于今日，钞价既贱而伪造更广，数年之后，至元一张止可当中统一张，国家未见其利，民间不胜其害，实为误国之谋。而当时遽以为信，迄今不觉其非，亦可怪也。已闻言者请以大德钞一贯准至元钞十贯，即叶李之策也，若如所言，则他日至元之弊，尤甚于中统矣！"因此，他建议印制发行比至元钞"轻"的大德新钞为"子钞"，来升值至元"母钞"："当今救弊之策，宜增造大德新钞，与至元钞兼行。大德五贯或二贯，准作至元一贯，明以大德易中统，不过扶至元之轻，以整一时之弊，钞母既起，则物价自平矣。"

2. 主张昏钞不予倒换。郑介夫认为，纸钞在使用流通中破损是正常的，不必予以倒换。倒换昏钞只是使城市中一小部分人能够倒换，而对于大多数偏远地方的百姓来说，根本无法倒换。倒换的昏钞被烧毁，其中也烧掉了一些还可使用的昏钞，这是一种浪费，并使民间纸钞日益减少。因此，倒换昏钞于国于民都不利。他说："每岁发出钞本，倒换昏钞，止收三分工墨，可谓巧于利国，廉于取民矣。殊不知一贯出，一贯入，钞行民间，仅有三分，而民间之钞反损三分也。且钞在天下，昏烂则已，何必倒换，于古亦无倒换之法。兼倒钞之便，止是城市间一簇人烟得济。若各县百姓散居村落僻远之地，去城数百里，得倒换者绝少，未尝便于小民也。且所倒昏钞，既皆付之丙丁，则钞本尽成虚舍矣。况外路倒换到合烧之钞，贯伯分明，沿角无缺，京都之下，称为料钞，一

归煨烬，诚为可惜。今但知可得工墨三分之利，不悟虚舍本钞九钱七分之害，于国于民，两有所损。将见日少一日，而民间愈无钞可用。此弊之二，所宜急救也。"有鉴于此，郑介夫主张："每岁发出各省，勿令倒换，就支作官吏俸钱、和买丝料等用，却以民间所出夏税折粮、课程、赃罚诸名项钱，起解大都，以供支赏赐及随朝俸给，庶国家钞本俱为实用，而钞散天下，民亦无损，行之数年，民间之钞不可胜用矣。"

3. 铸铜钱以通钞法之滞，铜钱与纸钞相辅而行。元代不铸铜钱（后期曾一度铸造），并禁止民间流通前代铜钱，事实上，纸币是唯一合法流通的货币。对此，郑介夫不以为然，主张铜钱与纸币应该相辅而行："钞法既正，更议铸铜钱法，使辅钞而行，则国家日富，百姓日殷，隆古至治，将复见之。若造新钞而不行铜钱，则钞易坏烂，损之多而益之少，决难经久。造铜钱而不行新钞，则至元太过，恐一旦行之，轻重相悬，不以为便，二者不可偏废也。"他认为，铜钱作为货币，有纸币不可替代的优势，因此不能废除。具体而言，有以下 3 个方面：

其一，铜钱不易为盗贼所携带，在流通中也不易损坏。他指出："夫铸铜为钱，乃古今不易之法，盗贼难以赍将，水火不能销灭，世世因之，以为通宝。"而与此相反，"如一岁造钞一百万锭，五岁该五百万锭。纸之为物，安能长久，五年之间，昏烂无余，逐年倒换，尽皆烧毁，则五百万锭举为乌有，所存者仅工墨钞十五万锭而已。如一岁造铜钱一百万，散在天下，并无消折，岁累一岁，布流益广，虽亿千万年，犹同一日，所谓钞为一时之权宜，钱为万世之计也。"

其二，铸造铜钱成本高，获利小，所以民间盗铸少；而印制纸币成本低，获利大，所以民间伪造纸币猖獗。他指出："铸钱无利，所以能久，正谓费本之多，故民间盗铸者少。然国课自有见铜，以铜价计之，亦不至于大费工本。惟钞用本之轻，故伪造者纷然，立法虽严，终莫能戢。今天下真伪之钞，几若相半。如不之信，但以中统钞通而计之，自初造至住造该若干，倒换已烧该若干，便可知矣。"

其三，铜钱便于民间贸易，于国于民都有利。他指出："夫国家输

运，则钞为轻费；百姓贸易，则钱为利便，二者相因而未尝相背。"具体而言，郑介夫认为，如使用铜钱对国对民有三便，如不使用铜钱对国对民有三不便："今用钱之便有三：一则历代旧钱散在民间，如江浙一省，官库山积，取资国用，可抵天下周年之税，非为小补。二则市廛交易，不烦贴换，虽三尺孤童，亦可入市，免有挑伪昏烂疑认之忧。三则国之所出者，钞也；民之所出者，货也。钞以巨万计，国不可以得民货；货以畸零计，民不可以得国钞。若使畸零之货可易铜钱，则巨万之钞自然流通，此国与民之两便也。禁钱之不便亦有三：一则见有废钱日渐消毁，随处变卖，镕化为器，灭弃有用之宝，沦为无用之铜，深为可惜。二则市井懋迁，难以碎贴，店铺多用盐包纸摽，酒库则用油漆木牌，所在风俗皆然。阻滞钞法，莫此为甚。三则商贾往来，途旅宿食，无得小钞，或留质当，或以准折；村落细民出市买物，或背负谷粟，或袖携土货，十钱之货，不得五钱之物，或应买一钱之物，只得尽货对换，此则农商工贾之通不便者也。以三者之便兼以三者之不便，固知铜钱诚不可废也。"郑介夫还以当时南方地区民间使用前代铜币交易的事实来说明铜币在民间贸易中所带来的便利之处："今民间所在私用旧钱，准作废铜行使，几于半江南矣。福建八路纯使废钱交易，如江东之饶、信，浙东之衢、处，江西之抚、建，湖南之潭、衡，街市通行，颇是利便。"因此，郑介夫提出了具体流通铜币的措施："参酌古今，若以铜钱一百文准中统钞一贯一分一钱，极为酌中，亦与钞文内贯形相符。今铜价一斤，该中统钞一贯五百。每一斤铜可铸钱一百六十个，则钱与铜价亦相等，自无伪铸之弊矣。兼各处炉冶器具已有规，可复鼓铸。除见管外，仍设官旋造，严禁民间擅铸铜器，见存之铜，足可尽用。铜坑所出，更无尽藏。将见国家日富，百姓日殷，太平盛观，何以加此，此特言用钱之利而已。"

4. 建议以纸为钞改为以绢为钞，用于长途大额交易，这样既不易破损，也不易作伪。郑介夫指出，元代发行流通纸币的一个严重弊端就是伪钞猖獗，元政府虽然制定严刑峻法予以严禁，但巨大的利益诱使不法

之徒铤而走险，使伪钞屡禁不绝。"今民间之钞，十分中九皆伪钞耳。伪钞遍满天下，而朝廷略不动念，不知谋国之臣何如其用心也。且如一年造钞二百万锭，发出各省倒换，举化为灰，止存工墨钞三十万锭而已。今民间富家巨室、庸僧缪道、豪商巨贾，一家所藏，有不啻三十万锭者，合而言之，箱箧畜（蓄）藏，何止百千万亿计，非伪钞而何？善为伪者，与真无异，虽识者莫能辨。或有败露到官，乃造之未善不堪使用者耳。愚尝留杭见买卖者就库倒出料钞于店户使用，反复观之曰：'此伪钞也。'试代以伪反忻然而受之，杭人习于市易尚不能辨，况乎乡落小民哉！昔在仕途尝推问伪钞公事，犯者谓一锭工本可以造钞数百锭。获利如此，人安得不乐为之，虽赴蹈汤火，亦所不顾"。鉴于这种情况，郑介夫建议："如欲用钞，必须改法，宜仿古用币之意，以绢为之。国家立局置匠起机，依钞样织成方幅，每贯自为一张，约以尺二长、七寸阔，四围边幅俱全，其贯文就机织成，却以五方印色关防之……（青、红、白、黑、黄）五色备具，非民间可得之物，虽欲伪为，将焉用之？然织者可作大张，难制小幅，零用自有铜钱，不必小钞，若朝廷出纳，则代以轻赍。此即子母相权之说，一则可以数十年不坏，二则伪造者不得为之，三则免倒换烧毁之烦。行之数年，成多损少，其钞自不可胜用矣。立法之善，无出于此。"

第五节　劝课农桑和学校教育思想

一、　劝课农桑思想

（一）　以农桑为本思想的确立

蒙古族在进入中原之前，是逐水草而居的游牧民族。正如《元史》卷93《食货一·农桑》所云："太祖起朔方，其俗不待蚕而衣，不待耕而

食，初无所事焉。"他们对汉族地区的农耕生产是不了解的，更不懂得农耕生产对中原地区社会经济生活的决定性作用，以及对蒙古贵族巩固其中原统治秩序的重要影响。因此，当蒙古军队征服中原伊始，就有些人根据游牧民族的思维，主张从耕地上驱逐汉族农民，把耕地均变为牧地，用以放牧，变农耕生产方式为游牧生产方式。其中最著名的就是成吉思汗手下的蒙古贵族别迭所提出的"汉人无补于国，可悉空其人以为牧地"①。

在中国古代，汉族的农耕生产方式无疑先进于蒙古的游牧生产方式，而且也适合当时的中原地理条件。因此，如在中原强制以落后的蒙古游牧生产方式取代先进的汉族农业生产方式，将是对社会经济造成巨大破坏的倒退。在这种历史背景下，一些有识之士以超人的胆略，敢于同蒙古贵族中坚持落后的游牧生产方式，排斥和破坏被征服地区先进经济和文化的当权人物展开斗争，以蒙古君主容易理解、接受的方式和语言婉转陈辞，向其说明中原地区农业经济有雄厚的财力支持蒙古军队进行大规模的征服战争。如大臣耶律楚材针对别迭等人所谓"可悉空其人以为牧地"的言论，上奏太祖成吉思汗曰："陛下将南伐，军需宜有所资，诚均定中原地税、商税、盐、酒、铁冶、山泽之利，岁可得银五十万两、帛八万匹、粟四十余万石，足以供给，何谓无补哉？"② 不言而喻，耶律楚材向成吉思汗表明中原的农业经济并非像别迭等人所言"无补于国"，而恰恰相反，这一地区的地税、商税、盐、酒、铁冶、山泽所提供的财政收入，远远超过游牧经济的收入，足以供蒙古军队南伐所需。后来，事实证明耶律楚材的观点是正确的，中原农业经济"能使国用充足"。耶律楚材因此得到成吉思汗的重用，被任命为中书令，他的重视农桑思想和保持中原先进的汉族农业经济的努力取得了初步成功。

元代以农桑为本的思想在元世祖即位后得到确立，史称："世祖即位

---

① 《元史》卷146《耶律楚材传》。

② 《元史》卷146《耶律楚材传》。

之初，首诏天下，国以民为本，民以衣食为本，衣食以农桑为本。于是颁《农桑辑要》之书于民，俾民崇本抑末。"① 此后，元世祖采取了一系列的政策和措施，提倡和发展农业生产。中统元年（1260），元世祖"命各路宣抚司择通晓农事者，充随处劝农官。"中统二年（1261），"立劝农司，以陈邃、崔斌等八人为使"②。至元七年（1270）"特设司农司，劝课农桑，兴举水利。凡滋养栽种者，皆附而行焉。仍分布劝农官及知水利人员，巡行劝课，举察勤惰。委所在亲民长官不妨本职，常为提点。年终通考农事成否，本管上司类申司农司及户部照验。任满之日，于解由内明注此年农桑勤惰，赴部照勘，以为殿最。提刑按察司更为体察，期于敦本抑末，功效必成"③。由此可见，元世祖提倡和发展农业生产的措施是首先颁布《农桑辑要》，广为宣传农业生产的重要性，引导民众崇本抑末，并通过《农桑辑要》使民众学习先进的农业生产知识和技术，用于农业生产之中。其次设立组织、领导农业生产的专门机构。起初只是各路宣抚司设劝农官，后又设专门机构劝农司、司农司，专掌农桑水利。再次，指派劝农官及知水利人员巡行郡邑，考察地方州县农业生产情况，以此作为考核地方长官政绩的主要依据，分别评出等级进行赏罚。最后，命令提刑按察司加以监督审查，以保证发展农业生产的政策和措施的贯彻实行，使其真正收到实效。

至元三十一年（1294）四月，元政府颁布命令，重申以农为本的治国方略，禁止农耕时役使农民，规定军队如纵放军马啃食、践踏庄稼桑果造成损害的，必须予以赔偿："国用民财，皆本于农。所在官司，钦奉先皇帝累降圣旨，岁时劝课。当耕作时，不急之役一切停罢，无致妨农。公吏人等非必须差遣者，不得辄令下乡。仍禁约军马不以是何诸色人等，毋得纵放头匹，食践损坏桑果田禾，违者断罪倍还。"④

---

① 《元史》卷93《食货一·农桑》。
② 《元史》卷93《食货一·农桑》。
③ 《元典章》卷2《劝农桑》。
④ 《元典章》卷2《劝农桑》。

在元世祖确立以农桑为本的治国方略中，大臣刘秉忠发挥了重要的作用。刘秉忠作为元世祖手下"参帷幄之密谋，定社稷之大计"①的心腹谋臣，以"马上取天下，不可以马上治"一语建议元世祖把施政中心由取天下转向治天下，其中在经济上即恢复农业生产。他认为百姓从事农业生产是国家财政收入的主要来源："民有身者，营产业，辟田野，亦为资国用"，因此，强调治国必须使民能够"力耕耨而厚产业"。为此，他针对当时"地广民微""民不聊生"的战乱后萧条情况，建议派农官"率天下百姓务农桑，营产业"。他认为当时由于"差徭甚大"，"民不能当"，因此流亡众多。对此，必须大幅度减差税三分之一至一半，并且"就见在之民以定差税"，而不要把逃户的差税摊征于"见在之民"，才能使百姓安于农桑，并"招逃者复业"。他还主张免去百姓以前所欠的官债：过去百姓因差税过重所欠官债，"凡赔偿无名，虚契所负，及还过原本者，并行赦免"。

元世祖之后，元成宗、元武宗、元仁宗诸皇帝都遵循以农桑为本的治国方略，以地方州县农业生产情况作为考核地方有关官吏政绩的主要依据，对孝悌力田者予以奖赏，以此督促地方积极发展农业生产。颁布命令，罢免不急之役，保证农民生产时间；禁止军队在围猎、放牧马、驼中损坏田禾、树木。如元成宗大德七年（1303）三月，朝廷派遣奉使宣抚，并降诏戒饬："农桑衣食之本，比闻劝农官司率多废弛，仰依已降条画，常加劝课，期于有成。"② 大德十年（1306）五月，朝廷在钦奉整治恤民诏书中强调："农桑，衣食之源，经费从出，责任管民劝课，廉访司提调。近年往往懈弛，殊失布本裕民之意。仰照依累降条画，依时劝课，游惰者惩戒。路府州县不急之役，毋得妨夺农功。"③ 大德十一年（1307）十二月，朝廷在钦奉至大改元诏书内又强调："农桑者，国家经

---

① 本自然段引文，均见于《元史·刘秉忠传》。

② 《元典章》卷2《劝农桑》。

③ 《元典章》卷2《劝农桑》。

赋之源，生民衣食之本。世祖皇帝以来，累降诏条，诚谕劝课，而有司奉行不至，加之军马营寨飞放围猎，喂养马驼人等纵放头匹，食践田禾，损坏树木，以致农桑隳废。今后路府州县达鲁花赤、长官常切禁约，若有违犯之人，断罪赔偿，各管头目有失钤束，具以名闻。仍依时劝课，务要实效，大司农司年终考其殿最，以凭黜陟。孝悌力田之人，有司申明，量加旌赏；游隳废弛者，就便惩戒。肃政廉访司并行纠治。"①

元武宗至大二年（1309）九月，朝廷在钦奉改尚书省诏书内申明："农桑天下之本，比岁游民逐末，害本实繁。宜令所司依时用心劝课，毋得事虚文。力田农夫，常切存恤。农务未停，不得妄有差扰，以夺其时。违者重治。"② 至大四年（1311）三月，朝廷在登宝位诏书内又重申："农桑衣食之本，仰提调官司申明累降条画，谆切劝课，务要田畴开辟，桑果增盛，乃为实效。诸官豪势要，经过军马，及昔宝赤、探马赤喂养马驼人等，索取饮食草料，纵放头匹食践田禾桑果者，所在官司断罪赔偿。仍仰监察御史、肃政廉访司常切纠察，考其殿最，以凭黜陟。"③

元仁宗延祐四年（1317）闰正月，朝廷在钦奉建储诏书内要求劝农正官应督促百姓及时耕种，开辟田地，种植桑枣，发展农业生产："农桑衣食之本，公私岁计出焉。比闻各处农事，正官失于劝课，致有荒废，甚失重本之意。今后仰各处劝农正官严切敦劝，务要耕种以时，田畴开辟，桑枣茂盛。廉访司所至之处，考其勤惰而举劾之。"④

（二） 立社劝农思想

元代农村立"社"，作为基层生产组织，组织、督促、指导、帮助农民进行农业生产劳动。至元二十八年（1291），元政府颁布"劝农立社事理"⑤ 15 款，规定了"社"的组织结构、职责及应发挥的作用等。兹依

---

① 《元典章》卷 2《劝农桑》。
② 《元典章》卷 2《劝农桑》。
③ 《元典章》卷 2《劝农桑》。
④ 《元典章》卷 2《劝农桑》。
⑤ 本目引文，未注出处者，均见于《元典章》卷 23《立社》。

据其内容，简要分析其立社劝农的思想。

1. 立社长管理本社生产。

"诸县所属村疃，凡五十家立为一社，不以是何诸色人等，并行入社。令社众推举年高、通晓农事、有兼丁者立为社长。如一村五十家以上，只为一社。增至百家者，另设社长一员。如不及五十家者，与附近村分相并为一社。若地远人稀不能相并者，斟酌各处地面，各村自为一社者，听。或三村或五村并为一社，仍于酌中村内选立社长。官司并不得将社长差占，别管余事，专一照管教劝本社之人务勤农业，不致惰废。如有不肯听从劝教之人，籍记姓名，候提点官到彼，对社众责罚。所立社长与免本身杂役，年终考校，有成者优赏，怠废者责罚。仍省会社长，却不得因而骚扰，亦不得率领社众非理动作聚集，以妨农时。外据其余聚众作社者，并行禁断。若有违犯，从本处官司就便究治。"即，"劝农立社事理"规定社的规模是以50家为一社，如某村农户增加超过100农，就可分为两社，另设社长一员；如某村农户不及50家，可将附近村农户合并为一社；如是地远人稀的村，不宜合并的，即使农户较少，也可自行独立为一社。每社的社长，由社众推选年岁大、通晓农事、家中有两个以上男丁的人担任，专门管理本社的农业生产。如社众有不听社长劝导教育的，社长可记下其姓名，等政府提点官到来时，当众进行责罚。由此可见，元代的社是一个自治性的农村基层生产组织，由社长率领、督促社众进行农业生产劳动。另一方面，政府也对社进行管控监督，社长不得"率领社众非理动作聚集"，也不得擅自"聚众作社"。

2. 对社众奖勤诫惰。

"农民每岁种田，有勤谨趁时而作者，懒惰过时而废者，若不明谕，民多苟且。今后仰社长教谕，各随风土所宜，须管趁时农作。若宜先种者，尽力先行布种植田，以次各各随宜布种，必不得已，然后补种晚田瓜菜。仍于地头道边各立牌橛，书写某社长某人地段，仰社长时时往来点觑，奖勤诫惰，不致荒芜。仍仰提备天旱，有地主户量种区田，有水则近水种之，无水则凿井。如井深不能种区田者，听从民便。若有水田

之家，不必区种，据区田法度，另行发去。仰本路刊板，多广印散。诸民若农作动时，不得无故饮会，失误生计。"元政府要求各社长教导农民遵循农时种田，不要因懒惰而误了农时。社长应该带头率先趁农时耕作，起表率作用。如不得已误了农时，就补种晚田瓜菜。各家农户于地头道边各立牌子，写明每块田地属于某社长之下某人，便于社长时时往来巡视，奖励勤谨劝诫懒惰，使田地不至于荒芜。指导农户在缺水的地方实行区田种植法，凿井灌溉，并将区田种植法印刷成册，广为散发推广。社长应告诫农户农忙时不得无故聚集一起饮宴喝酒，以免耽误农时影响生计。

3. 要求社众栽种桑枣、榆柳和果树。

"每丁周岁须要创栽桑、枣二十株，或附宅栽种地桑二十株，早供蚁蚕食用。其地不宜栽桑、枣，各随地土所宜，栽种榆、柳等树，亦及二十株。若欲栽种杂果者，每丁袞种十株，皆以生成为定数，自愿多栽者听。若本主地内栽种已满，别无余地可栽者，或有病丧丁数，不在此限。若有上年已栽桑果数目，另行具报，却不得朦昧报充次年数目。或有死损，从实申说本处官司。申报不实者，并行责罚。仍仰随社布种苜蓿，初年不须割刈，次年收到种子，转转俵散，务要广种，非止喂养头匹，亦可接济饥年。"元政府要求农户每个男丁每年栽种桑、枣 20 株、或在住宅附近栽种地桑 20 株，以供小蚕食用。如其土地不宜种桑、枣，可改种榆、柳等 20 株，或种杂果树 10 株，皆以种活了才算数。如自愿多种者，任其多种。今年必须如实向官府申报上年栽种的桑、果树数目，不得弄虚作假虚报。如申报不实，必须受到责罚。各社还应广为种植苜蓿，不仅用以喂养马匹，饥荒之年，人亦可以食用。

4. 兴修和利用水利。

"随路皆有水利，有渠已开而水利未尽其地者，有全未曾开种并创可挑撅者。委本处正官一员，选知水利人员一同相视，中间别无违碍，许民量力开引。如民力不能者，申复上司，差提举河渠官相验过，官司添力开挑。外据安置水碾磨去处，如遇浇田时月，停住碾磨，浇溉田禾。

若是水田浇毕，方许碾磨依旧引水用度，务要各得其用。虽有河渠泉脉，如是地形高阜，不能开引者，仰成造水车，官为应副人匠，验地里远近、人户多少分置使用。富家能自置材木者，令自置。如贫无材木，官为买给，已后收成之日，验使水之家均补还官。若有不知造水车去处，仰申复上司，开样成造。所据运盐、运粮河道，仰各路从长讲究可否，申复合干部分定夺，利国便民，两不相妨。"元政府在发展农业生产中十分重视对水利的开发和管理利用。如水利工程，民间财力、人力能自行解决的，就由民间承担开发；如民间财力、人力无法自行解决的，就上报官府，由提举河渠官审查属实后，由政府负责开发。在有安置水碾磨的地方，如碰到浇田的月份，应停止使用水碾磨，保证灌溉田禾用水。等到灌溉农田用水结束，才允许使用水碾磨。对于一些地势较高的田地，不能用河渠灌溉的，可利用水车灌溉。如富裕的农户，有财力自备材木造水车的，让其自己制造水车灌溉；如贫困的农户，没有财力自备材木造水车的，官府先垫钱帮他们造水车，待收成之后，再让使用水车的农户均摊返还官府造水车的费用。

5. 重视多种经营。

"近水之家，许凿池养鱼并鹅、鸭之类，及栽种莲藕、鸡头、菱角、蒲苇等，以助衣食。如本主无力栽种，召人依例种佃，无致闲歇无用。据所出物色，如遇货卖，有合税者依例赴务投税，难同自来办课河泊创立课程，以致人民不敢增修。"元政府除了督促农户种植庄稼、桑枣之外，还鼓励近水人家养鱼、鸭、鹅和栽种莲藕、鸡头、菱角、蒲苇等经济作物，进行多种经营，以增加衣食来源。如拥有这些自然资源的主人自己无力耕种，应召人依惯例种佃，不要让这些自然资源因无人种佃而白白浪费掉。由此可见，元政府十分重视通过充分利用自然资源来发展社会经济。

6. 发挥社的互助功能。

"本社内遇有病患凶丧之家不能种莳者，仰令社众各备粮饭器具，并力耕种，锄治收刈，俱要依时办集，无致荒废。其养蚕者，亦如之。一

社之中灾病多者，两社并锄。外据社众使用牛只，若有倒伤，亦仰照依乡原例均助补买，比及补买以来，并牛助工。如有余剩牛只之家，令社众两和租赁。"元代社作为农村基层生产组织，其一重要功能是互助，这对于中国古代农村以小农经济为主体的农业生产来说是十分必要的。元政府要求社内如有农户遇有病患凶丧不能按时耕种者，社内其他农户应自备粮饮器具，帮助其耕种，使其田地不至于荒废。如社内养蚕户遇到病患凶丧一时无法饲养者，社内其他养蚕户也必须帮助饲养。这种互助不仅在社内农户之间，也在社与社之间。如一社中遇到灾病的农户较多，其他社就要帮助耕种。社内如有农户耕牛倒伤，就依照乡村惯例均助补买，并牛助工。如有剩余耕牛之家，可让社里农户协商租赁。

7. 设立义仓赈灾。

"每社立义仓，社长主之。如遇丰年，收成去处，各家验口数，每口留粟一斗，若无粟，抵斗存留杂色物料，以备歉岁就给各人自行食用，官司并不得拘检、借贷、动支，经过军马亦不得强行取要。社长明置文历，如欲聚集收顿，或各家顿放，听从民便。社长与社户从长商议，如法收贮，须要不致损坏。如遇天灾凶岁，不收去处，或本社内有不收之家，不在存留之限。"义仓是元代社互助功能的另一重要表现。义仓创置于元代，每社均设置义仓，如遇丰收之年，各家按人口数，每口存粟一斗，如无粟，可存留其他粮食代替，用以荒歉年份各家自行食用。义仓存贮粮食形式灵活，可以统一集中存贮，也可分散由各家自行存贮。义仓存贮粮食由社长置文历管理，用于灾荒之时赈济，官府不得借贷、动用，经过军队也不得强行取要。

8. 分配荒地给无地农民耕种。

"应有荒地，除军马营盘草地已经上司拨定边界者并公田外，其余投下、探马赤、官豪势要之家自行冒占年深荒闲地土，从本处官司勘当得实，打量见数，给付附近无地之家耕种为主，先给贫民，次及余户。如有争差，申复上司定夺。外据祖业或立契买到地土，近年消乏，时暂荒闲者，督勒本主立限开耕、租佃，须要不致荒芜。若系自来地薄、轮番

歇种去处，即仰依例存留歇种地段，亦不得多余冒占。若有熟地夹间本主未耕荒地，不及一顷者，不在此限，仍督责早为开耕。"元政府为了充分利用土地资源，发展农业生产，规定除了军队用地和政府拥有的公田外，其余军官、政府官员和富豪势要私下侵占的荒地，经政府审查确实，分配给附近无地的农民耕种，其顺序是先给贫民，有剩余再给其他农户。在分配中如有争议，申报上级官府定夺。另外祖业或订立契约买到的土地，如近年抛荒，应督促田主在规定的期限内开耕或租佃给人家耕种，必须使之不被荒闲。如因土地瘠薄，需要抛荒轮种的，也必须依照惯例存留轮种田地，不得多留。

9. 惩治游惰凶恶之人。

"本社内若有勤务农桑、增置家产孝友之人，从社长保举官司，体究得实，申复上司，量加优恤。若社长与本处官司体究所保不实，亦行责罚。本处官司并不得将勤谨增置到物业添加差役。一，若有不务本业、游手好闲、不遵父母兄长教令凶徒恶党之人，先从社长叮咛教训。如是不改，籍记姓名，候提点官到日，对社众审问是实，于门首大字粉壁书写'不务本业''游惰凶恶'等名称。如本人知耻改过，从社长保明申官，毁去粉壁。如终是不改，但遇本社合着夫役，替民应当。候悔过自新，方许除籍。"元政府赋予社长向官府报告社众善恶的职责。如社内勤务农桑、增置家产孝友之人，社长报告官府审查确实后，给予优待抚恤。如社长报告不实，则要受到责罚。社内如有不务正业、游手好闲、不遵父母兄长教令的凶恶之人，社长应该对其进行教育。如其不改，记下其姓名，等到提点官来社时，当着社众审问属实，就在其居住的门首粉壁大字书写"不务本业""游惰凶恶"等。如其知耻改过，社长就报告官府，抹掉门首粉壁上的"不务本业""游惰凶恶"等字。如始终不改，但遇本社合着夫役，就罚其承担。等到其悔过自新，才许免除其夫役。

10. 重视灭除蝗虫。

"若有虫蝗遗子去处，委各州县正官一员，于十月内专一巡视本管地面。若在熟地，并力翻耕。如在荒陂大野，先行耕围，籍记地段，禁约

诸人不得烧燃荒草，以备来春虫蝻生发时分，不分明夜，本处正官监视，就草烧除。若是荒地窄狭无草可烧去处，亦仰从长规划，春首捕除。仍仰更为多方用心，务要尽绝。若在煎盐草地内虫蝻遗子者，申部定夺。"元政府规定，每年十月各州县派正官一员，巡视管辖区域，专门负责灭除蝗虫卵。如在熟地，并力翻耕除去蝗虫卵；如在荒野，则先行耕围，籍记地段，待来春虫卵变为幼蝗时，派官监视，用草烧除。如荒地窄狭无草可烧，待来春捕捉去除。灭蝗务必要想方设法，消灭干净。

11. 设立学校教育子弟。

"今后每社设立学校一所，择通晓经书者为学师，于农隙时分各令子弟入学，先读《孝经》《小学》，次及《大学》《论》《孟》、经、史，务要各知孝悌忠信，敦本抑末。依乡原例，出办束脩。自愿立长学者，听。若积久学问有成者，申复上司照验。"元代社兼有基础教育功能，每社设学校一所，择通晓经书者为学师，以儒家经典教育入学子弟，其目的是从小培养农民子弟知道孝悌忠信、崇本抑末的道理。

12. 政府对社的管理。

"一，前项农桑水利等事，专委府州司县长官不妨本职提点勾当。若有事故差出，以次官提点。如或有违慢沮坏之人，取问是实，约量断罪。若有恃势不伏或事重者，申复上司究治。其提点官不得勾集百姓，仍依时月下村提点，止许将引当该司吏一名，祗候人一二名，无得因而多将人力，骚扰取受。据每县年终比附到各社长农事成否等第，开申本管上司，通行考较。其本管上司却行开坐所属州县提点官勾当成否，编类等第，申复司农司及申户部照验。才候任满，于解由内分明开写排年考较到提点农事功勤惰废事迹，赴部照勘呈省，钦依见降圣旨，比附以为殿最。提刑按察司更为体察。"元代农村基层生产组织社虽然属于自治性质，但仍然接受地方府州司县的管理。地方府州司县派出提点官进行管理，定期到村社巡视。每年终县将各社长管理农事成功与否报告其上级官府，进行考核比较。上级官府将州县提点官管理农事成功与否分成等级，申报司农司及户部审核。等到提点官任满，在其档案中写明每年管

理农事功过、勤惰事迹，赴户部考核后呈报中书省，评定等级。除此之外，提刑按察司加以监督。

元代政府对社的管理考核在具体实行中也存在着弊端，如许有壬就指出，政府对村社的考核不仅加重了地方的负担，而且没有收到实际的效果，只是一纸空文，走过场："各道比及年终，令按治地面依式攒造，路府行之州县，州县行之社长、乡胥，社长、乡胥则家至户到，取勘数目，幸而及额，则责其答报之需。一或不完，则持其有罪，恣其所求，鸡豚尽于供饷，生计废于奔走，人力纸札，一切费用头会箕敛，罔以为市。卑职向叨山北宪幕，盖亲见之，而事发者亦皆有按可考。以一县观之，自造册以来，地凡若干，连年栽植，有增无减，较其成数，虽屋垣池井，尽为其地，犹不能容，故世有纸上栽桑之语。大司农岁总虚文，照磨一毕入架而已，于农事果何有哉？"[①]

二、 学校教育思想

（一） 重视学校教育思想

蒙古族是游牧民族，在入主中原之前，其文化教育水准与中原汉族相比，有较大的差距。入主中原之后，蒙古统治者面临着是否要接受汉族先进学校教育制度的选择。有些大臣公开排斥、拒绝接受汉族的学校教育制度。正如至元年间翰林集贤学士程钜夫所指出的，当时"主国论者，恬不知怪，视学校为不急，谓诗书为无用，不知人才盛衰张本于此。盖尝有旨，行贡举求好秀才。上意非不谆切，而妄人辄阴沮之，应故事，而集议凡几作辍矣"[②]。针对这种情况，程钜夫上奏元世祖，阐明学校教育是培养人才的重要途径："臣闻国于天地必需才以为用，而人才之盛，非自盛也，全在国家教育之勤，其衰也，反是，参之历代可考也。国家自中统建元以来，中外臣僚亦时闻表表伟杰者，皆自往时故老宿儒熏陶

---

① 许有壬：《至正集》卷74《风宪十事·农桑文册》。
② 《历代名臣奏议》卷115，此自然段引文均见于此。

浸灌而然。历时既久，以次沦谢，迩来晨星寥寥无几矣。臣不知更十余年后，人物当何如，其琐琐也。"基于这种认识，他建议元世祖应重视学校教育，选德才兼备、堪为人师表者为教官，培养治国人才，以解决当时人才断层问题："臣愚欲望陛下明诏有司，重学校之事，慎师儒之选。京师首善之地，尤当兴建国学，选一时名流，为国人矜式，优以饩廪，隆以礼貌，庶四方观感有所兴起外，而名都大邑教官有缺，不但循常例取庸人而已，必使廷臣推择，可以为人表仪者，条具闻奏。令有禄可养而不匮，职比亲民而加优，视教化之废兴为考第之殿最，其诸生有经明行修者，特与蠲免赋役，依已降诏旨施行。似望国家教育有方，多士鼓舞不倦，他日随取随足，无临事乏才之叹，天下幸甚！"

元世祖时期，地方各道儒司曾因缺少官员和教师而被废除。"浙西道儒学提举叶李召至京师，上奏曰：'臣钦睹先帝诏书，当创业时，军务繁夥，尚招致士类。今陛下混一区宇，偃武修文，可不作养人才，以弘治道。各道儒学提举及郡教授，实风化所系，不宜罢。请复立提举司，专提调学官，课诸生讲明治道，而上其成才者于太学，以备录用。凡儒户徭役，乞一切蠲免。'帝可其奏。"[①]

程钜夫、叶李的上奏，一致请求元世祖应重视学校人才教育，设立有关教育机构和学校，配备教官和教师；注意选拔德才兼备、堪为人师表者为教师，并给予优厚的待遇，蠲免徭役；对教师培养学生的绩效进行考核，为国家培养人才。元世祖同意了他们的奏请，从而在全国大力提倡学校教育。尔后，元成宗、元武宗、元仁宗继承了世祖重视学校教育以培养人才的国策，改变了元初排斥、拒绝汉族重视学校教育的文化传统。兹举《元典章》卷 2《兴学校》数则诏书以窥一斑：

至元三十一年（1294）四月□日，钦奉登位诏条内一款：学校之设，本以作成人才。仰各处教官、正官钦依先皇帝已降圣旨，主领敦勤，严加训诲，务要成才，以备擢用。仰中书省议行贡举之法。

---

① 《历代名臣奏议》卷 115。

其无学田去处，量拨荒闲田土给赡生徒，所司常与存恤。

大德十一年（1307）五月□日，钦奉登宝位诏书内一款：学校，风化之原，人才所在。仰教官、提调官勉励作养，业精行成，以备擢用。应系籍儒户杂泛差役，依例蠲免。

大德十一年（1308）十二月□日，钦奉至大改元诏书内一款：兴举学校，乃王政之所先。爰自累朝教养不辍，迄今未见成效。今后路府州县正官、教官，照依累降条画，主领敦劝，廉访司常加勉励，务要作成人才，以备擢用。其贡举之法，中书省续议举行。

至大四年（1311）三月十八日，钦奉登宝位诏书内一款：国家内置监学，外设提举、教授，将以作养人才，宣畅风化。今仰中书省自国子监学为始拯治，各处州郡正官、肃政廉访司申明旧规，加意敦劝。若教官非才、学校废弛者，从监察御史、肃政廉访司纠劾。

延祐四年（1317）闰正月□日，钦奉建储诏书内一款：学校为治之本，风化之源。仰各道肃政廉访司官、管民提调正官常加勉励，务要作成人才，以备擢用。

延祐七年（1320）三月□日，钦奉登宝位诏书内一款：农桑、学校，王政之本。盖务农所以厚民，劝学所以兴化。累圣相继，具有典章。仰各处提调官常切加意，勉求实效，勿事虚文。其科举贡试之法，并依旧制。

从以上所引，我们可以了解到，元代最高统治者重视学校教育的一些思想：其一，把兴办学校教育视为治理国家的根本国策，因为通过学校教育不仅能培养各种人才，而且能促成社会美风善俗的形成。其二，办好学校教育的关键是设立从中央到地方的各级教育机构和学校，选拔好教官和教师，敦促他们致力于人才的培养。其三，地方路府州县长官、监察御史、肃政廉访司官员负责对地方学校教育进行管理监督。其四，地方拨荒闲之田作为学田，以作为地方办学的经费，供养前来学习的生徒，蠲免儒户的徭役，在经济上优待读书人。其五，兴办学校教育是一个长期的过程，元代历朝皇帝坚持这一国策。从元世祖至元年间

（1264—1294）至元成宗大德年间（1297—1307）40 多年间，虽"教养不辍"，"迄今未见成效"，但是元世祖、元成宗、元仁宗仍然致力于推行"贡举之法"，即"累圣相继，具有典章"，并且采取自上而下的方法，"中书省自国子监学为始拯治，各处州郡正官、肃政廉访司申明旧规，加意敦劝"，从而建立从中央到地方的学校教育体系。

（二） 学校设置体系与经费思想

由于蒙古族有自己的文字和文化传统，其文化水准与中原汉族相比又有较大的差距，因此，蒙古统治者入主中原之后，在学校设置体系方面采取双重结构，即既设立从中央到地方的蒙古学校，又设立从中央到地方的汉族学校，根据蒙古族与汉族文字和文化水准的不同分别开展教学活动。蒙古统治者在学校设置体系上的另一突出特点是重视设置医学和阴阳学专科学校。兹缕述如下：

1. 蒙古学。

元朝在中央设置的蒙古学是蒙古国子监和蒙古国子学。其中"蒙古国子监，秩从三品。至元十四年（1277）始立，置司业一员。二十九年（1292），准汉人国学例，置祭酒、司业、监丞。延祐四年（1317），升正三品。七年（1320），复降为从三品。后定置祭酒一员，从三品；司业二员，正五品；监丞一员，正六品；令史一人，必阇赤一人，知印一人。"① "蒙古国子学，秩正七品。博士二员，助教二员，教授二员，学正、学录各二员"②。"世祖至元八年（1271）春正月，始下诏立京师蒙古国子学，教习诸生，于随朝蒙古、汉人百官及怯薛歹官员，选子弟俊秀者入学，然未有员数"③。同年，"置官五员。后以每岁从驾上都，教习事繁，设官员少，增学正二员、学录二员。三十一年（1294），增助教一员、典给一人。后定置博士二员，正七品；助教二员，教授二员，并正八品；学正、

---

① 《元史》卷 87《百官三》。
② 《元史》卷 87《百官三》。
③ 《元史》卷 81《选举一·学校》。

学录各二员，典书一人，典给一人"①。"成宗大德十年（1306）春二月，增生员廪膳，通前三十员为六十员。武宗至大二年（1309），定伴读员四十人，以在籍上名生员学问优长者补之。仁宗延祐二年（1315）冬十月，以所设生员百人，蒙古五十人，色目二十人，汉人三十人，而百官子弟之就学者，常不下二三百人，宜增其廪饩，乃减去庶民子弟一百一十四员，听陪堂学业，于见供生员一百名外，量增五十名"②。

元朝在地方设置的蒙古学是蒙古字学和教授学。"至元六年（1269）秋七月，置诸路蒙古字学。十二月，中书省定学制颁行之，命诸路府官子弟入学，上路二人，下路二人，府一人，州一人。余民间子弟，上路三十人，下路二十五人。愿充生徒者，与免一身杂役。以译写《通鉴节要》颁行各路，俾肄习之。至成宗大德五年（1301）冬十月，又定生员，散府二十人，上、中州十五人，下州十人。元贞元年（1295），命有司割地，给诸路蒙古学生员饩廪。其学官，至元十九年（1282），定拟路府州设教授，以国字在诸字之右，府州教授一任，准从八品，再历路教授一任，准正八品，任回本等迁转。大德四年（1300），添设学正一员，上自国学，下及州县，举生员高等，从翰林考试，凡学官译史，取以充焉"③。至元八年（1271）正月，元世祖圣旨："随路所设教授学，有愿充生徒者，与免一身差役。上路额设生员三十人，下路二十五人。仍委本路按察司兼提举学校，一同选择生徒俊秀者充，应据中选，仍受官职。外，随路达鲁花赤、总管以下，及运司、诸役下官员子孙弟侄堪读书者，并听入学。随路居住回回、畏吾、河西人等愿学者听，不在额设之数。据学校房舍，令所在官司给付"④。

元成宗年间，由于地方长官不重视学校教育，致使地方推荐到中央国子监的生员质量下降。对此，朝廷采取了提高地方学校教育质量的措

---

① 《元史》卷87《百官三》。
② 《元史》卷81《选举一·学校》。
③ 《元史》卷81《选举一·学校》。
④ 《元典章》卷31《蒙古学》。

施，对地方推荐到中央国子监生员的质量严格把关，不得滥保。大德八年（1304）正月，翰林院称："为今各处官司不为用心提调，学校不能兴举。各路教官凡系生徒，又不经由提调官司，往往径直具呈国子监，转呈本院，以致滥设。若不遍行各道廉访司、各路总管府，钦依累降圣旨事意，严加提调学校，选择官员子孙弟侄入学校、习文字，诚恐日渐荒废。学校今后选保生徒，委系本学生徒，蒙古文字熟娴，译语精通，堪举者，不得径直具呈国子监，须要经由本处提调总管府官司转申本院，试验定夺。外据江西、湖广、江浙、泉州等处提举学校官、拘该路教授，凡保生员，亦申本路官司，就便行移合属提举学校官，依上考试相应呈院。其余行省、腹里路分别无设立提举学校官去处，各路总管府就呈本院。外据国子监学生员，无令似前滥保。庶望学校兴行。"① 中书省批准了翰林院的呈请。

2. 汉族儒学。

元朝在中央设置的汉族儒学是国子监和国子学。其中"国子监。至元初，以许衡为集贤馆大学士、国子祭酒，教国子与蒙古大姓四怯薛人员。选七品以上朝官子孙为国子生，随朝三品以上官得举凡民之俊秀者入学，为陪堂生伴读"。至元二十四年（1287），"始置监祭酒一员，从三品，司业二员，正五品，掌国之教令，皆德尊望重者为之。监丞一员，正六品，专领监务。典簿一员，令史二人，译史、知印、典吏各一人。"②"国子学，秩正七品。置博士二员，掌教授生徒、考较儒人著述、教官所业文字。助教四员，分教各斋生员。"③ 至元二十四年（1287），"立国子学，而定其制。设博士，通掌学事，分教三斋生员，讲授经旨，是正音训，上严教导之术，下考肄习之业。复设助教，同掌学事，而专守一斋；正、录，申明规矩，督习课业……其生员之数，定二百人，先令一百人

---

① 《元典章》卷31《蒙古学》。
② 《元史》卷87《百官三》。
③ 《元史》卷87《百官三》。

及伴读二十人入学。其百人之内,蒙古半之,色目、汉人半之"①。大德八年(1304),"为分职上都,增置助教二员、学正二员、学录二员,督习课业。典给一员,掌生员膳食"②。同年"冬十二月,始定国子生,蒙古、色目、汉人三岁各贡一人。十年(1306)冬闰十月,国子学定蒙古、色目、汉人生员二百人,三年各贡二人"③。武宗至大四年(1311)"秋闰七月,定生员额二百人。冬十二月,复立国子学试贡法,蒙古授官六品,色目正七品,汉人从七品。试蒙古生之法宜从宽,色目生宜稍加密,汉人生则全科场之制"。仁宗延祐二年(1315)"秋八月,增置生员百人,陪堂生二十人"④。

元朝在地方设置的汉族儒学是路府州县学校和书院。世祖中统二年(1261),"始命置诸路学校官,凡诸生进修者,严加训诲,务使成才,以备选用"。至元十九年(1282),"夏四月,命云南诸路皆建学以祀先圣。二十三(1286)年二月,帝御德兴府行宫,诏江南学校旧有学田,复给之以养士。二十八(1291)年,令江南诸路学及各县学内,设立小学,选老成之士教之,或自愿招师,或自受家学于父兄者,亦从其便。其他先儒过化之地,名贤经行之所,与好事之家出钱粟赡学者,并立为书院。凡师儒之命于朝廷者,曰教授,路府上中州置之。命于礼部及行省及宣慰司者,曰学正、山长、学录、教谕,路州县及书院置之。路设教授、学正、学录各 员,散府上中州设教授一员,下州设学正一员,县设教谕一员,书院设山长一员。中原州县学正、山长、学录、教谕,并受礼部付身。各省所属州县学正、山长、学录、教谕,并受行省及宣慰司札付。凡路府州书院,设直学以掌钱谷,从郡守及宪府官试补。直学考满,又试所业十篇,升为学录、教谕。凡正、长、学录、教谕,或由集贤院及台宪等官举充之。谕、录历两考,升正、长。正、长一考,升散府上

---

① 《元史》卷81《选举一·学校》。
② 《元史》卷87《百官三》。
③ 《元史》卷81《选举一·学校》。
④ 《元史》卷81《选举一·学校》。

中州教授。上中州教授又历一考，升路教授。教授之上，各省设提举二员，正提举从五品，副提举从七品，提举凡学校之事。后改直学考满为州吏，例以下第举人充正、长，备榜举人充谕、录，有荐举者，亦参用之。自京学及州县学以及书院，凡生徒之肄业于是者，守令举荐之，台宪考核之，或用为教官，或取为吏属，往往人才辈出矣。"①

3. 回回国子学、国子监。

元朝除在中央和地方设置蒙古学和汉族学校外，还在中央设回回国子学和国子监。尚书省大臣认为，回回的亦思替非文字有其使用价值，尤其可以用于数目字上的防伪。"世祖至元二十六年（1289）夏五月，尚书省臣言：'亦思替非文字宜施于用，今翰林院益福的哈鲁丁能通其字学，乞授以学士之职，凡公卿大夫与夫富民之子，皆依汉人入学之制，日肄习之。'帝可其奏。是岁八月，始置回回国子学。至仁宗延祐元年（1314）四月，复置回回国子监，设监官，以其文字便于关防取会数目，令依旧制，笃意领教。泰定二年（1325）春闰正月，以近岁公卿大夫子弟与夫凡民之子入学者众，其学官及生员五十余人，已给饮膳者二十七人外，助教一人、生员二十四人廪膳，并令给之。学之建置在于国都，凡百司庶府所设译史，皆从本学取以充焉。"②

4. 医学。

"世祖中统二年（1261）夏五月，太医院使王猷言：'医学久废，后进无所师授。窃恐朝廷一时取人，学非其传，为害甚大。'"③ 中统三年（1262）九月，元世祖"差太医院副使王安仁悬带金牌，前去随路，设立医学。据教授人员丝线、包银等差发，依例除免。所有主善一名俸给及学校房舍，本处官司照依旧例分付。如教授阙，盖非承袭职位，仰别行举。据医学生员，拟免本身检医差占等杂役，将来进学成就，别行定夺。

---

① 《元史》卷 81《选举一·学校》。
② 《元史》卷 81《选举一·学校》。
③ 《元史》卷 81《选举一·学校》。

每月试以疑难，以所对优劣，量加劝惩。若有民间良家子弟才性可以教诲，愿就学者听。仍仰本路管民正官，不妨本职，提举勾当"①。"后又定医学之制，设诸路提举纲维之。凡宫壶所需，省台所用，转入常调，可任亲民，其从太医院自迁转者，不得视此例，又以示仕途不可以杂进也。然太医院官既受宣命，皆同文武正官五品以上迁叙，余以旧品职递升，子孙荫用同正班叙。其掌药，充都监直长，充御药院副使，升至大使，考满依旧例于流官铨注。诸教授皆从太医院定拟，而各路主善亦拟同教授皆从九品。凡随朝太医，及医官子弟，及路府州县学官，并须试验。其各处名医所述医经文字，悉从考校。其诸药所产性味真伪，悉从辨验。其随路学校，每岁出降十三科疑难题目，具呈太医院，发下诸路医学，令生员依式习课医义，年终置簿解纳送本司，以定其优劣焉"②。

　　元朝相当重视医学生员的教学质量，注重从卖药、行医子孙弟侄中选拔医学生员，并且对医学生员、医户等每月朔望两次集中进行业务研讨、培训，以提高他们的医术，年终进行考核，然后予以擢用，防止庸医误人。至元二十二年（1285），朝廷规定："诸路官医提举司或提领所，委正官一员专行提调，同医学教授，将附籍医户并应有开张药铺、行医货药之家子孙弟侄，选拣堪中一名赴学。若有良家子弟才性可以教诲愿就学者，听……拟将见教医学生员籍贯、姓名、攻习是何科目经书、有无习课医义，开申尚医监，以备擢用"，"各路并州县，除医学生员外，应有系隶籍医户，及但是行医之家，皆以医业为生，拟合依上，每遇朔望诣本处官，聚集三皇庙圣前焚香，各说所行科业、治过病人，讲究受病根因、时月运气、用过药饵是否合宜。仍令各人自写曾医愈何人病患、治法、药方，具呈本路教授。外据州县医人，每月具呈本县教谕，候年终类呈本路医学教授，考较优劣，备申擢用，以革假医为名之弊"③。

---

① 《元典章》卷32《医学》。
② 《元史》卷81《选举一·学校》。
③ 《元典章》卷32《医学》。

5. 阴阳学。

元代的阴阳学，即指天文历法之学。古代天文历法关乎农业生产、观测天象以预测吉凶盛衰等，因此，朝廷往往专门立学，以培养通晓阴阳学人才。世祖至元二十八年（1291）夏六月，"始置诸路阴阳学。其在腹里、江南，若有通晓阴阳之人，各路官司详加取勘，依儒学、医学之例，每路设教授以训诲之。其有术数精通者，每岁录呈省府，赴都试验，果有异能，则于司天台内许令近侍。延祐初，令阴阳人依儒、医例，于路府州设教授一员，凡阴阳人皆管辖之，而上属于太史焉"①。

元代，朝廷规定对阴阳学生员也进行考核。"中书省咨：延祐二年（1315）四月廿八日，也先帖木儿怯薛第一日，嘉禧殿里有时分，速古儿赤也奴院使、火者撒札儿、帖木迭儿等。李平章特奉圣旨：'如今大臣每试了有，后头人每肯学也者。阴阳人不曾试，未便。试呵，他每不知道也者。如今您行与管他的衙门里文书，先教他每知道了，秋间依体例试者。'么道，圣旨了。钦此"②。

从元朝学校设置体系我们可以了解到其办学思想的一些特点：其一，元政府虽然因蒙古族与汉族人语言的不同，文化水准的差距而将学校设置体系分为蒙古学和儒学双重体系，但蒙古统治者为了确保对广大汉族的有效统治，不得不让蒙古人学习汉语和汉文化，同时也强迫汉族官宦子弟学习蒙古语和蒙古族文化。因此，一方面，蒙古学不仅招收蒙古族生员，也招收汉族生员；另一方面，汉族所兴办的儒学不仅只招收汉族生员，同时也招收蒙古族生员。蒙、汉两族在学校教育上的互相渗透有利于当时的民族融合和蒙古统治者对广大汉族的统治。其二，重视对各级教官的选任，并给予各种官员品级。元政府认识到各种学校教育质量的好坏，教师是一个关键的因素，因此，十分重视选任德才兼备的人担任各级学校的教官。如选任汉族儒学国子监祭酒，必须是"德尊望重者

---

① 《元史》卷 81《选举一·学校》。
② 《元典章》卷 32《阴阳学》。

为之"；选任地方路学、县学内小学教官，必须是"老成之士教之"。朝廷对于从中央到地方的各级教官，授予从正三品至八、九品的官员品级。即使是当时地位较低的医户，也通过考核，授予各种品级。其三，对各类学校的学生给予生活上的优待，使他们无后顾之忧，保质保量地完成学业。如对各类学校的学生免除徭役、赋税，给予生活费（饩廪）等。

（三） 教学内容和考试升级思想

元朝根据各类不同学校，制定的教学内容和考试升级制度有所不同。有关蒙古学的教学内容和考试升级制度，史籍记载不是很多。据《元典章》卷31《蒙古学》记载，蒙古学教学内容的最大特点是必须学习蒙古文字。至元二十一年（1284）五月，中书省称翰林直学士行龙兴路提举学校官呈："切谓字者国子之所要，法不可无。先圣以字而能才，以才而誉，故愚民稚子悉皆攻习，流传广远，是其字之效不小。今者大元一统，蒙古字虽兴，而南北之民寡于攻习，盖因施不广、用不切之故也。今以愚诚，略举数端，如蒙准拟，可望激励人心，勉力而学，不待期年而四方传遍，教化大行，则非惟学校小补之万一，实为圣文绵远以传流。"① 由此可见，蒙古族在入主中原之前，其文字倒是在其统治区域内广为学习和使用，但在其入主中原之后，在汉族先进文化的冲击下，蒙古文字却逐渐不被广为学习和使用。因此，当时翰林院呈请中书省批准，应加强蒙古文字的使用，以此促进对蒙古文字的学习。"应凡奏目，并用蒙古字书写"，"今后拟令各处大小衙门，将应系贡进表章，并用蒙古字书写"。至元八年（1271）正月，元世祖圣旨称："《通鉴节要》事，就翰林院见设诸官并译史译作蒙古言语，用蒙古写录，逐旋颁降与国子学、诸路教授"。可见，当时蒙古学生员即使学习汉族历史，也要译作蒙古文字来学习。

元初，赵天麟上奏元世祖论清阀阅，建议元世祖应下令要求见任官员8—30岁子孙弟侄必须学习儒家经典、通晓文法，否则，见任官员必须受到惩罚。赵天麟认为，这关系到国家人才的培养，因此必须通过强

---

① 《元典章》卷31《蒙古学》，本自然段引文均见于此。

制手段，使官员子孙弟侄学习儒家经典。由此可见，当时蒙古学生员教学内容当涉及儒家经典，并在教学内容中居于重要地位。他说："臣闻治国之方，得贤为首；齐家之本，教子为先；立身之法，务学为贵。此三者天理之极，人事之大也。三代之隆，人生八岁，自王公以下至于庶人之子弟，皆入小学，而教之洒扫、应对、进退之节，礼乐射御书数之文；及其十有五年，则自天子之元子、众子，公卿大夫元士之适子，皆入大学而教之，以穷理、正心、修己、治人之道，所以备委任也。今国家荫叙宦门之子弟，上至朝臣下及外职，莫不各有其格也。其用之则不计贤愚，其崇之则有逾才德，若其资禀峭异，学问优长，乃足以负荷宠光，增崇阶陛。傥有幼习骄气，家振豪风，借势吹声，行空顾影，耀衣服之鲜靡，竞仆马之繁华，走犬飞鹰，弯弓挟弹，岂识圣贤之道哉？于是父兄既不能教之以义方，又有使习吹弹歌舞之艺，从而矜炫其疏丽妙绝也。厥后行文经营资荫，职司王事，不亦难哉？及陷乎罪，正欲置于法邪，则子文之治犹在，不可以忘之，而使人臣解体也……更望陛下载宣天旨，凡见任宦官之家子孙弟侄八岁以上三十以下，不通经书而父兄不令习经书、不晓文法而父兄不令习文法者，委宪职纠察见任官而罚之，使居官者惧宪职之纠察，而钦师以教其子弟矣。为宦门子弟者知富贵之不可幸希，须先学而后获，则甘嗜于学问矣。国家得天下之英才而乐育之，以备他日之用，可无遗恨矣。"[①]

至元十三年（1276），不忽木与同舍生等上疏元世祖，建议蒙古国子监"下复立数科，如小学、律、书、算之类，每科设置教授，各令以本业训导。小学科，则令读诵经书，教以应对、进退、事长之节；律科，则专令通晓吏事；书科，则专令晓习字画；算科，则专令熟娴算数。或一艺通，然后改授；或一日之间，更次为之。俾国子学官总领其事，常加点勘，务要俱通，仍以义理为主，有余力者，听令学作文字"[②]。由此

---

① 《历代名臣奏议》卷 152。
② 《历代名臣奏议》卷 115。

可见，蒙古国子学除学习蒙古文字外，其余学习的内容，应该与汉族国子学的学习内容，基本上是一样的。

至元十三年（1276），不忽木与同舍生等上疏元世祖时还建议对蒙古国子学生员进行考试，然后根据考试结果进行升级或降级；学业有成后再由学官保举入仕："日月岁时，随其利钝，各责所就功课，程其勤惰而赏罚之。勤者则升之上舍，惰者则降之下舍，待其改过，则复升之。假日，则听令学射；自非假日，无故不令出学。数年以后，上舍生学业有成就者，乃听学官保举，蒙古人若何品级，诸色人若何仕进。其未成就者，且令依旧学习，俟其可以从政，然后岁听学官举其贤者、能者，使之依例入仕。其终不可教者，三年听令出学。凡学政因革、生员增减，若得不时奏闻，则学无弊政，而天下之才亦皆观感而兴起矣。"①

元代汉族国子学的教学内容，更是为儒家经典。国子学生员，"凡读书必先《孝经》《小学》《论语》《孟子》《大学》《中庸》，次及《诗》《书》《礼记》《周礼》《春秋》《易》。博士、助教亲授句读、音训，正、录、伴读以次传习之。讲说则依所读之序，正、录、伴读亦以次而传习之。次日，抽签，令诸生复说其功课。对属、诗章、经解、史评，则博士出题，生员具稿，先呈助教，俟博士既定，始录附课簿，以凭考校。"②

从元代众多的儒学记、府学记、州学记、县学记、书院记可知，地方学校的教学内容与中央国子学是相同的。如《东山存稿》卷4《商山书院学田记》载，地方学校教学内容主要是儒家六经，兼及诸子之书，朱子之学遍行天下："新安自南迁后，人物之多、文学之盛，称于天下。当其时，自井邑田野，以至于远山深谷，民居之处，莫不有学有师有书有史之藏。其学所本，则一以郡先师朱子为归，凡六经传注、诸子百氏之书，非经朱子论定者，父兄不以为教，子弟不以为学也。是以朱子之学，虽行天下，而讲之熟说之详守之固，则惟新安之士为然。"

---

① 《历代名臣奏议》卷115。
② 《元史》卷81《选举一·学校》。

元代汉族国子学的考试及升级制度,《元史》卷81《选举一·学校》有一较详细全面的记载,兹节录如下:

> 仁宗延祐二年(1315)秋八月……用集贤学士赵孟頫、礼部尚书元明善等所议国子学贡试之法更定之。一曰升斋等第。六斋东西相向,下两斋左曰游艺,右曰依仁,凡诵书讲说、小学属对者隶焉。中两斋左曰据德,右曰志道,讲说四书、课肄诗律者隶焉。上两斋左曰时习,右曰日新,讲说《易》《书》《诗》《春秋》科,习明经义等程文者隶焉。每斋员数不等,每季考其所习经书课业,及不违规矩者,以次递升。二曰私试规矩。汉人验日新、时习两斋,蒙古色目取志道、据德两斋,本学举实历坐斋二周岁以上,未尝犯过者,许令充试。限实历坐斋三周岁以上,以充贡举。汉人私试,孟月试经疑一道,仲月试经义一道,季月试策问、表章、诏诰科一道。蒙古、色目人,孟、仲月各试明经一道,季月试策问一道。辞理俱优者为上等,准一分;理优辞平者为中等,准半分。每岁终,通计其年积分,至八分以上者升充高等生员,以四十名为额,内蒙古、色目各十名,汉人二十名。岁终试贡,员不必备,惟取实才。有分同阙少者,以坐斋月日先后多少为定。其未及等,并虽及等无阙未补者,其年积分,并不为用,下年再行积算。每月初二日蚤旦,圆揖后,本学博士、助教公座,面引应试生员,各给印纸,依式出题考试,不许怀挟代笔,各用印纸,真楷书写,本学正、录弥封誊录,余并依科举式,助教、博士以次考定。次日,监官复考,于名簿内籍记各得分数,本学收掌,以俟岁终通考。三曰黜罚科条。应私试积分生员,其有不事课业及一切违戾规矩者,初犯罚一分,再犯罚二分,三犯除名,从学正、录纠举,正、录知见而不纠举者,从本监议罚之。应已补高等生员,其有违戾规矩者,初犯殿试一年,再犯除名,从学正、录纠举之,正、录知见而不纠举者,亦从本监议罚之……应在学生员,岁终实历坐斋不满半岁者,并行除名。除月假外,其余告假,并不准算。学正、录岁终通行考校应在学生员,

> 除蒙古、色目别议外，其余汉人生员三年不能通一经及不肯勤学者，
> 勒令出学。其余责罚，并依旧规。

笔者认为，元代国子学的考试及升级制度，有以下 4 点值得注意：其一，元代国子学按其教学内容的深浅分为 3 个等级，即下、中、上斋。下斋为游艺、依仁，教学内容为"诵书讲说、小学属对"，属初级阶段；中斋为据德、志道，教学内容为"讲说四书、课肄诗律"，属中级阶段；上斋为时习、日新，"讲说《易》《书》《诗》《春秋》科，习明经义"，属高级阶段。学生通过考试，合格者依次升级。其二，考试升级采取积分法，类似现在的学分制。生员入斋满两年以上，没有犯错误的，才允许参加考试。一年四季，汉人每季第一个月考经疑一道，第二个月考经义一道，第三个月考策问、表章、诏诰；蒙古、色目人每季第一、二个月各考明经一道，第三个月考策问一道。文辞、义理都优者为上等，给一分；义理优文辞一般者为中等，给半分。每年总分 12 分，生员一年考试积分达到 8 分以上就可升入高一级。每级生员名额限制在 40 名，其中蒙古、色目人各占 10 名，汉族人占 20 名。生员宁缺毋滥，不必招满；如生员分数相同名额不够时，则以入斋学习时间长短来决定，先招入斋时间长的生员。如当年考试未升级，积分清零，从下一年考试开始，重新计算积分。其三，考试由博士、助教主持，每月初二早上，当场发给应试生员印纸、题目，生员用楷书在印纸上做答，禁止生员夹带或由别人代笔。考后试卷由学正、录弥封誊录，助教、博士先后批改试卷。第二天，由监考官重新考核，在学籍簿内登记分数，并予以保管，待年终时统计一年得分。其四，如应试生员有不好好学习及违反规定者，初犯扣积分 1分，再犯扣 2 分，第三次犯就予以除名。如是属于要升高一级的生员，其有违反规定者，初犯就延迟一年升级，再犯就予以除名。在学生员，如一年内入斋学习时间不满半年的，也要予以除名。除每月规定假期外，其余即使请假，也算缺课。除蒙古、色目生员可另当别论外，汉人生员三年不能通一经和不努力学习的，勒令其退学。

元朝相当重视医学的教学内容与质量。大德九年（1305），礼部在呈

文中称，医学与刑法一样，关乎人的生死存亡，是人命关天的大事，因此，对其教学内容和质量必须严格把关，不精通医学典籍和儒家"四书"者，不得行医："平阳路泽州知州王祐所言：窃闻为世切务，惟医与刑，医者司命于人，刑者弼教于世。惟人也，以寒风暑湿遭其疾，以放辟邪侈陷于罪，深其疾须用医以治，陷于罪当施刑以断。然而医有明不明，刑有滥不滥。医不明，则不审气血虚实，而妄许药饵；刑或滥，则不详咎恶轻重，而妄加鞭朴。药饵妄许，则无益反害；鞭朴妄加，则无辜受殃。无益反害，死生相去不远；无辜受殃，存亡未知若何。嗟呼！不死则已，死则不复生；不亡则已，亡则不复存。可不慎哉！可不戒哉！是故医欲明，须玩味前贤之经训；刑不滥，在讲究本朝之典章。经训精，则许以为医；典章通，则用之为吏。今各路虽有医学，亦系有名无实。参详：莫若今后督责各处有司，广设学校。为医师者，命一通晓经书良医主之，集后进医生，讲习《素问》《难经》，仲景、叔和《脉诀》之类。然亦须通《四书》，务要精通。不精通者，禁治不得行医。"① 这是因为"夫《四书》实为学之本，进德之门，凡文武医卜，俱当习而知之，何止医者而已。且为医之，必须通晓天地运气、本草药性，运气则必当洞晓《易》道之玄微，药性则博通《毛诗》《尔雅》之名物。又医者论病以及因，原诊以知证，凡《尚书》《春秋》《三礼》等书，固当通晓……况业医者艺不精明，不能为上工；业不专科，则不能入妙"②。这就是说学医者学习儒家经典"四书""五经"，不仅能提高自身的道德修养，而且对治疗、用药有理论上的指导意义。更重要的是医生必须学习、精通医学经典，才能使自己医术精妙。基于这种认识，礼部建议"都省令太医院讲究到程试太医合设科目一十三科，合为十科，各有所治经书篇卷、方论条目"。"今将程式科目、各习经书开具于后"③：

---

① 《元典章》卷32《医学》。
② 《元典章》卷32《医学》。
③ 《元典章》卷32《医学》。

一，程试太医合设科目：

大方脉杂医科、小方脉科、风科、产科兼妇人杂病科、眼科、口齿兼咽喉科、正骨兼金镞科、疮肿科、针灸科、祝由书禁科。

二，各科合试经书：

大方脉杂医科：《素问》一部、《难经》一部、《神农本草》一部、张仲景《伤寒论》一部、《圣济总录》八十三卷（第二十一至一百卷、一百八十五至一百八十七卷）。

小方脉科：《素问》一部、《难经》一部、《神农本草》一部、《圣济总录》一十六卷（第一百六十七至一百八十二卷）。

风科：《素问》一部、《难经》一部、《神农本草》一部、《圣济总录》一十六卷（第五至二十卷）。

产科兼妇人杂病科：《素问》一部、《难经》一部、《神农本草》一部、《圣济总录》一十七卷（第一百五十至一百六十六卷）。

眼科：《素问》一部、《难经》一部、《神农本草》一部、《圣济总录》一十二卷（第一百二至一百一十三卷）。

口齿兼咽喉科：《素问》一部、《难经》一部、《神农本草》一部、《圣济总录》八卷（第一百一十七卷至一百二十四卷）。

正骨兼金镞科：《素问》一部、《难经》一部、《神农本草》一部、《圣济总录》四卷（第一百三十九卷至一百四十，并一百四十四至一百四十五卷）。

疮肿科：《素问》一部、《难经》一部、《神农本草》一部、《圣济总录》廿一卷（第一百一卷，又一百一十四至一百一十六，并一百二十五至一百三十八，又一百四十一至一百四十三卷）。

针灸科：《素问》一部、《难经》一部、《铜人针灸经》一部、《圣济总录》四卷（第一百九十一至一百九十四卷）。

祝由书禁科：《素问》一部、《千金翼方》二卷（第二十九至三十卷)、《圣济总录》三卷(第一百九十五至一百九十七卷)。①

从以上内容可以知道,元朝医学教学内容指导思想有3点较为突出:其一,医学关乎人命,因此政府对医学教学内容和质量相当重视。其二,医学生员不仅要学习医学典籍,而且还要学习儒家经典"四书五经",因为后者能提高行医者的道德修养,而且对治疗、用药有理论上的指导意义。其三,对当时医学十科所开列的学习经书既有相同的书目,又有不同的书目或同一书目的不同卷数。相同的书目一般是有关诊断、治疗、用药方面基础的书籍,如《素问》《难经》《神农本草》等;而不同的书目则依据各科目的特点而开列,如针灸科就特别开具《铜人针灸经》,祝由书禁科就特别开列《千金翼方》;同一书目的不同卷数则以《圣济总录》最为典型,不同的科目则开具同书的不同卷数。

元代对行医者的考试评级模仿科举考试:"赴试人员,从路府州县医户并诸色内,选举三十以上,医明行修,孝友信义著于乡间,为众所称,保结贡试。倘举不应,监察御史、廉访司体察。俺与省部家文书,行将各处去。乡试不限员数,教各科目通取一百人,赴都会试。取中的三十人,所课医义,照依至元十一年(1274)例量减二道。第一场本经义一道、治法一道,第二场本经义一道、药性一道,不限字数。候有成效,别议添设。于试中三十人内,第一甲充太医,二甲副提举,三甲教授。"②可见,元政府对行医者的考试评级首先重道德品质,即"行修,孝友信义著于乡间";其次,重考核医学中的治疗用药,即"治法""药性";再次,重医疗实践,"候有成效,别议添设"。

古代,由于阴阳学的一个重要作用是观测天象以预测吉凶盛衰,因此,政府往往禁止民间私自学习、传播阴阳学,以防止一些心怀叵测之人借此造谣惑众,阴谋煽动民众推翻当权者。为了使阴阳学为当权者所利用,政府垄断、控制对阴阳学的学习、传承,由政府指派教师,挑选

---

① 《元典章》卷32《医学》。
② 《元典章》卷32《医学》。

生员，印制教材。元代也是如此，据《元典章》卷 32《阴阳学》所载[①]，元政府一方面"禁约阴阳人"，"禁私造授时历"，"拘收旧历文书"，"禁收天文图书"，禁断《太一雷公式》《七曜历》《五公符》《推背图》《血盆》等书，"将旧历文书用心拘收，须要尽绝，不致隐匿。仍常切体究关防，毋令歹人生发"，另一方面在诸路置阴阳学，"设教授以训诲之"[②]。其教学的内容，应当就是这些被禁收的天文图书。元代阴阳学的考试模仿医学考试，"太医每试了有，后头人每肯学也者。阴阳人不曾试，未便。试呵……秋间依体例试者"[③]。

（四）学规思想

元朝为保证学校教育质量，促进人才的培养，制定了一系列的学规，对教师、学校管理者、学生，甚至勤杂人员进行制度化的约束，对工作有成绩者进行奖励，有过失者予以惩罚。

元政府规定，中央和地方学校中的官员和教师，如培养的学生成才人数多，成绩突出，则予以奖赏升迁；如工作不认真负责失职，违背师德甚至行为不端，违法乱纪，则要受到处罚、黜退。如"诸蒙古、汉人国子监学官任内，验其教养出格生员多寡，以为升迁"[④]。"诸随路学校，计其钱粮多寡，养育生徒，提调正官时一诣学督视，必使课讲有程，训迪有法，赏勤罚惰，作成人材，其学政不举者究之。诸教官在任，侵资钱粮，荒废庙宇，教养无实，行止不臧，有忝师席，从廉访司纠之；任满，有司辄朦胧给由者究之。诸赡学田土，学官职吏或卖熟为荒，减额收租，或受财纵令豪右占佃，陷没兼并，及巧名冒支者，提调官究之。""诸各处学校，为讲习作养之地，有司辄侵借其钱粮者，禁之。教官不称职者，廉访司纠之"。"其教之不以道者，监察御史纠之"。"诸在任及已

---

① 《元典章》卷 32《阴阳学》，此自然段引文未注出处者，均见于此。
② 《元史》卷 81《选举一·学校》。
③ 《元典章》卷 32《医学》。
④ 《元史》卷 103《刑法二·学规》，以下 3 个自然段引文未注出处者，均见于此。

代教官，辄携家入学，亵渎居止者，从廉访司纠之"。诸官员、教师如在学校教育中疏于管理，必须承担责任，受到处罚。如"诸各路医学大小生员，不令坐斋肄业，有名无实，及在学而训诲无法，课讲卤莽，苟应故事者，教授、正、录、提调官罚俸有差"。诸国子监生员"有违戾规矩……正、录知见不纠举者，从本监议罚"。在学校教学管理中，即使是勤杂人员失职或不遵守规定，也要受到惩罚，"其厨人、仆夫、门子，常切在学，供给使令，违者就便决责"。

元政府十分重视国子监博士、教授、太医院太医及内外郡县医官的考试选拔，如选拔不当，有关官员和推荐人必须负连带责任。"博士教授有阙，从监察御史举之，其不称职者黜之，坐及元举之官"。"太医院不精加考试，辄以私妄举充随朝太医及内外郡县医官，内外郡县医学不依法考试，辄纵人行医者，并从监察御史、廉访司察之"。

元代的学规内容更多的是对学生行为、纪律和学业等的约束和要求。如元政府规定"诸国子生悖慢师长、及行礼失仪、言行不谨、讲诵不熟、功课不办、无故废学、有故不告辄出、告假违限、执事失误、忿戾斗争，并委正、录纠举。除悖慢师长别议，余者初犯戒谕，再犯、三犯约量责罚"。"诸国学居首善之地，六馆诸生，以次升斋，毋或躐等。其有未应升而求升，及曾犯学规者，轻者降之，重者黜之"。"诸国子监私试积分生员，其有不事课业，及一切违戾规矩，初犯罚一分，再犯罚二分，三犯除名。已补高等生员，其有违戾规矩，初犯殿试一年，再犯除名，并从学正、录纠举"。"在学生员，岁终实历坐斋不满半周岁者，并除名。除月假外，其余告假，不用准算，学正、录岁终通行考较"。"诸奎章阁授经郎生员，每月朔望上弦下弦，给假四日；当入宿卫者，给假三日；余有故须请假者，于授经郎禀说，附历给假。无故不入学，第一次罚当日会食，第二次于师席前罚拜及当日会食，第三次于学士院及师席前罚拜及当日会食，三次不改，奏闻惩戒黜退"。"汉人生员，三年不能通一经，及不肯笃勤者，勒令出学"。"诸医人于十三科内，不能精通一科者，不得行医"。

第六节　公共事业管理思想

一、漕运思想

元代定都大都（今北京），大都作为当时的政治、文化、经济中心，人口众多，其粮食供给却主要依靠江南的农业区。因此，贯穿南北的京杭大运河成为漕运的主要交通路线。但是，大运河由于许多河段是人工开凿，河水深度不够，加上河中泥沙淤积，因此，严重影响了漕船的运行，尤其是在干旱无水季节更是如此。面对这种局面，朝廷要保持漕运的通行无阻，必须对京杭大运河进行治理。换言之，元政府对京杭大运河水系的治理，首先是为了漕运，其次才顾及农业上的灌溉。正如《元史》卷 64《河渠一》所指出的："元有天下，内立都水监，外设各处河渠司，以兴举水利、修理河堤为务。决双塔、白浮诸水为通惠河，以济漕运，而京师无转饷之劳；导浑河，疏滦水，而武清、平滦无垫溺之虞；浚冶河，障滹沱，而真定免决啮之患。开会通河于临清，以通南北之货；疏陕西之三白，以溉关中之田；泄江湖之淫潦，立捍海之横塘，而浙右之民得免于水患。"为了保障京杭大运河漕运的畅通无阻，元政府采取了7 项措施，对京杭大运河进行治理。

其一，禁止私决堤堰，引运河水用于灌溉、水碾等，以保证运河水位。太宗七年（1235）岁乙未八月敕："近刘冲禄言：'率水工二百余人，已依期筑闭卢沟河元破牙梳口，若不修堤固护，恐不时涨水冲坏，或贪利之人盗决溉灌，请令禁之。'刘冲禄可就主领，毋致冲塌盗决。犯者以违制论，徒二年，决杖七十。"① 文宗天历三年（1330）三月，"中书省臣

---

① 《元史》卷 64《河渠一》，本目引文未注出处者，均见于此。

言：'世祖时开挑通惠河，安置闸座，全借上源白浮、一亩等泉之水以通漕运。今各枝及诸寺观权势，私决堤堰，浇灌稻田、水碾、园圃，致河浅妨漕事，乞禁之。'奉旨：白浮、瓮山直抵大都运粮河堤堰泉水，诸人毋挟势偷决，大司农司、都水监可严禁之"。

其二，疏浚河道淤积泥沙，使运河淤浅河道水位变深，便于漕船航行。"延祐六年（1319）十月，省臣言：'漕运粮储及南来诸物商贾舟楫，皆由直沽达通惠河，今岸崩泥浅，不早疏浚，有碍舟行，必致物价翔涌。都水监职专水利，宜分官一员，以时巡视，遇有颓圮浅涩，随宜修筑，如工力不敷，有司差夫助役，怠事者究治。'从之。至治元年（1321）正月十一日，漕司言：'夏运海粮一百八十九万余石，转漕往返，全借河道通便，今小直沽汉河口潮汐往来，淤泥壅积七十余处，漕运不能通行，宜移文都水监疏涤。'工部议：'时农作方兴，兼民多艰食，若不差军助役，民力有所不逮。'枢密院言：'军人不敷。'省议：'若差民丁，方今东作之时，恐妨岁事。其令大都募民夫三千，日给佣钞一两、糙粳米一升，委正官提调，验日支给，令都水监暨漕司官同督其事。'四月十一日入役，五月十日工毕。"

《元史》卷65《河渠二·练湖》不仅记载了元政府对镇江路至吕城坝运河和练湖的疏浚，而且比较详细地记录了疏浚运河和练湖的细节，使我们今天能比较具体地了解当时通过各种办法对运河和练湖的疏浚，从而较好维护了江南这段运河的畅通。兹节录史籍记载如下：

至治三年（1323）十二月，省臣奏："江浙行省言，镇江运河全藉练湖之水为上源，官司漕运，供亿京师，及商贾贩载，农民来往，其舟楫莫不由此。宋时专设人夫，以时修浚。练湖潴蓄潦水，若运河浅阻，开放湖水一寸，则可添河水一尺。近年淤浅，舟楫不通，凡有官物，差民运递，甚为不便。委官相视，疏治运河，自镇江路至吕城坝，长百三十一里，计役夫万五百十三人，六十日可毕。又用三千余人浚涤练湖，九十日可完，人日支粮三升、中统钞一两。行省、行台分官监督。所用船物，今岁预备，来春兴工。合行事宜，

依江浙行省所拟。"既得旨，都省移文江浙行省，委参政董中奉率合属正官，亲临督役。

于是董中奉言："所委前都水少监崇明州知州任奉政、镇江路总管毛中议等议：练湖、运河此非一事，宜依假山诸湖农民取泥之法，用船千艘，船三人，用竹罱捞取淤泥，日可三载，月计九万载，三月之间，通取二十七万载，就用所取泥增筑湖岸。自镇江在城程公坝，至常州武进县吕城坝，河长百三十一里一百四十六步，拟开河面阔五丈，底阔三丈，深四尺，与见有水二尺，可积深六尺。所役夫于平江、镇江、常州、江阴州及建康路所辖溧阳州田多上户内差倩。若浚湖开河，二役并兴，卒难办集。宜趁农隙，先开运河，工毕就浚练湖。"省准所言，与都事王征事等于泰定元年（1324）正月至镇江丹阳县，洎各监工官沿湖相视，上湖沙冈黄土，下湖茭根丛杂，泥亦坚硬，不可罱取。又议两役并兴，相离三百余里，往来监督，供给为难，愿以所督夫一万三千五百十二人，先开运河，期四十七日毕，次浚练湖，二十日可完。继有江南行台侍御史及浙西廉访司副使俱至，乃议首事运河，备文咨禀，遂于是月十七日入役。

二月十八日，省臣奏："开浚运河、练湖，重役也，宜依行省所议，仍令便宜从事。"后各监工官言："已分运河作三坝，依元料深阔丈尺开浚，至三月四日工毕。数内平江昆山、嘉定二州，实役二十六日，常熟、吴江二州，长洲、吴县，实役二十八日，余皆役三十日，已于三月七日积水行舟。"又监修练湖官言："任奉议指划元料，增筑堤堰及旧有土基，共增阔一丈二尺，平面至高底滩脚，增筑共量斜高二丈五尺。依中堰西石达东旧堤卧羊滩修筑，如旧堤高阔已及所料之上者，遇有崩缺，修筑令完。中堰西石达至五百婆堤西上增高土一尺，有缺亦补之。五百婆堤至马林桥堤水势稍缓，不须修治，其堤底间有渗漏者，窒塞之。三月六日破土，九日入役，至十一日工毕，实役三日。归勘任少监元料，开运河夫万五百十三人，六十日毕，浚练湖夫三千人，九十日毕，人日支钞一两、米三

升，共该钞万八千一十四锭二十两，米二万七千二十一石六斗，实征夫万三千五百十二人，共役三十三日，支钞八千六百七十九锭三十六两，粮万三千三十九石五斗八升。比附元料，省钞九千三百三十四锭三十四两，粮万四千二石二升。其练湖未毕，相视地形水势再议。"

从以上记载，我们对元朝疏浚运河、湖泊公共工程的管理思想得出以下 4 点认识：第一，元朝兴建大规模公共工程必须论证其必要性和可行性。大臣在论证疏浚镇江路至吕城坝运河和练湖的必要性时指出，镇江运河是政府漕运供给京师的交通要道，并且也是民间商贾贩运、农民往来的水路交通，而练湖是镇江运河的上游，疏浚练湖蓄水，可为镇江运河提供水源，使运河增加水量便于漕运。其可行性是如役夫 10513 人，则 60 天可疏浚 131 里的镇江运河，如役夫 3000 人，则 90 天之内可疏涤练湖。第二，在疏浚镇江运河和练湖之前，主持者董中奉与同僚做了周密计划：由于工程浩大，将工程分为两个阶段，先疏浚运河，后浚涤练湖。疏浚运河的工程要求是，拟在 131 里的旧运河上重新开出河面阔 5 丈、底阔 3 丈、深 6 尺的新运河，以供漕运；用船和竹罱捞取湖中淤泥 27 万载，将所捞取的淤泥用于增筑湖岸。后来由于练湖中"上湖沙岗黄土，下湖茭根丛杂，不可罱取"，因此，只好改用其他方法浚涤练湖。第三，对疏浚运河和练湖进行严格的经费、人力预算和决算。如预算开运河疏浚练湖分别征用人夫共若干人，每一个人夫每日支钞、米若干，共需若干日完工，总预计支出钞、米若干。工程完工后进行决算，并与预算比较，得出共节省钞 9334 锭 34 两、粮食 4002 石 2 升。第四，兴建规模浩大的公共工程，在征发人夫时，注意不影响正常的农业生产，即"宜趁农隙，先开运河，工毕就浚练湖"。如上引至治元年（1321）疏涤小直沽汉河口淤泥壅积时，中书省大臣亦考虑到"若差民丁，方今东作之时，恐妨岁事"，因此决定政府出资"募民夫三千，日给佣钞一两、糙粳米一升"。

其三，建置坝牐节水以通漕运。人工开凿的运河水浅，难以承载较

大的漕船，元代政府除了疏浚河道淤泥，挖深河道使水加深外，还在沿河建置许多坝堨，逐段蓄水，使河水加深。"至元二十六年，寿张县尹韩仲晖、太史院令史边源相继建言，开河置堨，引汶水达舟于御河，以便公私漕贩。省遣漕副马之贞与源等按视地势，商度工用，于是图上可开之状。诏出楮币一百五十万缗、米四百石、盐五万斤，以为佣直，备器用，征旁郡丁夫三万，驿遣断事官忙速儿、礼部尚书张孔孙、兵部尚书李处巽等董其役。首事于是年正月己亥，起于须城安山之西南，止于临清之御河，其长二百五十余里，中建堨三十有一，度高低，分远迩，以节蓄泄。六月辛亥成，凡役工二百五十一万七百四十有八，赐名曰会通河。""至元二十八年，都水监郭守敬奉诏兴举水利，因建言：'疏凿通州至大都河，改引浑水溉田，于旧堨河踪迹导清水，上自昌平县白浮村引神山泉，西折南转，过双塔、榆河、一亩、玉泉诸水，至西水门入都城，南汇为积水潭，东南出文明门，东至通州高丽庄入白河。总长一百六十四里一百四步。塞清水口一十二处，共长三百一十步。坝堨一十处，共二十座，节水以通漕运，诚为便益。'从之。首事于至元二十九年之春，告成于三十年之秋，赐名曰通惠。凡役军一万九千一百二十九，工匠五百四十二，水手三百一十九，没官因隶百七十二，计二百八十五万工，用楮币百五十二万锭，粮三万八千七百石，木石等物称是。役兴之日，命丞相以下皆亲操畚锸为之倡。置堨之处，往往于地中得旧时砖木，时人为之感服。船既通行，公私两便。先时通州至大都五十里，陆挽官粮，岁若干万，民不胜其悴，至是皆罢之。"从以上记载我们可以看出，京杭大运河的最北一段会通河和通惠河，坝堨在保持河道水深、保证漕船通行方面发挥了重要作用。正由于如此，元政府对会通河、通惠河的开河置堨工程十分重视，不惜投入大量人力、财力。如开凿会通河和置坝堨等配套设施共役工 2510748 人，开支楮币 150 万缗、米 400 石、盐 5 万斤；开凿通惠河和置坝堨等配套设施共役军士 19129 人、工匠 542 人、水手 319 人、因徒 172 人，共计 2850000 工，开支楮币 152 万锭、粮食 38700 石。朝廷在动工开凿通惠河时，还命令丞相以下官员都亲自携带

畚、锸等工具参加开工典礼，以示朝廷对开凿通惠河的重视。长 250 余里的会通河建有牐 31 座，根据地形的高低、距离的远近而科学合理地设置，从而达到节水、蓄水和泄水的功能，以调节运河水位，保障漕运的通畅。长 164 里的通惠河设坝牐 10 处，共建有 20 座，以节水通漕运。由此可以看出，元代的建坝牐以保持河道水深而达到通漕运的工程已达到较高的工程建筑水平，能根据地形的高低、距离的远近而逐级节水、蓄水，然后在漕船经过时泄水，从而使漕船顺利通行。这种复杂的系统工程使有限的水源得到充分的利用。至元二十八年（1348）在疏凿通惠河时，朝廷任命著名科学家郭守敬主持。郭守敬发挥了其杰出的水利知识，所勘定的河道和需置牐的地点，往往与前代不谋而合，充分证明了郭守敬所勘定河道和置牐地点的科学性，从而也说明元政府尊重科学技术尊重人才的用人思想。元政府在兴建大规模公共工程时还重视前期的工程本身规划和经费开支论证，如动工开凿会通河和沿河置牐之前，派遣大臣马之贞与边源到实地察看地形，计算工程经费，并且通过画成图来论证开凿会通河和沿河置牐的可行性。

会通河、通惠河开通及沿河坝牐的配套设施建成后，元政府还重视对其管理，禁止王公贵族、权势之人、不法官吏利用权势滥用坝牐牟利或勒索过往客旅，必须依法利用好牐坝。"天历三年（1330）三月，诏谕中外：'都水监言：世祖费国家财用，开辟会通河，以通漕运。往来使臣、下番百姓，及随从使臣、各枝斡脱权势之人，到牐不候水则，恃势捶挞看牐人等，频频启放。又漕运粮船，凡遇水浅，于河内筑土坝，积水以渐行舟，以故坏牐。乞禁治事。命后诸王驸马各枝往来使臣，及斡脱权势之人、下番使臣等，并运官粮船，如到牐，依旧定例启闭，若似前不候水则，恃势捶拷守牐人等，勒令启牐，及河内用土筑坝坏牐之人，治其罪。如守牐之人，恃有圣旨，合启牐时，故意迟延，阻滞使臣客旅，欺要钱物，乃不畏常宪也。'仍令监察御史、廉访司常加体察。"

其四，在会通河置小牐和石则，限制大船入运河，以防大船搁浅阻塞河道。元政府尽管采取了禁止私决堤堰、疏浚河道、置坝牐节水蓄水

等措施来维护漕运畅通，但是由于会通河水量十分有限，河水不深，仍然承载不了载重量较大的漕船，经常发生大船搁浅河中，阻滞官民船只来往通航。对此，元政府不断采取措施，限制大船入运河，兹节录《元史》卷64《河渠一》有关记载：

延祐元年（1314）二月二十日，省臣言："江南行省起运诸物，皆由会通河以达于都，为其河浅涩，大船充塞于其中，阻碍余船不得来往。每岁省台差人巡视，其所差官言，始开河时，止许行百五十料船，近年权势之人，并富商大贾，贪嗜货利，造三四百料或五百料船，于此河行驾，以致阻滞官民舟楫，如于沽头置小石牐一，止许行百五十料船便。臣等议，宜依所言，中书及都水监差官于沽头置小牐一，及于临清相视宜置牐处，亦置小牐一，禁约二百料之上船，不许入河行运。"从之。

至治三年（1323）四月十日，都水分监言："会通河沛县东金沟、沽头诸处，地形高峻，旱则水浅舟涩，省部已准置二滚水堰。近延祐二年（1315），沽头牐上增置隘牐一，以限巨舟……"会验监察御史言："延祐初，元省臣亦尝请置隘牐以限巨舟，臣等议，其言当，请从之。"于是议：梭板等船乃御河、江、淮可行之物，宜遣出任其所之，于金沟、沽头两牐中置隘牐二，各阔一丈，以限大船。若欲于通惠、会通河行运者，止许一百五十料，违者罪之，仍没其船。其大都、江南权势红头花船，一体不许来往，准拟拆移沽头隘牐，置于金沟大牐之南，仍作运环牐，其间空地北作滚水石堰，水涨即开大小三牐，水落即锁闭大牐，止于隘牐通舟。果有小料船及官用巨物，许申禀上司，权开大牐，仍添金沟牐板积水，以便行舟……

泰定四年（1327）四月，御史台臣言："……都水监元立南北隘牐，各阔九尺，二百料下船梁头八尺五寸，可以入牐。愚民嗜利无厌，为隘牐所限，改造减舷添仓长船至八九十尺，甚至百尺，皆五六百料，入至牐内，不能回转，动辄浅阁，阻碍余舟，盖缘隘牐之

法，不能限其长短。今卑职至真州，问得造船作头，称过牐船梁八尺五寸船，该长六丈五尺，计二百料。由是参详，宜于隘牐下岸立石则，遇船入牐，必须验量，长不过则，然后放入，违者罪之。牐内旧有长船，立限遣出。"省下都水监，委濠寨官约会济宁路委官同历视议拟，隘牐下约八十步河北立二石则，中间相离六十五尺，如舟至彼，验量如式，方许入牐，有长者罪遣退之。又与东昌路官亲诣议拟，于元立隘牐西约一里，依已定丈尺，置石则验量行舟，有不依元料者罪之。

元代开凿会通河之初，就根据会通河有限的水深，仅允许通航载重量150料的船只。但是至延祐年间，权势之人、富商大贾为了牟利，不断违规建造大船，直至造出300—500料的船只用于会通河航行。此严重超载的后果是河道阻塞，影响官民过往船只通行。对此，元政府于沽头、临清两处置小牐，禁止200料之上船进入会通河。但是置小牐主要是通过限制船的宽度来禁止大船进入会通河，一些嗜利之人就改造宽度隘、船身超长的大船，即小牐宽9尺，这些人就将船造8尺5寸宽度，一般载150料船长65尺，这些人就加长80—100尺，可载五六百料。这种加长之船进入运河，比原超重船带来更严重的后果，即船身太长，"不能回转，动辄浅阁，阻碍余舟"。针对这种情况，元政府在小牐（隘牐）边加立石则，用以丈量船身长度。如船身长度超过65尺，即为超长，必须受到处罚，并且不得进入会通河航道。

其五，大船无法航行时，改用小船进行搬载。元代，当某段运河在枯水季节水深不到2尺时，连政府规定的载重150料的漕船都无法通航时，就只得改用小船进行搬载。如"至元三十年（1293）九月，漕司言：'通州运粮河全仰白、榆、浑三河之水，合流名曰潞河，舟楫之行有年矣。今岁新开牐河，分引浑、榆二河上源之水，故自李二寺至通州三十余里，河道浅涩。今春夏天旱，有止深二尺处，粮船不通，改用小料船搬载，淹延岁月，致亏粮数。先是，都水监相视白河，自东岸吴家庄前，就大河西南，斜开小河二里许，引榆河合流至深沟坝下，以通漕舟。今丈量，自深沟、榆河上湾，至吴家庄龙王庙前白河，西南至坝河八百步。及巡视，知榆河上源筑闭，其水尽趋通惠河，止有白佛、灵沟、一子母三小河水入榆河，泉脉微，不能胜舟。拟自吴家庄就龙王庙前闭白河，于西南开小渠，引水自坝河上湾入榆河，庶可漕运。又深沟乐岁五仓，积贮新旧粮七十余万石，站车挽运艰缓，由是访视通州城北通惠河积水，至深沟村西水渠，去乐岁、广储等仓甚近，拟自积水处由旧渠北开四百步，至乐岁仓西北，以小料船运载甚便。'都省准焉。通惠河自通州城北，至乐岁西北，水陆共长五百步，计役八万六百五十工。"

其六，元代漕运管理的重点是保持漕运河道的通畅，除此之外，也必须对漕船及负责漕运官吏、船夫等实行管理。元代的漕船，主要是雇用民间的船只。为了有效对雇船进行管理，对雇船船户的籍贯、姓名进行登记，并由管船、饭头人等说合，订立雇船合同，并由饭头等人作保。至元三十一年（1294），元政府规定："今后凡雇乘船之人，须要经由管船、饭头人等，三面说合，明白写立雇船文约。船户端的籍贯、姓名，不得书写'无籍贯'并'长河船户'等不明字样。及保结揽载之后，倘有疏失，元保饭头人等与贼人一体断罪。仍将保载讫船户并客旅姓名、前往何处勾当、置立文簿，明白开写，上下半年于所属官司呈押，以凭稽考。"①

元代在雇用民间船只中，一些不法官吏依仗手中权力，强行拘刷捉拿过往船只，剥卸船中所装货物，勒令装载官府粮食，敲诈客旅钱财，使客船深受其害，导致运河沿岸米货不通、物价飞涨，社会动荡不安。对此，元政府一再下令予以禁止，命令御史台、按察司纠察，对不法官吏进行惩处，并规定雇船必须官、民双方公平交易，官府必须预先支付船主价钱。如至元十九年（1282）十一月，行御史台札付："近为拘刷船只扰民不便，宪台与扬州行省官议过，出榜省谕各处官吏上下人等：'今后须管两平和雇五六百料以下、二百料之上堪以装粮好船，先行放支脚

---

① 《元典章》卷 59《船只》。

价。毋得将客人装茶盐米麦柴薪重船，并不得雇觅大小船只，依恃官府一概拘刷，强行剥卸，厘勒装粮，使船户人等至甚生受。除已暗行差官捉拿外，如有违犯之人，捉拿到官，取问是实，定将犯人对众号令，严行断罪，仍取所在官司有失钤束招伏究治。'如此禁约去讫。今体知得沿河上下官司，差人搬贩米麦物斛，重载船只，指以雇船为名，强行剥卸拘撮，致使客旅不通，因而诸物涌贵。若不禁约，深为未便。仰速为差委能干人员，前去拘该去处，暗行体察。如有违犯之人，捉拿到官，依上严行治罪，仍取所在官司有失钤束招伏申台。"① 至元二十年（1283）六月，行御史台据监察御史呈"钦奉圣旨条画节文：'所在官司，却不得依前强行拘刷船只，骚扰百姓，如违并行究治。'钦此。上年江淮上下及淮浙等处小河，往来客船相望不绝水来。诸处官司指以雇船装载官粮官物为名，故纵公吏、祗候、弓手人等，强行拘刷捉拿往来船只，雇一扰百，无所不为，所以客船特少，以致物价腾贵，盗贼公行，实与官民为害"等事。得此。宪台相度：仰行下合属，果若各路起运官物，必须本处就便和雇船只者，并依例两平和雇，先支价钱，不得以和雇为名强行桩配拘刷，阻当客旅。如有违拒去处，令本处纠察施行。② 同年，"御史台：承奉中书省札付：'照得近岁天旱，中原田禾薄收，物斛价高，百姓艰食，诸处商贩搬贩南米者极多。体知得随处官司遇有递运，将贩卖物斛车船，一概拘撮拖拽，以致水陆道路涩滞难行，南北米货不通，民间至甚不便。都省除已札付户部，移咨行省，遍下合属，江淮等处米粟任从客旅兴贩，官司毋得阻当。搬运物斛车船并免递运，不以是何人等，毋得拘撮拖拽。仍于关津渡口，出榜晓谕，如遇籴贩物斛船车经过，不得非理遮当搜检，妄生刁蹬，取要钱物，违者痛行治罪。'仰各道按察司禁治施行"③。

---

① 《元典章》卷59《船只》。

② 《元典章》卷59《船只》。

③ 《元典章》卷59《船只》。

元代负责漕运的船夫是"各路元拨船户军夫,除免差税,官给船只,专一漕运粮斛,别无余事"①。由于船夫生活艰苦,经常受官吏的侵渔、盘剥,因此经常发生逃亡现象。为了加强对船夫的管理和严密控制,"元逃户内有已招集人户,即便发付当该纲官收管着船,依上附簿关防。每月一次,开具元管、逃亡、复业、实在各各户数,不过次月初十日以里,申报到部,以凭差官计点,仰望少革纲官人等奸贪扰民之弊,不致靠损见在当役船户"②。如果发生运粮船户大批逃亡,有关官吏必须受到惩罚。大德六年(1302)四月,户部呈:"运粮船户,节次逃亡一千余户。究其源由,盖因漕运司失于拘钤,纵令纲官人等恣意侵渔;或将近上有力之家影占,不令上船当役;或将已招复业逃户,不行申官起遣,以致靠损在船人户。本部参详:合令漕运司取勘实在船户,置簿开写纲官各管船只料例同船户花名,时复委官点勘。若有阙役或破说事故之人,先行着落纲官雇人代替,须要勾捉正身到官,断罪当役。受赃者验赃多寡追断,纲官有犯仍除名……纲官头目中间作弊,齐敛钱物,放富差贫,及自行代替,本管上司亦不点视关防究问,以致如此。今后若有违犯,许诸人首告,取问是实,痛行追断。本管上司失检举者,亦行治罪。除外,仰严加体察。"③

《元史》卷103《刑法二》记载了一些对漕运官不法行为的惩罚条文,其中有的是针对海道漕运官,但是,如河道漕运官犯有类似的罪行,当也要处以同等的处罚。兹引录如下:"诸漕运官,辄拘括水陆舟车,阻滞商旅者,禁之。诸漕运官,辄受赃,纵水手人等以稻糠盗换官粮者,以枉法计赃论罪,除名不叙。诸海道都漕运万户府所辖千户已下有罪,万户问之;万户有罪,行省问之。徇情者,监察御史廉访司察之,漕事毕,然后廉访司考其案牍。诸海道运粮船户,盗粜官粮,诈称遭风覆没者,

---

① 《元典章》卷59《船只》。
② 《元典章》卷59《船只》。
③ 《元典章》卷59《船只》。

计赃刺断，虽会赦，仍刺之。"① 从立法层面看，首先，元政府对漕运官受赃后纵容水手盗取官粮、盗粜官粮的处罚相当严厉，在量刑上等同于枉法计赃论罪。在元代，与唐宋等朝代一样，对官吏犯赃罪的处罚仅次于谋反、谋大逆等处罚。国家之所以对侵盗国家钱粮的处罚如此之重，就是为了对贪官污吏形成强大的威慑力，使他们不敢以身试法，从而保证国家的财产不受侵犯。其次，元政府注意保护船户、船夫的基本权益，对官吏任意拘刷捉拿过往船只、勒令装载官府粮食、敲诈客旅钱物、恣意侵渔船户等不法行为，予以惩治，从而保障民间商贸往来，维持社会稳定。

其七，派官员巡视维护运河，以保障漕运的畅通无阻。在元代，运河沿岸经常会发生以下事情：河岸坍塌，阻塞河道；沿河居民，掘堰堤作井，就堤取土，破坏堤堰，走泄水势，使漕船搁浅；河道内暗藏桩橛，使漕船碰破等，影响漕船正常安全航行。因此，政府必须派官不时巡视整治，及时制止影响漕运的行为，排除阻塞河道、损坏漕船的危害因素，从而保障漕运的畅通无阻。"至元三年（1266）七月六日，都水监言：'运河二千余里，漕公私物货，为利甚大。自兵兴以来，失于修治，清州之南，景州以北，颓阙岸口三十余处，淤塞河流十五里。至癸巳年，朝廷役夫四千，修筑浚涤，乃复行舟。今又三十余年，无官主领。沧州地分，水面高于平地，全借堤堰防护。其园圃之家掘堤作井，深至丈余，或二丈，引水以溉蔬花。复有濒河人民就堤取土，渐至阙破，走泄水势，不惟涩行舟，妨运粮，或致漂民居，没禾稼。其长芦以北，索家马头之南，水内暗藏桩橛，破舟船，坏粮物。'部议以滨河州县佐贰之官兼河防事，于各地分巡视，如有阙破，即率众修治，拔去桩橛，仍禁园圃之家毋穿堤作井，栽树取土。都省准议。七年，省臣言：'御河水泛武清县，计疏浚役夫一十，工八十日可毕。'从之。"

---

①　《元史》卷 103《刑法二》。

二、 水利、 桥梁道路工程思想

（一） 修建堤堰防水灾思想

元政府充分认识到堤堰在防范水灾中的重要性，因此要求各级地方官吏必须在农闲时组织农民修建堤堰。如官吏在组织民众修建堤堰中不负责任，使堤堰缺坏，而在水灾中淹没民田，使百姓流离失所的，该官吏必须受到处罚。《元史·刑法二》规定："诸有司不以时修筑堤防，霖雨既降，水潦并至，漂民庐舍，溺民妻子，为民害者，本郡官吏各罚俸一月，县官各笞二十七，典吏各一十七，并记过名。""至元二十一年（1284）二月，准御史台咨该：准御史中丞崔少中牒：'古人防患，其虑甚长，有预备于千万年之久者。无识之人，指为迂阔，因循不治，患出仓卒，无可奈何。谓如诸处防河堤堰，损代施工，不问水旱，常切完备。迩年以来，诸处河流大者浅缩，小者干涸，人习见此以为常然，遂不以涨溢为虑，堤防缺废，久不增筑。今年大小河流汗漫，冲没旧堰，田野人烟湮没者多。此由平日但顾目前，不虑后患之故。今合于农隙之时，委各路总管以至州县长官，各督察管内堤堰等事。应濒河旧有堤堰去处，差拨附近人夫，修筑废缺。如有功绩不遍，致令今后飘流居人，任满于解由内开具，到部之日，约量大小责罚，仍委各道按察司常切觉察，似望有积年之防，无一朝之患。牒请照验。'准此。"① 尔后，都省议得："诸处堤堰，令各路总管并州县长官提调，常切验视，但有损坏，即便修完。如有不为用心，致令缺坏，潜没民田，令各道按察司纠察是实，取招申上，事轻约量责罚，事重别行议罪。除已札付工部，行移合属照会外，仰依上施行。"② 大德年间，元政府又重申，州县官吏在修建堤堰中不负责任，致使堤堰不坚固而造成水灾危害的，必须追究该官吏的责任。州县官吏必须在农闲时组织民众修筑堤堰，并且将堰堤修筑坚固，以预

---

① 《元典章》卷 59《桥道》。
② 《元典章》卷 59《桥道》。

防水患。"大德二年（1298）九月，湖广行省：准中书省咨：'据工部呈：准都水监关：奉省札定到本监合行事内一项：沿江州县官司，凡桥梁堤岸损坏不为修视，及修而失时，或虚费人工而不坚固，以致为害者，仰本监就便究治。奉此。照得防御水患，诚为重事，累经遍行，预先修理去讫。今各处官司看为细务，农隙之时不行规措，直至农忙水发为害，才行申报。虽是差官驰驿相料修理，且救一时之急，终不坚固，以此每岁妨集农务，虚劳民力，深是未便。拟合遍行各处，厘勒正官提调任其事。今后遇有合修去处，须趁农隙之时，修理坚完，预防水患，实为便益。准此。除已行移合属照会外，据各道行省，宜从都省移咨，依上施行。'准此。省府仰行下合属，厘勒正官一员提调。若有冲缺堤岸，须趁农隙之时修理坚完，预防水患，毋得失时，虚费民力动摇违错。"①

元仁宗延祐年间，河南境内黄河因沿岸水泊污池被权势之家占为己有开垦作为农田，使黄河泛滥时水无所流蓄，溢出堤堰成灾，或决破河岸成灾。对此，河南等处行中书省提出增筑河堤堰以防水灾。"延祐元年（1314）八月，河南等处行中书省言：'黄河涸露旧水泊污池，多为势家所据，忽遇泛溢，水无所归，遂致为害。由此观之，非河犯人，人自犯之。拟差知水利都水监官，与行省廉访司同相视，可以疏辟堤障，比至泛溢，先加修治，用力少而成功多。又汴梁路睢州诸处，决破河口数十，内开封县小黄村计会月堤一道，都水分监修筑障水堤堰，所拟不一。宜委请行省官与本道宪司、汴梁路都水分监官及州县正官，亲历按验，从长讲议。'由是委太常丞郭奉政、前都水监丞边承务、都水监卿朵儿只、河南行省石右丞、本道廉访副使站木赤、汴梁判官张承直，上自河阴，下至陈州，与拘该州县官一同沿河相视。"②

（二） 修建桥梁、 道路思想

元代政府还重视各地桥梁、道路的修建以及其修建的质量，以保证

---

① 《元典章》卷59《桥道》。

② 《元史》卷65《河渠二》。

各地交通的畅通。《元史·刑法二》载："诸有司桥梁不修，道途不治，虽修治而不牢强者，按治及监临官究治之。"政府在修建桥梁时，为保证所修桥梁的坚固，很重视对桥梁木结构部分木料的保管，以避免木料因保管不善而腐烂，从而影响桥梁质量。"至元五年（1268）八月，中书右三部呈奉中书省札付：为随路官钱，议到事理内一款：盖起桥梁造船，仰各路拘该驿站桥梁，自五月一日合拆时分，令县尉并设簿尉去处，依时拆卸。如有缺员，委自以上官兼管。将木植等物备细数目，移牒本县簿尉，于高阜处苫盖停顿，无致糟烂漂流遗失，候八月一日搭尽，须要如法坚固，不致垫塌损坏。令长官常切检校，若是年深委有损坏，照勘是何年分修盖，到今几年，合行修理，随即预为计料工物，申覆本管上司，委官覆料实用工物价直，从本管上司保结，预为申部，呈省定夺许准明文，放支修造，毋得擅支官钱。"①

对于道路，元政府规定，每年9月1日开始定期修建，至11月1日修建结束。如主要道路有出现塌陷、损害、积水等影响交通的，必须随时进行修建，并由各地按察司检察。"至元八年（1271）八月，尚书省：据大司农司呈：都水监申：'会验中书省奏奉圣旨数内一款节该：都水监所管河渠、堤岸、道路、桥梁，每岁修理。钦此。除钦依外，照得旧例：九月一日平治道路，令佐贰官监督附近居民修理，十一月一日修毕。其要道陷坏、停水，阻碍行旅者，不拘时月，量差本地分人夫修理。仍委按察司以时检察。今已相近九月，须合预为申覆，乞行下各路平治'事。省府除已札付大司农司，就便行下各路依上施行，仰行移各道提刑按察司检察施行。"②

元代，政府还十分重视在道路两旁、城郭周围、堤堰河渠两岸栽种树木，鼓励民众栽种，所种树木归种植者使用。并强调所栽树木的成活率，禁止马匹啃咬、百姓任意砍伐等。"延祐元年（1314）正月，江浙行

① 《元典章》卷59《桥道》。
② 《元典章》卷59《桥道》。

省准中书省咨：大司农司呈：会验钦奉圣旨节该：'随路达鲁花赤、管民官、管军官、管站官、人匠、打捕鹰房、僧、道、医、儒、也里可温、答夫蛮诸色人等，自大都随路州县城郭周围，并河渠两岸急递铺道店侧畔，各地随宜，官民栽种榆柳槐树，令本处正官提调点护成树。系官栽到者，营修堤岸桥道等用度；百姓自力栽到者，各家使用。委自州县正官提点，春首栽植，务要生成。禁约蒙古、汉军、探马赤、权豪诸色人等，不得恣纵头匹咽咬，亦不得非理砍伐。违者，各路达鲁花赤、管民官依条治罪。'钦此。已经遍谕外，合行已久，例合举行。移准上都分司咨：'皇庆二年（1313）七月二十一日，也可怯薛第二日，大安阁后香殿内有时分，特速古儿赤野讷、院使光兀儿不花等有来……减里都事等奏过事内一件节该：世祖皇帝时分，随路州县城郭周围，并河泊两岸急递铺道店侧畔，各随风土所宜，栽植榆柳槐树，令各处官司护长成树，官民便益。奏呵，奉圣旨：那般者。你与省家文书，教遍行者。钦此。'"①

（三）　胡祗遹水利思想

在元人有关水利的议论中，胡祗遹的思想与主流水利思想颇有不同之处。胡祗遹（1227—1295），字绍闻，号紫山，河南武安人。世祖中统年间初为员外郎。至元年间因忤阿合马，出为太原路治中。历任河东山西道提刑按察副使、荆湖北道宣慰副使、济宁路总管、山东东西道提刑按察使、江南浙西道提刑按察使，因病致仕。他著有《紫山大全集》，其中《杂著》部分论及元代一系列政治、经济与社会问题，能从当时现实发论，独具见地。因此，被誉为元初"经济之良才，时务之俊杰"②。扬历中外，颇具政绩。以下对其水利思想做一简要介绍。

其一，胡祗遹认为，兴修水利应当看各地区是否需要，如该地区没有需要，就不必劳民兴修，而影响农业生产。他指出："荆楚吴越之用水，激而使之在山，此盖地窄人稠，无田可耕，与其饥殍而死，故勤劬

---

① 《元典章》卷 59《桥道》。
② 《秋涧先生大全文集》卷 91《举明宣慰胡祗遹事状》。

百端，费功百倍，以求其食。我中原平野沃壤，桑麻万里，雨风时若，一岁收成得三岁之食，荒闲之田，不蚕之桑尚十之四，但能不夺农时，足以丰富，何苦区区劳民，反夺农时，一开不经验之水，求不可必之微利乎？此二不可也。"[1]

其二，胡祇遹从自然界观察到，水性各不相同，有的水有益于作物生长，有的水不利于作物生长，因此他认为，不能盲目地开渠引水灌溉。他说："均为一水，其性各不同，有薄田伤禾者，有肥田益苗者。怀州丹、沁二水相去不远，丹水利农，沁水反为害。百余年之桑枣梨柿，茂林巨木，沁水一过，皆浸渍而死，禾稼亦不荣茂。以此言之，利软害软？似此一水，不唯不可开，当塞之使复故道，以除农害。此水性之当审，不可遽开，一也。"

其三，胡祇遹反对越山逾岭，动辄数百里开凿运河，因为这么巨大的水利工程如没有大量的财力、人力，是很难完成的。他指出："前年在京，以水上下不数里，小民雇工有费钞数贯，过于一岁所有丝银之数，竟壅遏不能行，何况越山逾岭，动辄数百里，其费每户岂止钞数贯，其功岂能必成？有天地以来，历数千万年之久，经千万有智之士，其事既不举行，足见其不可为用，此三不可也。"

其四，胡祇遹指出，有些河流河岸很深，难以用于灌溉，如要既用于灌溉又能避免水害，必须开凿很宽的河道，且要占用很多农田，而不一定就能用于灌溉。他说："且如滏水、漳水、李河等水，河道岸深不能便得为用，必于水源开凿，不宽百余步不能容水势，霖雨泛溢尚且为害，又长数百里，未得灌溉之利，所凿之路先夺农田数千顷，此四不可也。"

其五，胡祇遹指出，大都附近如开渠引河水灌溉，就会使原本水量不足的运河更加浅涩，势必影响漕运粮食和食盐。他说："十年以来，诸处水源浅涩，御河之源尤浅涩，假诸水之助，重船上不能过唐庄，下不能过杨村，傥又分众水以灌田，每年五六百万石之粮运，数千只之盐船，

---

① 《吏学指南》外三种，第 207—208 页，以下胡祇遹言论引文均见于此。

必不可行，此五不可也。"

其六，胡祗遹认为，朝廷设劝农、水利官吏既扰民又增加国家俸禄开支。他指出："四道劝农已为扰民，又立诸道水利官吏，土功并兴，纷纷扰扰，不知何时而止，费俸害众，此六不可也。"

从《元史·河渠志》及其他史籍考察，元朝是古代比较重视兴修水利的朝代。正如《元史》编撰者所言："元有天下，内立都水监，外设各处河渠司，以兴举水利、修理河堤为务……一代之事功，所以为不可泯也。"[①] 但是，正是在朝廷上下热议兴修水利的氛围中，胡祗遹却清醒地提出不可盲目兴修水利工程。他具体列举出 6 种情况下不可盲目兴修：不利于农作物生长的水，不可盲目开凿；该地区不需要兴修水利工程的，就不必劳民兴修而影响农业生产；对于越山逾岭、动辄数百里的开凿运河工程，要耗费大量的财力、人力，不可贸然动工；有些灌溉工程要占用很多农田，且灌溉效果不好，不可盲目兴修；有些开渠引水灌溉工程会影响漕运，不可动工；盲目增设水利官吏、大兴水利工程，既扰民又增加国家俸禄开支，必须予以制止。胡祗遹以朴素的辩证唯物主义思想，实事求是，从实际情况出发，比较客观冷静地分析了 6 种盲目兴修的水利工程。其分析虽然不尽科学，但观点具有独到之处。

三、 治理黄河思想

（一） 设置专职官吏治河思想

在中国古代治理江河中，黄河是最难以治理的，其原因是多方面的。如黄河中上游流域土质疏松，植被破坏严重，水土流失造成河道泥沙淤积严重，在一些河段，黄河水位高于河岸两边平地，形成地上河，而且黄河流域的降水很不平均，当降水过多时，就会形成水灾，严重时河水冲决岸堤，淹没周围地区民居、农田，对人民生命和财产造成严重危害。

正由于治理黄河难，元代政府认识到治理黄河是一项技术性、科学

---

① 《元史》卷 64《河渠一》。

性很强的水利工程，必须由精通水利专业知识的官员来主持这项工程，才能收到预期的效果。武宗至大三年（1310）十一月，河北河南道廉访司言："黄河决溢，千里蒙害，浸城郭，漂室庐，坏禾稼，百姓已罹其毒。然后访求修治之方，而且众议纷纭，互陈利害，当事者疑惑不决，必须上请朝省，比至议定，其害滋大，所谓不预已然之弊。大抵黄河伏槽之时，水势似缓，观之不足为害，一遇霖潦，湍浪迅猛。自孟津以东，土性疏薄，兼带沙卤，又失导泄之方，崩溃决溢，可翘足而待。近岁亳、颍之民，幸河北徙，有司不能远虑，失于规划，使陂泊悉为陆地。东至杞县三汊口，播河为三，分杀其势，盖亦有年。往岁归德、大康建言，相次湮塞南北二汊，遂使三河之水合而为一。下流既不通畅，自然上溢为灾。由是观之，是自夺分泄之利，故其上下决溢，至今莫除。即今水势趋下，有复巨野、梁山之意。盖河性迁徙无常，苟不为远计预防，不出数年，曹、濮、济、郓蒙害必矣。今之所谓治水者，徒尔议论纷纭，咸无良策，水监之官，既非精选，知河之利害者，百无一二。虽每年累驿而至，名为巡河，徒应故事。问地形之高下，则懵不知；访水势之利病，则非所习。既无实才，又不经练。乃或妄兴事端，劳民动众，阻逆水性，翻为后患。为今之计，莫若于汴梁置都水分监，妙选廉干、深知水利之人，专职其任，量存员数，频为巡视，谨其防护，可疏者疏之，可堙者堙之，可防者防之。职掌既专，则事功可立。较之河已决溢，民已被害，然后卤莽修治以劳民者，乌可同日而语哉。"①

尔后，工部针对黄河"其势愈大，卒无成功，致连年为害，南至归德诸处，北至济宁地分，至今不息"的严重情况，也提出必须选用廉干奉公、对黄河流域地形水势深有研究的人，作为治河官员，专门负责治理黄河水患："黄河为害，难同余水，欲为经远之计，非用通知古今水利之人专任其事，终无补益。河南宪司所言详悉，今都水监别无他见，止依旧例议拟未当。如量设官，精选廉干奉公、深知地形水势者，专任河

---

① 《元史》卷 65《河渠二》。

防之职，往来巡视，以时疏塞，庶可除害。"① 在河北河南道廉访司和工部的请求下，中书省"准令都水分监官专治河患，任满交代"②。

（二） 治理黄河必须顺应自然规律思想

元人在治理黄河中认识到，黄河虽然难治，但如能深入了解黄河"水性"，顺应自然规律，就能收到事半功倍的治理黄河效果。"元成宗大德元年（1297），河决蒲口，台檄令河北河南肃政廉访使尚文按视防河之策。文建言：'长河万里西来，其势湍猛，至盟津而下，地平土疏，移徙不常，失禹故道，为中国患，不知几千百年矣。自古治河，处得其当，则用力少而患迟；事失其宜，则用力多而患速，此不易之定论也。今陈留抵睢，东西百有余里，南岸旧河口十一，已塞者二，自涸者六，通川者三，岸高于水，计六七尺或四五尺；北岸故堤，其水比田高三四尺，或高下等，大概南高于北，约八九尺，堤安得不坏，水安得不北也。蒲口，今决千有余步，迅疾东行，得河旧渎，行二百里至归德。横堤之下，复合正流，或强湮遏，上决下溃，功不可成。揆今之计，河西郡县，顺水之性，远筑长垣，以御泛滥；归德、徐、邳，民避冲溃，听从安便，被患之家，宜于河南退滩地内给付顷亩，以为永业。异时河决他所者，亦如之。信能行此，亦一时救荒之良策也。蒲口不塞，便。'朝廷从之。"③ 在此，尚文的治理黄河指导思想是：如顺应黄河"水性"，处置得当，就能收到用力少而延迟黄河为患的效果；如不顺应黄河"水性"，处置失宜，就会出现用力多而加速黄河为患的可能。其具体措施是黄河在蒲口决口，由于当地是黄河南岸高于北岸，因此河西诸郡，可距较远地方筑长垣，以防御黄河泛滥；而由于河水之性是往低处流，因此决口之水迅速流向归德、徐、邳，势不可挡，无法筑堤挡住河水，只能将黄河泛滥区的民众迁徙到河南地势高的地方，分给他们田地耕种。如果能这

---

① 《元史》卷65《河渠二》。
② 《元史》卷65《河渠二》。
③ 《历代名臣奏议》卷253。

样处置得当，蒲口也不必堵塞，让河水改流故道。

仁宗延祐元年（1314）八月，朝廷官员在商议治理黄河中明确提出治河指导思想应是顺应黄河水性，对一些不必也不可能强行闭塞的决口，应顺其自然而下泄，尽可能两害相权取其轻，为保护广大地区免遭黄河泛滥，只好牺牲一些低洼之地，对这些受灾地区民众实行赈恤："治水之道，惟当顺其性之自然。尝闻大河自阳武、胙城，由白马河间，东北入海。历年既久，迁徙不常。每岁泛溢两岸，时有冲决，强为闭塞，正及农忙，科桩梢，发丁夫，动至数万，所费不可胜纪，其弊多端，郡县嗷嗷，民不聊生。盖黄河善迁徙，惟宜顺下疏泄。今相视上自河阴，下抵归德，经夏水涨，甚于常年，以小黄口分泄之故，并无冲决，此其明验也。详视陈州，最为低洼，濒河之地，今岁麦禾不收，民饥特甚。欲为拯救，奈下流无可疏之处。若将小黄村河口闭塞，必移患邻郡；决上流南岸，则汴梁被害；决下流北岸，则山东可忧。事难两全，当遗小就大。如免陈村差税，赈其饥民，陈留、通许、太康县被灾之家，依例取勘赈恤，其小黄村河口仍旧通流外，据修筑月堤，并障水堤，闭河口，别难拟议。于是凡汴梁所辖州县河堤，或已修治，及当疏通与补筑者，条例具备。"[1]

（三）《至正河防记》中治理黄河思想

元顺帝至正四年（1344）夏五月，"大雨二十余日，黄河暴溢，水平地深二丈许，北决白茅堤。六月，又北决金堤。并河郡邑、济宁、单州、虞城、砀山、金乡、鱼台、丰、沛、定陶、楚丘、武城以至曹州、东明、钜野、郓城、嘉祥、汶上、任城等处皆罹水患，民老弱昏垫，壮者流离四方。水势北侵安山，沿入会通、运河，延袤济南、河间，将坏两漕司盐场，妨国计甚重"[2]。这是元代黄河泛滥受害面积最大、最为严重的一次水灾。至正九年（1349），丞相脱脱举荐都漕运使贾鲁治理黄河。至正

---

① 《元史》卷65《河渠二》。

② 《元史》卷66《河渠三》，本目以下引文均见于此。

十一年（1351）四月，朝廷命贾鲁以工部尚书为总治河防使，进秩二品，授以银印。"发汴梁、大名十有三路民十五万人，庐州等戍十有八翼军二万人供役，一切从事大小军民，咸禀节度，便宜兴缮。是月二十二日鸠工，七月疏凿成，八月决水故河，九月舟楫通行，十一月水土工毕，诸埽诸堤成。河乃复故道，南汇于淮，又东入于海。"这次治理黄河，参与人数之多，规模之大，治理成效之迅速，都是在元代治理黄河史上最突出的。

治河大功告成后，元顺帝论功行赏，超拜贾鲁为荣禄大夫、集贤大学士，赐丞相脱脱世袭答剌罕之号，并命翰林学士承旨欧阳玄制河平碑文，以旌劳绩。欧阳玄在为河平碑文时，"乃从（贾）鲁访问方略，乃询过客，质吏牍，作《至正河防记》，欲使来世罹河患者按而求之"。因此，可以说，《至正河防记》是元代治理黄河经验的总结，它不仅汲取了前代治理黄河的成功做法，而且也对至正十一年（1351）最大规模治理黄河行动进行最全面的总结。欧阳玄不仅访问总治河防使，即治河主持人贾鲁，而且也询问过往客人，查证治河档案记录。总之，《至正河防记》在治理黄河思想史上具有特别高的价值。兹将与管理思想有关的内容缕述如下：

其一，从技术层面上，欧阳玄将治理黄河的方法归纳为3大类："治河一也，有疏、有浚、有塞，三者异焉。酾河之流，因而导之，谓之疏。去河之淤，因而深之，谓之浚。抑河之暴，因而扼之，谓之塞。"其中"疏浚之别有四：曰生地，曰故道，曰河身，曰减水河。生地有直有纡，因直而凿之，可就故道。故道有高有卑，高者平之以趋卑，高卑相就，则高不壅，卑不潴，虑夫壅生溃，潴生埋也。河身者，水虽通行，身有广狭，狭难受水，水益悍，故狭者以计辟之；广难为岸，岸善崩，故广者以计御之。减水河者，水放旷则以制其狂，水隳突则以杀其怒。"塞河则用堤和埽："治堤一也，有创筑、修筑、补筑之名，有刺水堤，有截河堤，有护岸堤，有缕水堤，有石船堤。治埽一也，有岸埽、水埽，有龙尾、栏头、马头等埽。其为埽台及推卷、牵制、蒉挂之法，有用土、用石、用铁、用草、用木、用杙、用缍之方。塞河一也，有缺口，有豁口，

有龙口。缺口者,已成川。豁口者,旧常为水所豁,水退则口下于堤,水涨则溢出于口。龙口者,水之所会,自新河入故道之溇也。"这是中国古代数千年来治理黄河在技术上的总结和归纳。黄河泛滥成灾,可用疏导的办法,让河水流出泛滥区,最终汇入大海;可用挖去淤泥、浚深河道的办法,使泛滥之水归入河道;可用堵塞的办法,筑堤筑埽,堵住决口,或把泛滥之水控制在一个区域之内。其中疏浚的办法又可分为"生地",即开凿新河道,引泛滥之水流入故河道;"故道"指旧河道有高有低,把高的河道挖平,河道高的地方就不会溃决,低的地方也就不会积水,河水就能顺畅流走;"河身"指河道有宽有狭,河道过狭,则水流湍急凶悍,所以要设法拓宽河道;河道过宽,则往往两岸容易崩塌,所以要设法建立堤岸抵御洪水。"减水河"指分流泛滥河水,使水流放缓,不产生狂涛骇浪。

其二,在治理黄河中,贾鲁在继承前人治河经验的基础上,创造性地运用总结了一套治河方法。正如欧阳玄对他的评价:"鲁能竭其心思智计之巧"。《至正河防记》记载了一段贾鲁在治理黄河中技术经验上的高度总结:"'水工之功,视土工之功为难;中流之功,视河滨之功为难;决河口视中流又难;北岸之功视南岸为难。用物之效,草虽至柔,柔能狎水,水渍之生泥,泥与草并,力重如碇。然维持夹辅,缆索之功实多。'盖由鲁习知河事,故其功之所就如此"。其中所谓"土工",指在岸上作业的工匠。所谓"水工",指在水面、水中作业的工匠。不言而喻,在水面、水中作业的水工,其技术难度、危险性远大于在岸上作业的土工。如《至正河防记》中记载:"其塞专固缺口,修堤三重……其岸上土工修筑者,长三里二百十有五步有奇,高广不等,通高一丈五尺。"而在修河两岸埽堤之时,"其法以竹络实以小石,每埽不等,以蒲苇绵腰索径寸许者从铺,广可一二十步,长可二三十步。又以曳埽索绹径三寸或四寸、长二百余尺者衡铺之。相间复以竹苇麻苘大绰,长三百尺者为管心索,就系绵腰索之端于其上,以草数千束,多至万余,匀布厚铺于绵腰索之上,囊而纳之,丁夫数千,以足蹈实,推卷稍高,即以水工二人立

其上，而号于众，众声力举，用小大推梯，推卷成埽，高下长短不等，大者高二丈，小者不下丈余"。由此可见，水工作业的技术性和复杂难度，远高于土工作业。

贾鲁所云"中流之功，视河滨之功为难；决河口视中流又难"，其原因是中流河流速度、水深大于河滨，决口之处河流速度又大于中流，因此在治河作业中中流作业难于河滨，决口作业又难于中流。如入水作石船大堤以堵决口时，"决河势大，南北广四百余步，中流深三丈余，益以秋涨，水多故河十之八。两河争流，近故河口，水刷岸北行，洄漩湍激，难以下埽。且埽行或迟，恐水尽涌入决河，因淤故河，前功遂隳。鲁乃精思障水入故河之方，以九月七日癸丑，逆流排大船二十七艘，前后连以大桅或长桩，用大麻索、竹絙绞缚，缀为方舟。又用大麻索、竹絙周船身缴绕上下，令牢不可破，乃以铁猫于上流硾之水中。又以竹絙绝长七八百尺者，系两岸大橛上，每絙或硾二舟或三舟，使不得下，船腹略铺散草，满贮小石，以合子板钉合之，复以埽密布合子板上，或二重，或三重，以大麻索缚之急，复缚横木三道于头桅，皆以索维之，用竹编笆，夹以草石，立之桅前，约长丈余，名曰水帘桅。复以木楂挂，使帘不偃仆，然后选水工便捷者，每船各二人，执斧凿，立船首尾，岸上捶鼓为号，鼓鸣，一时齐凿，须臾舟穴，水入，舟沉，遏决河。水怒溢，故河水暴增，即重树水帘，令后复布小埽土牛白阑长梢，杂以草土等物，随宜填垛以继之。石船下诣实地，出水基趾渐高，复卷大埽以压之。前船势略定，寻用前法，沉余船以竟后功。"在当时的技术条件下，要堵住咆哮汹涌的黄河决口是相当困难的，不仅要有高超的连大船载石沉于决口处以截流的作业技术，而且还要有严密统一的工程作业协调能力，才能使27艘载石船同时沉于预定的地点。所以决口作业代表着当时治河技术的最高水平，是贾鲁"精思障水入故河之方"，也是广大河工聪明勇敢的智慧结晶。

贾鲁总结的"北岸之功视南岸为难"较好理解，如前目所述尚文建言治理黄河就已提出，黄河在山东境内是南岸高于北岸数尺，所以一旦北决，其势湍猛，大大增加了治河的作业难度。

在治河的材料上，贾鲁提出的"草虽至柔，柔能狎水，水渍之生泥，泥与草并，力重如锭"，类似于现代的钢筋混凝土原理，即草根交叉纵横长在土中，能把土牢牢地粘连成一块，很有分量，是筑堤埽的常用材料。而在连接 27 艘载石大船沉于决口处以截流中，"维持夹辅，缆索之功实多"。《至正河防记》载："逆流排大船二十七艘，前后连以大桅或长桩，用大麻索、竹絙绞缚，缀为方舟。又用大麻索、竹絙周船身缴绕上下，令牢不可破"。可见，缆索使 27 艘载石大船连成一个牢固的整体，在堵塞黄河决口处起了中流砥柱的作用。当黄河决口堵住之后，贾鲁在加固堤埽时，就使用大量连着草根的土块，"于所交索上及两埽之间，压以小石白阑土牛，草土相半，厚薄多寡，相势措置"。

其三，贾鲁在治河中能够运用激励机制，充分调动官吏、工匠的积极性。尤其在堵塞黄河决口最关键的时刻，贾鲁镇定指挥，不断对官吏、工匠进行奖励、鼓劲，终于在大家的共同奋战努力下，堵住决口。当"船堤距北岸才四五十步，势迫东河，流峻若自天降，深浅叵测。于是先卷下大埽约高二丈者，或四或五，始出水面。修至河口一二十步，用工尤艰。薄龙口，喧豗猛疾，势撼埽基，陷裂欹倾，俄远故所，观者股弁，众议腾沸，以为难合，然势不容已。鲁神色不动，机解捷出，进官吏工徒十余万人，日加奖谕，辞旨恳至，众皆感激赴功。十一月十一日丁巳，龙口遂合，决河绝流，故道复通"。

其四，《至正河防记》中的记载体现了贾鲁在治理黄河中卓越的组织和协调思想。至正十一年（1351）的治河共"发汴梁、大名十有三路民十五万人，庐州等戍十有八翼军二万人供役，一切从事大小军民，咸禀节度，便宜兴缮"。对于这样一支 17 万人的浩浩荡荡治河大军，在治河作业中在人力调配、后勤供应等方面能做到科学合理、有条不紊，这充分体现了作为治河总指挥的贾鲁具有高超的组织和协调能力。由于科学技术的限制，在一些治河作业中，必须投入大量的人力才能达到工程预期效果，这就要求在作业现场必须对大量人力进行井井有条的指挥调度。

如在修筑两岸埽堤时，"相间复以竹苇麻苘大缫，长三百尺者为管心索，就系绵腰索之端于其上，以草数千束，多至万余，匀布厚铺于绵腰索之上，囊而纳之，丁夫数千，以足踏实，推卷稍高，即以水工二人立其上，而号于众，众声力举，用小大推梯，推卷成埽，高下长短不等，大者高二丈，小者不下丈余"。更有甚者，在龙口最终合围的最关键时刻，整个作业工地"进官吏工徒十余万人"，贾鲁"神色不动，机解捷出……日加奖谕，辞旨恳至，众皆感激赴功"。贾鲁不仅要激励官吏工徒在"喧豗猛疾，势撼埽基，陷裂歆倾"的洪水之前奋不顾身，而且还要让他们明白自己对整个工程的设计，使他们消除"众议腾沸，以为难合"的顾虑，最终克服艰难险阻，使"龙口遂合，决河绝流，故道复通"。

其五，工程完工后，在经费开支方面进行全面精确的决算。至正十一年（1351）的治河工程是"朝廷不惜重费"的大规模公共工程，所用各种材料不计其数，支出大量官吏俸给、军民衣粮工钱以及医药、祭祀、赈恤、驿置马乘、和买民地为河、应用杂物等支出。虽然经费支出十分庞杂巨大，但仍然做出全面精确的决算，这从《至正河防记》所载可见一斑，充分说明贾鲁在主持治河工程中对经费支出管理的重视，以防止建筑工程中常见的贪污工程经费现象的发生。兹节录有关工程决算如下：

其用物之凡，桩木大者二万七千，榆柳杂梢六十六万六千，带梢连根株者三千六百，稿秸蒲苇杂草以束计者七百三十三万五千有奇，竹竿六十二万五千，苇席十有七万二千，小石二千艘，绳索小大不等五万七千，所沉大船百有二十，铁缆三十有二，铁猫三百三十有四，竹篾以斤计者十有五万，硾石三千块，铁钻万四千二百有奇，大钉三万三千二百三十有二。其余若木龙、蚕橡木、麦秸、扶桩、铁叉、铁吊、枝麻、搭火钩、汲水、贮水等具皆有成数。官吏俸给，军民衣粮工钱，医药、祭祀、赈恤、驿置马乘及运竹木、沉船、渡船、下桩等工，铁、石、竹、木、绳索等匠佣资，兼以和买民地为河，并应用杂物等价，通计中统钞百八十四万五千六百三十六锭有奇。

第七节　政府救助思想

一、防灾、备灾思想

（一）捕蝗灭蝗思想

元代的防灾思想如同古代其他朝代一样，是多方面的，如兴修水利工程、植树造林、捕蝗灭蝗和义仓、常平仓等，由于前二者在公共事业管理思想中已介绍，因此此目就仅对捕蝗、灭蝗和义仓、常平仓思想做一介绍。

"至大三年（1310）二月，尚书省：据御史台呈：'据监察御史呈：近奉御史台札付该：为涿州等处飞蝗生发，仰督责各处捕蝗官吏并力捕除尽绝等事。检照得至元七年（1270）二月钦奉圣旨定到思农条画内一款：若有虫蝗遗子去处，州县正官一员，于十月内专一巡视本管地面。若在熟地，并力翻耕。如在荒坡大野，先行耕围，籍记地面，禁约诸人不得烧燃荒草，以备来春虫蝗生发之时，不分明夜，本处正官监视就草烧除。若是荒闲地面窄狭，无草可烧去处，亦仰从长规划，春首捕除，仍更为多方用心，务要尽绝。若在煎盐草地内虫蝗遗子者，申部定夺。钦此。今检阅古书，略陈治蝗方法，具呈照详。'得此。都省除外，请遍行合属，照会施行。一、古书云：蝗不食豆苗，且虑遗种为患。劝民于飞蝗坐落去处，广种豌豆，非惟翻耕杀虑遗种，次年三月四月，民获大利。一、古书云，取腊月雪水煮马骨，放水冷浴诸种子，生苗虫蝗不食。"① 由此可知，元代在捕蝗、灭蝗中主要注重 3 个方面的问题：其一，注意在虫蝗生发之前或刚生发之时捕蝗、灭蝗，因为蝗虫具有非常强的

---

① 《元典章》卷 23《灾伤》。

繁殖力，如不及时在其处于虫卵之际或刚生发之时消灭，一旦大量繁殖，就如星火燎原，其局面就会失控。特别是在春天季节，更是蝗虫大量繁殖时期，"仍更为多方用心，务要尽绝"，才能有效防范蝗灾的发生。其二，注意采用科学的方法捕蝗灭蝗。当时根据已开垦耕种的熟地、未开垦耕种的荒坡大野以及煎盐草地 3 种不同的蝗虫生长繁殖的自然条件，采取不同的灭蝗方法，从而收到最佳的灭蝗效果。如对于开垦耕种的熟地，采用翻耕的方法，把虫蝗幼虫翻埋在土里。如在未开垦的荒坡大野，则由官吏监督烧草除蝗；如是窄狭的荒地，没有野草可烧，则在春天刚来时捕捉，务必将蝗虫幼虫消灭干净。如在煎盐草地灭除蝗虫幼虫，则要上报有关部门决定。王恽在《秋涧集》卷 88《为蝗旱救治事状》中也提到一种科学的灭蝗方法："尝闻飞蝗虽甚难打捕，遇夜即须停止，于坐落广厚处旁挑坑堑、燃薪草，使之明照四远，然后惊飞赶逐，群蝗自必望明投赴，众力从而扑灭。此说比比得济，合无举行。"其三，重视吸取前人的治蝗灭蝗经验。如前人观察到蝗虫不食豆苗，因此可建议农民于蝗虫出没地广种豌豆，可达到除蝗的目的。又如取腊水雪水煮马的骨头，然后将这种水冷却后用以浸泡各种庄稼的种子，长出的庄稼蝗虫就不吃。

元人张养浩在《牧民忠告》卷下《救荒第七·捕蝗》中提出："蝗生境内，必驰闻于上，少淹顷刻，所坐不轻。然长民者亦须相其小大多寡，为害轻重。若遽然以闻，苟其上者群集族赴，供张征索，一境骚然，其害反甚于蝗者。其或势微种稚，则当亟率众力以图之，不必因细虞以来大难于民也。故凡居官，必先敢于负荷，而后可以有为。"① 张养浩认为，由于蝗虫繁殖力极强，在很短时间内，就会酿成蝗灾，因此，朝廷规定，地方官所辖境内，如遇蝗虫出现，要马上报告，如拖延不报，酿成蝗灾，地方官吏要受到不轻的处罚。但是地方长官也必须观察蝗虫出现数量的多少，形成灾害的大小。如一见到所辖境内出现蝗虫，不管蝗虫数量多少，为害大小，就立即上报，朝廷征发民众灭蝗，地方疲于供给，骚扰

---

① 《吏学指南》（外三种）第 298 页。

辖境内的民众，其造成对民众的伤害比蝗灾还严重。因此，作为地方官，如发现境内出现蝗虫，当蝗虫数量不多、为害不大时，应当先迅速组织民众灭蝗，不要在蝗灾还很微小时就上报，骚扰民众。作为地方官应该敢于担当，然后才能有所作为。

（二）义仓、常平仓思想

元代较有特色的防灾办法是设义仓。至元六年（1269）开始设立。其法："社置一仓，以社长主之，丰年每亲丁纳粟五斗，驱丁二斗，无粟听纳杂色，歉年就给社民。"[①] 至元二十八年（1291），尚书省奏奉圣旨条画内一款："每社立义仓，社长主之。如遇丰年收成去处，各家验口数每口留粟一斗，若无粟，抵斗存留杂色物料，以备歉岁就给各人自行食用，官司并不得拘检、借贷、动支，经过军马亦不得强行取要。社长明置文历，如欲聚集收顿，或各家顿放，听从民便。社长与社户从长商议，如法收贮，须要不致损坏。如遇天灾凶岁不收去处，或本社内有不收之家，不在存留之限。"[②] 由此可见，元义仓是农村以"社"为单位设立的备灾仓储，由社长负责管理。义仓存粮主要源于丰收之年由社里每家每户按丁男人数缴纳。至元六年（1269）成立之初，所纳数量较多，到至元二十八年（1291），则所纳数量大幅度减少。义仓所储粮食供社众在歉收之年返还给各家食用，官府不得动用，军队也不能强行取用。义仓存储方法较灵活，由社长设置会计簿历管理，粮食可集中统一存储，也可各家各户自行存储。

到了元成宗大德年间，由于元世祖至元六年（1269）自义仓设立之后，连年丰收，所以义仓制度不为人们重视，有所废弛，使民众稍遇荒年，就出现饥馑流离。"国家混一以来，年谷屡登，民无菜色，间有不稔，未见深害，所以上下偷安，不为经久之思。万一遇大水旱大凶歉，饥馑相因，骨肉不保，户口星散，盗贼云起，将何策以救之？今民间一

---

① 《元史》卷96《食货四·常平义仓》。
② 《元典章》卷3《救灾荒》。

年耕，仅了一年食，虽有余粮，亦不爱惜。如近年河南小荒，江淮一水便已荡析，流离无所依归。今年山东八路被灾阙食，朝廷拨降钞三万锭，委官计户见数，大口二斗，小口一斗，赈济两月。续据报到阙食户四十六万四百余户，大小口一百九十万四千有零，该米六十七万三千九百八十石，折支钞三十三万四千八百余锭，亦可谓善政矣。然民生不可一日无食，七日不食则死，安能忍饥？以需赈济，若待所在官司申明闻奏，徐议拯救之术，辗转迟误，往往流亡过半，此不可一也。灾荒之地，自冬而春，春而夏，直至秋成，方可再生，纵得两月之粮，岂能延逾年之命？此不可二也。天虽雨玉，不可为粟，家累千金，非食不饱，若给以见粮，犹能济急。今散以钞物，非可充饥，纵有钞满怀，而无米可籴，亦惟拱手就死而已。官虽多费，而惠不及民，此不可三也。无预备之先谋，至临危而立策，虽有上智，无如之何。今京都之下，达官大家亦无储蓄，百工庶民，皆是旋籴给爨，朝不谋夕，只今米多价平，尚且不给，设使价起，更值凶荒，尽为填沟壑之饿殍矣。此皆可为甚虑者而执政恬然不以加意，识者为之寒心。伏睹《至元新格》，诸义仓本使百姓丰年储蓄，俭年食用，此已验良法。其社长照依元行，当复修举，文非不明也，意非不嘉也，越十三载，未见举行。朝廷泛然言之，百官亦泛然听之，不过虚文而已。"① 郑介夫之所以认为义仓制度废弛，使民众饥馑流离，理由有 3 个方面：一是古代受交通、通讯条件的限制，从灾荒发生，官员报告朝廷，朝廷做出赈灾决策，至地方官员执行，往往拖延数日，已造成受灾民众饿死或流亡。二是朝廷给予受灾民众仅两个月的赈济粮，怎么可能使民众支撑至来年秋收之时。三是政府赈灾发给灾民钱钞，但灾民持钞买不到粮食，故花钱虽多，但收效甚微。鉴于这 3 个方面的理由，郑介夫主张最好的备荒之策是恢复至元年间的义仓制度："宜于各处验户多寡，或一乡一都于官地内设立义仓一所，令百姓各输己粟，自掌出入之数，不费官钱，可免考较。民入一石之粟，自得一石之价，不费

---

① 《历代名臣奏议》卷 67，此目郑介夫言论引文，均见于此。

于公，亦无损于私。虽不若官支价钱之为便，然为仿古酌今之良法也。"但是，由于当时"风俗不古，急义者少，豪家巨室为富不仁，惟想望饥年可以闭籴要价，谁肯以阴德济人为心，若令自愿，必无应者。"因此，郑介夫主张，政府必须制定法规，要求占田百亩之家一年出粟一石作为义仓存储之粮；政府必须利用行政权力，参与义仓管理，对一些侵占义仓存粮行为进行惩处；出卖敕牒、度牒购买丰年民间余粮，作为义仓存储之粮。这样，义仓在自然灾害中才能真正发挥作用。他说："亦须官为立式，有地百亩之家，限以一岁出粟一石，如有好义愿自多出者，听，悉令出等。甲户执其纲领，择乡里能干者效其驱驰，岁添新粟，则旋广仓廪。每遇阙乏，如取诸寄而已。夫收支出入，既无预于有司，若其规划未至，必须助以官府之力。或掌事任劳之人，自有侵欺，宜令司县官依窃盗例科断追理；或司县官因而挟势借贷，宜令巡按官依枉法赃例定罪，征还本色。若所在官司有能效率成效，令合属上司开具保举，优加升赏，诚为安民定业之长策，经邦贻谋之要道。虽言近迂缓而事实急切……今被灾之处虽多，而江淮湖广亦皆稔熟，及此收成之余，急为立法，收米四百余万石，半运赴都，半留随省，以备明年之荒可也。宜仿汉时输粟为郎之例，发下从七品、正从八品虚名敕牒四千道，实拟散官，遥授职事，分给行省填名类报。从七一千道，每名米六百石；正八一千道，每名米四百石；从八二千道，每名米三百石，可得米一百六十万石。天下之富而好名者，皆争趋之，既非常调，亦无碍于选法也。又仿宋时官卖度牒之例，除西番僧外，发下度牒三十万张，散之各路。凡为僧道，悉令例给。自至元十四年始，截日终出家者，每名入米十石，可得米三百万石。归附以来，僧道兼无凭据，粮不输官，储积最厚，使少出所余，以济饥歉，亦无损于教门也。二者但费朝廷之一纸，不动声色而数百万粮可立而致矣……宽以二三年，义仓既成，储蓄自富，可高枕而无忧矣。"

元代的常平仓也始设立于元世祖至元六年（1269）。其法："丰年米

贱，官为增价籴之；歉年米贵，官为减价粜之。"① 可见，元代的常平仓完全承袭前代常平仓的做法。元代一些贪官污吏利用常平仓籴粜之际，上下其手，营私舞弊，侵公害私。对此，元政府明令予以禁止。"至元十九年（1282），御史台咨：奉中书省札付：至元八年（1271）奏准：'随路常平仓收籴粮斛。'钦此。札付户部，行下合属，验每月时估，以十分为率，添搭二分，常川收籴，委各处正官不妨本职提点，并不得桩配百姓。近年以来，有司灭裂，加之势要人等把柄行市，积塌收籴，侵公害私。除别行禁约外，都省今拟依旧设立，用官降一样斛槛升斗，验各处按月时估，依上添搭价直，常川收籴，画便支价，并无减克。贫家阙食者，仰令依例出粜。委自本处正官不妨本职提调。据合设仓官、攒典、斗脚，就于近上不作过犯内公同选差，除免各户杂役，仍按月将先发价钞、已未收籴支纳见在数目开坐，申部呈省。除札付户部、各路、宣慰司依上施行外，虑中间作弊，仰行移各道按察司体察施行。"② 这里，元政府禁止官吏在收籴常平仓米时强行分配给百姓，禁止官吏在收籴常平仓米时操纵市场价格，禁止官吏在籴粜常平仓米时采用大斗进小斗出，对于贫穷缺食人家应按规定出粜救济，应挑选没有过犯记录的人充当常平仓管理官吏，按月将常平仓米收籴、支出、现存数目申报户部和行省，各道按察司必须对常平仓进行监察。

《至元新格》对仓库管理做了一些规定，其中一些条文同样适用于义仓、常平仓管理，兹缕述如下：

其一，仓库官吏必须互相监督，以防止侵盗钱粮事情发生，如有官吏侵盗钱粮，必须以强盗罪处罚，其损失钱粮由有关官吏均赔。"诸出纳之法，须仓库官面视称量检数，自提举、监支纳以下，攒典、合干人以上，皆得互相觉察。有盗诈违法者，陈首到官，量事理赏。其有侵盗钱粮并滥伪之物，若犯人逃亡，及虽在无财可追者，并勒同界官典、司库、

---

① 《元史》卷96《食货四·常平义仓》。
② 《元典章》卷21《义仓》。

司仓人等一体均赔"①。"诸仓库钱物，监临官吏取借侵使者，以盗论。与者，其罪同。若物不到官而虚给朱钞者，亦如之。仍于仓库门首出榜，常川禁治。"

其二，诸仓库收纳支出钱粮，必须及时办理，如超出规定的期限，必须重新申报原有关部门批准，才能予以收支。"诸支纳钱粮一切官物，勘合已到仓库，应纳者经十日不纳，应支者经一月不支，并须申报元发勘合官司，随即理会。其物已到仓库未得勘合者，亦如之。"

其三，诸仓收纳米粮，必须符合干圆、洁净的标准。上级官府必须派官拿取收纳米粮样本，与原规定的样本比对。如不符合原样干圆、洁净标准，有关官吏必须受到处罚。"诸仓收受米粮，并要干圆洁净。当该上司各取其样，验同封记，一付本仓收掌，一于当司存留，仍须正官时至检校。其收支但与元样不同，随即究治"。

其四，仓库收支会计账历，上级官府每月查核一次。如会计账历记录不明确，收支发生错误，必须追究问责。"诸仓库赤历单状，当该上司月一查照。但开附不明，收支有差，随事究问"。

其五，仓库如有损坏疏漏，必须迅速申报修理。如下雨不止，必须经常巡视，以免损坏所储粮物。如收贮不如法、不尽心，曝晒不及时，而损坏粮物，必须根据情节轻重论罪，并予以赔偿。"诸仓库局院疏漏，速申修理。霖雨不止，常须检视，随宜备御，不致官物损坏。若收贮不如法，防备不尽心，曝晒不以时，致有损败者，各以其事轻重论罪。所坏之物，仍勒赔偿。"

其六，仓库官吏新旧交接，必须由上级派官监视。凡钱粮收支会计账籍、现有储存官物，必须盘点计算交接清楚。由旧官开具，新官验收，然后共同签署上报。新旧官交接之后，如有短少滥伪，由新官负责。"诸仓库官新旧交代，在都，本管上司委官监视。在外，各路正官监视。沿河仓分，漕运司官监视。凡应干收支文凭，合有见在官物，皆须照算交

---

① 《元典章》卷21《仓库》，以下所引《至元新格》条文均见于此。

点明白，别无短少滥伪之数。旧官具数关发，新官验数收管，仍须同署申报合属上司照会。既给交关之后，若有短少滥伪之物，并于新官名下追理。"

二、 检踏灾伤思想

所谓检踏灾伤，是古代政府对于受灾地区派官进行实地察看，从而判断受灾情况，然后根据受灾严重程度减免不同程度的租税。如"至元九年（1272）六月，中书省：据御史台呈，河北河南道按察司申该，随路至元六年（1269）、七年（1270）透纳灾伤粮数。送户部议拟得：'今后各路遇有灾伤，随即申部许准，检踏是实，验元申灾地体覆相同，比及造册完备，拟合辨实损田禾顷亩分数，将实该税石权且住催听候。如此，不致透纳。'都省准呈"①。至元二十八年（1291），《至元新格》规定："诸水旱灾伤，皆随时检覆得实，作急申部。十分损八以上，其税全免。损七以下，止免所损分数。收及六分者，税既全征，不须申检。虽及合免分数，而时可改种者，但存堪信显迹，随宜改种，毋失其时。"②由此可见，元代检踏灾伤主要由道按察司负责，然后将检踏的受灾情况上报户部，由户部批准后予以减免租税。元政府规定，如粮食生产因自然灾害损失八成以上，其租税全免；如损失七成以下，仅免去所损失的成数。如收成达到六成，租税就要全征，不需检踏申报。

元政府还规定，按察司官员检踏灾伤必须及时，不得拖延时日，这样，灾民所遭受的疾苦，就能及时得到赈恤，减免租税。"至元十九年（1282），御史台咨，承奉中书省札付：户部呈：'照得各处每年申到蚕麦秋田水旱等灾伤，凭准各道按察司正官检视明白，至日验分数，依例除免。近年以来，按察司官不为随即检踏，直待因轮巡按检勘，已是过时，又是翻耕改种，以致积累合免差税数多。上司为无检伤明文，止作大数

---

① 《元典章》卷23《灾伤》。
② 《元典章》卷23《灾伤》。

一体追征，逼迫人民，甚至生受。按察司官所至之处，职当问民疾苦，岂可因循如此。今后各道按察司如承各路官司申牒灾伤去处，正官随即检踏实损分数明白，回牒各处官司，缴连申部，随即除免，庶使百姓少安，呈乞照详。'都省仰照验施行。"① 另一方面，朝廷也要求地方如遇灾荒要及时申报，以一月作为限期，超过限期就不予受理。因为如拖延不予申报，百姓没有及时得到赈恤，减免租税，就有可能被迫流亡，于民于官都是不利的。"大德元年（1297）五月，中书省：江浙行省咨：'照得近准中书省咨：各处遇有水旱灾伤田粮，夏田四月，秋田八月，非时灾伤一月为限，限外申告并不准理。例合随即委官检踏，行移廉访司体覆，获到牒文，以凭除免。准此。已经遍下合属，依上施行去讫。今来本省议得：江南天气风土，与腹里俱各不同。稻田三月布种，四、五月间插秧，九月、十月方才收成。若依腹里期限，九月内人户被灾不准申告，百姓无从所出，致使逼迫流移。连年皆有此弊，非惟于民有损，抑且于官无益。合无量展限期，秋田不过九月，非时灾伤依旧一月为限，限外申告并不准理，庶望官民两便。咨请定夺。'准此。送户部照拟得：'江南风土既与腹里不同，合依行省所拟。具呈照详。'都省准呈，咨请照验施行。"②

元代在检踏灾伤中也出现一些弊端，如官吏借检踏灾伤敛取于民，民众为避免官吏借检踏灾伤为名骚扰，宁可遇灾而不申报，或不等到官吏检踏，就进行翻耕。对此，元朝廷要求官吏在检踏灾伤中必须及时如实申报受灾情况，如有弄虚作假、营私舞弊的，必须严加追究惩治。"至元二十八年（1291）十一月，御史台承奉中书省札付：据随路人民，但被旱涝等灾伤，依期申报，体覆是实，保申到部呈省，合该税石未尝不免。近年以来，有司遇人户申报，不即检踏，又按察司遇期不差好人体覆，中间转有敛取。人民避扰，不肯申报；虽报，不待检覆，趁时番耕。

---

① 《元典章》卷 23《灾伤》。
② 《元典章》卷 23《灾伤》。

以致上下相耽，官粮不得到官，民间虚被其扰。都省除已札付户部，遍行合属，今后但遇人民申告灾伤者，令不干碍官司从实检踏。及就便行移肃政廉访司，随即差官体覆虚实，须管依期申部呈省。若有检踏体覆不实，违期不报，遇期不检，及将不纳税地并不曾被灾捏合虚申者，挨问严加究治。仰依上施行。"①

元代在检踏灾伤中，原要编造受灾、赈济情况备细账册3本，分别呈报行省、宣慰司、总管府衙门，这样大大加重了民众提供纸札、灯油、来回盘费的负担。对此，大德八年（1304）淮安路总管府推官吴承务提出改革，建议只要编造村庄花名文册一本作为核查依据即可，都省同意了这一改革建议。"大德八年（1304），江浙行省准中书省咨：河南江北道奉使宣抚呈攒造灾伤文册不便：'淮安路总管府推官吴承务呈：各处水旱，依例委官检踏，才候了毕，勾拘州县人吏，赴路攒造备细账册三本，呈报行省、宣慰司、总管府衙门。所有合同纸札、灯油、往回盘费一切所需，既无官破，不无鸠敛于民，始因百姓病苦，及其赈济，亦复如是，甚为不便。合无今后但遇灾伤或赈济贫民，止令亲管司县攒造村庄花名备细文册，各处所委检踏等官于上书押，将总数申覆各处上司，似望革去扰民之弊。照得今岁赈济甚大，若依前攒造花名文册，实为重费文繁。如蒙改革，官民两便。缘系通例，具呈照详。'得此。送户部照拟得：'今后但遇灾伤，或赈贷贫民，终是动摇除豁钱粮。置存稽考文字，拟合依准奉使宣抚所拟，令亲管司县攒造村庄花名文册一本，临监官司收掌，以凭照勘。外，其余合干上司止类总数文解申报，庶免文弊。'都省准拟，咨请依上施行。"②

三、 赈灾思想

元代继承了前代的赈灾思想，其赈灾方式是多种的，主要有蠲免、

①　《元典章》卷23《灾伤》。
②　《元典章》卷23《灾伤》。

赈济粮食、山场河泊听饥民采捕、安置流民、劝分、禁遏籴等，兹缕述如下：

1. 蠲免。

蠲免是古代比较常用的赈灾方式，无论是重灾还是轻灾都可使用，尤其是轻灾中更常使用。"大德元年（1297）十月，钦奉圣旨：中书省奏：'随处水旱等灾，损害田禾，疫气渐染，人多死亡。'今降圣旨，被灾人户合纳税粮，损及五分之上者，全行倚免。有灾例不该免，以十分为率，量减三分。其余去处，普免二分。病死之家，或至老幼单弱，别无得力之人，并免三年赋役。贫穷不能自存者，官为养济。江南新科夏税，今年尽行倚免。已纳在官者，准算来岁夏税"①。元政府甚至把蠲免灾民租税作为国家的法定政策。"延祐七年（1320）三月，钦奉登宝位诏书内一款：恤灾拯民，国有令典，应腹里路分被灾去处，曾经赈济者，据延祐七年（1320）合该丝线，十分为率，拟免五分。其余诸郡丝线并江淮夏税，并免三分"②。

2. 赈济粮食，山场河泊听饥民采捕。

蠲免一般是轻灾所采取的赈灾方式，如灾情严重，蠲免仍维持不了灾民的生存，就必须赈济粮食给饥民，或开放山场河泊等，听饥民采捕，使饥民不至于饿死。如"大德五年（1301）八月，钦奉诏书内一款：各处风水灾重去处，今岁差发、税粮，并行除免。贫破缺食之家，计口赈济，乏绝尤甚者另加优给。其余灾伤，亦仰委官省视存恤"③。大德八年（1304），钦奉诏书内一款："禁断野物地面，除上都、大同、山北等处，大都周回百里，其余禁断去处并山场、河泊，依旧例并行开禁一年，听从民便采捕。其汉儿人毋得因而执把弓箭，二十人之上不许聚众围猎。各处管民官司提调，廉访司常加体察，违者治罪"④。

---

① 《元典章》卷 3《复租赋》。

② 《元典章》卷 3《复租赋》。

③ 《元典章》卷 3《赈饥贫》。

④ 《元典章》卷 3《赈饥贫》。

3.安置流民。

古代，当饥荒较为严重时，一些灾民为求生存，背井离乡，沿路乞讨，流离失所。对此，元政府命令沿途地方官必须想方设法安排流民住宿，给予食物，掩埋死于道路者。当灾害过去后，尽量动员流民还乡生产，供给行粮，免除差税。如至大二年（1309）二月，钦奉上尊号诏书内一款："诸处流移人民，仰所在官司详加检视。流民所至之处，随给系官房舍，并劝谕土居之家、寺观、庙宇权与安存。其不能自存者，计口赈济。还乡者，量给行粮。据元抛事产、租赁钱物，官为知数，复业日给付。未经赈济去处，从中书省定夺。"① 至大二年（1309）九月，钦奉改尚书省诏书内一款："各处人民，饥荒转徙，疾疫死亡，虽令有司赈恤，而实惠未遍。今岁收成，如转徙复业者，有司用心存恤，元抛事产依数给还，在官一切逋欠并行蠲免，仍除差税三年。田野死亡，遗骸暴露，官为收拾，于系官地内埋瘗。"②

4.劝分、禁遏籴。

元政府在救灾中，如遇到灾情严重，官仓粮食不够救济之时，就用奖赏的办法，动员富户出米赈济饥民。如"大德十一年（1307），御史台咨该：'照到监察御史呈：据各道廉访司申：江南诸处连年水旱相仍，米粮涌贵，见建康路米价腾涌。奈何官仓无粮，及无客旅贩到米粮，是致贫民夺借米谷，致伤人命。若不救济，利害非轻。所有本台五月终见在赎钞四千余锭，添助救济，专差令史梅鼎驰驿赍咨计禀，希咨回示。'准此。照得先准咨文条陈荒事内，劝率富民出米赈济饥民，验数立赏，权宜禁酒，开禁山场、河泊听民采捕，量为救民急务"③。元人王结在《善俗要义》中也主张，政府应以赏官爵的奖赏来鼓励富实多田、廪有余粟之家在饥荒之年施米赈饥，或减价平粜。他说："近年水旱为灾，民多流

① 《元典章》卷3《恤流民》。
② 《元典章》卷3《恤流民》。
③ 《元典章》卷3《救灾荒》。

亡冻馁，朝廷散钱给米，所活甚多，又常著令，如所在人户能施米赈饥、减价准粜者，量其多寡，赏以官爵。当时江南、山东之人已有能奉行者，随即受命作官人矣。若不幸遭遇饥馑，富实多田之家或廪有余粟，果能赈施平粜，不惟仰承德意，荣取官爵，而冥冥之中又积阴庆。"① 富人灾荒之年以余粟赈济饥民，既能当官封爵，又能积阴德、益子孙，可谓两全其美的事。

元政府为协调灾荒之年各地区的粮食供给，禁止丰收地区的官员阻挠本地区的粮食运往灾荒地区，这就是禁遏粜。大德十一年（1307），江西行省南康路报告："本路达鲁花赤关：切照本路今春以来，雨雪连绵，冰冻冱结，二麦无收，米谷艰粜。秋、夏之间，亢阳不雨，虫旱相仍，田产所收，仅及分数。五谷不登，百物皆贵。税家无蓄积之米，细民有饥馑之忧。山城小郭，产米有限，余靠荆、湘、淮、浙米谷通相接济。比闻所在官司妄分彼我，禁止米谷毋令出境。所当听从民便，许令客旅通行兴贩，庶几米谷周流，荒稔通济。"中书省得到江西行省转呈的南康路报告后，"除已移咨湖广、江浙、河南行省，并下合属，听从商民便益外，更乞行移，禁治施行"②。

元政府为了使灾荒得到及时救助，规定各地方官必须及时如实上报辖区受灾情况："诸郡县灾伤，过时而不申，或申不以实，及按治官不以时检踏，皆罪之。"③ 如因不及时申报救助而使灾害严重以致灾民流离饿死的，那有关官吏就要受到笞刑和降职的处罚："诸水旱为灾，人民艰食，有司不以时申报赈恤，以致转徙饥殍者，正官笞三十七，佐官二十七，各解见任，降先职一等叙。"有关官吏在检复灾荒中，如弄虚作假，申报不实，强迫灾民纳粮等，必须依据不实程度处以不同的处罚："诸有司检覆灾伤，或以熟作荒，或以可救为不可救，一顷已上者罚俸，二十

---

① 《吏学指南》（外三种）第 359 页。
② 《元典章》卷 3《救灾荒》。
③ 《元史》卷 102《刑法一·职制上》，本自然段引文均见于此。

顷者笞一十七，二百顷已上者笞二十七，五百顷已上笞三十七，惟以荒作熟，抑民纳粮者，笞四十七，罢之。托故不行，妨误检覆者，笞三十七。"在受灾期间，如各级地方官吏救灾灭灾不力，必须受到惩罚："诸虫蝗为灾，有司失捕，路官各罚俸一月，州官各笞一十七，县官各二十七，并记过。"如地方官在邻近地区受灾时闭籴，不让本辖区粮食贩往受灾地区，必须受到惩处："诸救灾恤患，邻邑之礼。岁饥辄闭籴者，罪之"。

四、 赈恤鳏寡孤独思想

元代对鳏寡孤独的赈恤，其方法与前代一样，也是较为周全详备的。《元史》卷96《食货四·赈恤》有一较为简要详细的记载：

> 鳏寡孤独赈贷之制：世祖中统元年（1260），首诏天下，鳏寡孤独废疾不能自存之人，天民之无告者也，命所在官司，以粮赡之。至元元年（1264），又诏病者给药，贫者给粮。八年（1271），令各路设济众院以居处之，于粮之外，复给以薪。十年（1273），以官吏破除入己，凡粮薪并敕于公厅给散。十九年（1282），各路立养济院一所，仍委宪司点治。二十年（1283），给京师南城孤老衣粮房舍。二十八年（1291），给寡妇冬夏衣。二十九年（1292），给贫子柴薪，日五斤。三十一年（1294），特赐米绢。元贞二年（1296），诏各处孤老，凡遇宽恩，人给布帛各一。大德三年（1299），诏遇天寿节，人给中统钞二贯，永为定例。六年（1302），给死者棺木钱。

由此可以看出，元代赈恤鳏寡孤独废疾不能自存之人，首先要解决他们的吃、穿、住问题，即"衣粮房舍"，"给粮""给布帛""以居处之"等。其次，对生病者予以治疗，即"病者给药"。再次，给零用钱，如"遇天寿节，人给中统钞二贯"；大德四年（1300）又规定："孤老幼疾不能自存者，每名给中统钞二两"[①]。最后，设立济众院、养济院等，专门

---

① 《元典章》卷33《惠鳏寡》。

安置鳏寡孤独废疾不能自存之人。

元人王结在《善俗要义·恤鳏寡》中提出，鳏寡孤独的亲戚对收养鳏寡孤独负有不可推卸的责任；孤穷乞丐之人如年未衰老，还有一定劳动力的话，应当让他们做佣工，以自食其力；同里之人死亡，如家贫无力埋葬，左邻右舍应出资置买棺椁，助其安葬。他说："鳏寡孤独，天民之穷者也，尚赖官给衣粮，仅能保养以终天年。其余茕独之人，不在收系赡养之数者，亦间有之。然城郭之内，乡村之中，岂无疏远宗族、中表亲戚，若衣食仅能自足者，固所不论，其稍有赢余之人，亦安忍坐视其操瓢挈囊哀号叩哭乞丐于市，而不救恤之哉？况上司明文，鳏寡孤独，亲戚不行收养者有罪。今后仰所在人户家业稍完者，若中外亲戚有孤穷乞丐之人，即当收恤，随时量给粮食，使之粗充口腹。其人如年未衰老，耳目或存，手足不废，仍为分付农家，令其佣作以自赡给。女子可嫁者，聊备衣服，即与嫁之。盖所以广孝友之道，布惠泽之施，又可以免官府惩治之责也。若同里之人死亡，家贫不能营葬者，亦仰众家随其多寡资助钱物，置买棺椁、衣服，众力共为埋瘗，庶免骸骨暴露，亦仁者用心之一端也。"[①]

五、 王恽的救灾思想

元人王恽在《秋涧集》卷88《为蝗旱救治事状》中比较系统地提出了救灾的思想，在元代救灾思想中较具有代表性。兹缕述如下：

其一，王恽认为，当遇到灾荒之年，朝廷应该停止宴乐，酌量减免各地供应的酒肉，以表示存恤受灾的民众。"随路总管府，今岁伏遇天寿节，除祝延万寿礼数外，请权宜停罢公宴，庶表朝廷优恤元元，不以己为乐也。若然，则虽古者圣王遇灾减膳撤乐，无以加此"。"随路站赤衹应如酒肉等物，亦宜酌量减免。不然，照依中书省札付，与顺天路事理一体施行；不然，是则燕南二万余户独不被存恤之意也"。

---

① 《吏学指南》（外三种）第 360 页。

其二，王恽认为荒年期间，朝廷应派清廉能干官吏严加管理御河上下粮仓囤粮，并令兵士巡防。对于以前借贷和上年河运未到仓的粟，督促有关官员限期交纳。这些粮食用于赈济的确缺粮无法生存的饥民，按人口予以发放。"御河上下有粮仓分，宜差清干官检括实有见在数目外，据借贷装散变碾及上年河运未到仓粟数，督勒所司严限闭纳。其通州李二寺等处，应有露囤粮斛，就水潦未动，亦宜许诸人搬运赴都城仓，其脚价止支本色，亦以实京师，可便济穷民之一端也。如挨陈者，其阙食无生计之家，验口赈济。不然，令所在弓兵，早暮兼为巡防，以备疏虞"。地方储存的备荒钱粮，必须由上级官司批准，才能动用赈济缺食灾民。"随路存留祇应银粮，如已到官者，须上司明文，然后动支。若百姓阙食紧迫处，仍作急飞申，听候，许令其赈济。其未纳到官者，尽行蠲免"。

其三，王恽提出，灾荒之年政府应禁止商贩囤积居奇，哄抬物价。如商贾囤积粮食百石以上不售卖，就必须受到追究惩治；如官仓售卖粮食，民户购买不得超过十石，假借别人名义购买者，立刻予以追究惩治。"随路商贩积蓄之家，官宜出榜验彼中时估量，添价直发卖。仍禁不得擅恣高增物价，如百石以上不出粜者，究治。如官仓发卖，其权豪富户所籴不过十余石，若诡名转粜者，仍为究治"。

其四，王恽建议河间路转运司应收到的粮食五七万石，不宜用于回笼银钞，应输往河间路粮仓，灾荒时政府以平价卖给缺少粮食的百姓。"河间路转运司应收到物斛不下五七万石，宜无令回易银钞，验原价直输河仓，使充正课，以备军国经费，似为两便。不然，如本路百姓缺食，官定平价发卖"。王恽还建议，随路交钞库、铁冶所如存有官粮，"亦宜取会现数，仰所在运司出榜，照依元价粜卖"。

其五，王恽主张灾荒之年，政府应蠲免山林河泊税课，允许百姓采捕。待粮食稍有收成之年，再予以禁止。"山林河泊之地，所在皆办外课，有无权宜蠲免，听民采取以供不给，兼前世已常施行，稍足，复禁如初"。"山林原野系禁地去处，如猪、鹿、兔、雁、鸡、兔之类，亦宜

许令打捕，期以岁稍稔，复禁如初"。

其六，酿酒需用大量粮食，因此，王恽主张灾荒之年，政府应停止酿酒，并免征酒醋等税课，使有更多的粮食用于赈济饥民。"在都酒务开沽者，应有现在稻糯官司，亦宜见数，权令停止酝造。此等事宜亦系前世屡常施行"。"庄农之民所认六色课程，如酒醋等课，今蝗旱如此，有无权时停免，或从实结办，稍安，复旧如初"。

其七，在古代农业社会中，耕牛在农业生产中发挥着重要的作用。因此，王恽建议元政府禁止在饥荒时宰杀耕牛食用，只允许灾民在缺乏粮食时用耕牛换取粮食。"庄农之民阙粮食者，所在官司预宜出榜禁示，不得推称病疫，私宰耕牛为食。如博易粟米者，听。准备翻耕出曝蝗子，参详最为急务"。

其八，元朝幅员辽阔，急递铺士兵与马匹在维护国家交通、通讯方面发挥了重要的作用。因此，王恽提出，即使在灾荒之年，政府也必须保障急递铺士兵与马匹的供给。"急递铺兵俱系贫难下户，若一处断绝，即见阻滞，合无与中都迤北递铺一体给与粮食养济，仰所在官司专一存恤，勿致饥困逃散"。"每岁应办官草收成，尚然不敷，今秋谷草显见俭少，宜趁时于无蝗去处收刈秋青等草，将来兼带支持用度"。

其九，王恽建议政府对在灾荒之年能率领众人灭灾、妥善安置灾民的官员予以奖赏、提拔任用。"捕蝗之际，不论诸色等人有才能识见，规画出众者，籍记姓名，事定量加赏用"。"州府司县官其被灾重处，有能规措存恤，百姓不致流移饥殍者，仰按察司考核得实，申台呈省，以凭不次升用"。

其十，灾荒之年，灾民缺食少衣，社会动荡不安。王恽建议朝廷应在重要关口等地设立巡检，在村堡设置鼓面，加强防范，维护社会安定。"随路自省减并隶州县以后，极有宽阔去处，或有尉处多系主簿兼摄，至有尉簿全阙去处，如山东州郡所在，虽有专尉，其地广物众，委系难于照管。又体知得省部亦为此事，先于东都路已行添设专尉了当。今蝗旱灾重既如此，百姓嗷嗷，窃虑迫于饥寒，势必多有盗贼，不无生事惊扰。

宜约量随路紧要地面，添设巡检，使之镇遏巡防，以备不虞，及村堡设置鼓面，遇有警，便互相应护"。

其十一，王恽建议朝廷通过旌赏或授官，鼓励富户在灾荒之年救济灾民。"随路如富户有力之家，能周赡贫乏或设粥糜于道以济流民至千人以上者，官为旌赏，或听一子临官"。

其十二，王恽主张在灾荒之年，官府到坛庙祭祀社稷、蜡神，可给民众带来精神上的安抚。"随路州府宜建立社稷、蜡神、坛庙，令有司岁时致祭，亦悯恤为民之一事也"。

第八节　选任、监察、考核官吏思想

一、选任官吏思想

（一）举贤才思想

蒙古统治者入主中原后，为了巩固幅员辽阔的元帝国统治，尤其是为了达到对文化水准较高的汉民族的有效统治，十分注意选拔贤才参与各级官僚机构，在治国理政中发挥他们的作用。忽必烈在继承皇位之前，就十分重视网罗贤才为自己所用。当时，隐士李治被征召，向忽必烈提出广召人才的思想。据《历代名臣奏议》卷 158 载："元世祖在潜邸，闻李治贤，遣使召之。且曰：'素闻仁卿学优才赡，潜德不耀，久欲一见，其勿他辞。'既至……问今之人才贤否，对曰：'天下未尝乏才，求则得之，舍则失之，理势然耳。今儒生有如魏璠、王鹗、李献卿、兰光庭、赵复、郝经、王博文辈，皆有用之才，又皆贤。王所尝聘问者，举而用之，何所不可，但恐用之不尽耳。然四海之广，岂止此数子哉。王诚能旁求于外，将见集于明廷矣。'"李治提出天下并不缺乏人才，只要用心访求就会得到人才，否则就会失去人才的思想，这对元初最高统治者网

罗贤才为己所用具有指导意义。

忽必烈继承皇位后，布衣赵天麟上《太平金镜策》，依经考史断以己意，"条陈圣人之九征及当今所切二十六美之三十九类，与夫三要"①，相当具体、详细地向元世祖阐述了自己的选任贤才思想。

赵天麟的所谓九征者："一曰远使之而观其忠，二曰近使之而观其敬，三曰烦使之而观其能，四曰卒然问焉而观其智，五曰急与之期而观其信，六曰委之以财而观其仁，七曰告之以危而观其节，八曰醉之以酒而观其则，九曰杂之以处而观其色。"由此可见，所谓"九征"就是设置各种不同情景来测试人才的道德品质和才干。如派遣他到远离皇帝的地方任事而观察其忠心或派遣他在皇帝身边任事来观察其敬业之心，可让他处理十分繁杂的事情来观察其才能，可通过突然向他提出问题来观察其机智，可通过让他管理财物来观察其是否廉洁，可通过告诉他危难即将来临来观察其气节。

赵天麟的所谓二十六美之三十九类者："一曰文史之美三类：草制饰诏，谆悉词情也；校书正字，可为定体也；教诲后学，德多成也。二曰礼官之美三类：补衮拾遗，将顺其美也；朝会祭祀，仪章丕举也；宣慰风俗，雍熙聿致也。三曰乐官之美一类：金石宫商，理协声正也。四曰知人之美一类：善恶周览，洞晓于心也。五曰敬贤之美一类：推毂进士，常若不及也。六曰考校之美一类：彰善瘅恶，照文无失也。七曰纠察之美一类：弹劾所至，不避权豪也。八曰廉访之美二类：廉察官吏，儆惧肃清也；访问风俗，化成礼义也。九曰宿卫之美一类：小心周密，京辇增威也。十曰筹计之美二类：帷幄画计，遏冲倒戈也；排垒整阵，临时合权也。十一曰督领之美三类：器械精完，士卒闲习也；号令严明，部伍齐肃也；临敌耀威，身先士伍也。十二曰镇防之美一类：守坚持重，寇盗难窥也。十三曰屯田之美一类：劝励稼穑，勤事多获也。十四曰刍

---

① 《历代名臣奏议》卷158，以下赵天麟有关九征、二十六美之三十九类、三要言论引文均见于此。

养之美一类：孳畜头匹，苗壮蕃滋也。十五曰使臣之美二类：喉舌宣纳，成美昭光也；委干事务，辨济平允也。十六曰决断之美三类：勾检考覆，瑕隙无隐也；要察圆明，囚无间言也；疑狱得情，处置合律也。十七曰农桑之美一类：董督树蓺，水旱有备也。十八曰董役之美一类：监役合宜，丁夫悦事也。十九曰关津之美一类：奸诈不漏，行旅不壅也。二十曰营造之美一类：练事分功，捷于供奉也。二十一曰明利之美一类：出纳有常，簿籍易照也。二十二曰算数之美一类：多寡有方，了然胸臆也。二十三曰僧官之美一类：弘宣释教，守戒精严也。二十四曰道官之美一类：弘宣道教，守德精严也。二十五曰医官之美二类：科品明分，举无不应也；开发后学，成材者众也。二十六曰阴阳之美二类：历法推步，授时无舛也；卜筮循经，不为诡异也。"

由此可见，赵天麟的所谓二十六美之三十九类就是封建国家各职能部门选任官员，被选者根据各职能部门的工作不同，所必须具备的各种不同专长或品质。例如：担任文史之类的官员，必须擅长草拟诏书，具有深厚的文字功底，善于教育学生成才；担任礼类的官员，必须懂得历代宫廷朝会群臣、祭祀天地祖宗的礼仪，能够在社会培育良风善俗；担任乐类的官员，必须熟悉各类乐器和声调，使乐曲协调、音调正确；担任人事部门的官员，必须善于知道人的善恶、洞晓人的内心思想；担任敬贤类的官员，必须善于发现贤才，积极推荐给朝廷；担任考核类的官员，必须善于表彰良善惩治恶劣，对人的评价准确无误；担任纠察类的官员，必须不畏权贵豪强，敢于弹劾；担任廉访类的官员，必须善于廉察，使贪官污吏儆戒畏惧，吏治清明，社会风气良善；担任安全保卫类的官员，必须小心周密，使京城安全威严；担任筹计类的官员，必须善于运筹帷幄、指挥调遣军队、屯兵布阵；担任督领之类的官员，必须善于使军队兵器装备精良完好、士卒养精蓄锐、号令严明、将士齐肃，面对敌人，军队气势威武；担任镇防的官员，必须懂得坚守重防，使寇盗无机可乘；担任屯田之类的官员，必须善于激励农民勤于耕作，提高产量；担任放牧的官员，必须善于使牲畜苗壮成长，通过多繁殖增加数量；

担任使臣之类的官员，必须善于言辞表达、协调圆融，办事能干圆满；担任决断之类的官员，必须善于检查考核，使事物一丝一毫无法隐瞒，且善于明察秋毫，囚徒没有冤情，善于处理疑难案情，符合法律规定；担任农桑之类的官员，必须善于督促农民栽种粮食树木，并能防范水旱之灾。担任征发徭役之类的官员，必须合情合理地监督民众服役，使服役丁夫能心甘情愿地服役；担任关津之类的官员，应该做到奸诈之徒不至于漏网，路上行旅不至于堵塞；担任营造之类的官员，应该善于安排工程、供给迅速；担任赢利之类的官员，善于使收支井井有条、簿记易于审核；担任算数之类的官员，必须使多少符合规定，善于把握全局；担任僧官之类的官员，必须善于宣扬佛教教义，严格遵守戒律；担任道官之类的官员，必须善于宣扬道教教义，严格遵守道教规定；担任医官之类的官员，必须通晓医学分科，做到药到病除，并能培养后继医学人才；担任阴阳之类的官员，必须善于推演历法，使四时节气制定没有差错，并使卜筮等遵循正道而不诡异。

赵天麟的所谓三要者："一曰公，二曰廉，三曰勤。径情服事不邀功利谓之公，贿赂在前不以为念谓之廉，服劳王室悉心竭力谓之勤。"就是做事不谋私利不邀功请赏谓之公，贿赂送到面前不为所动谓之廉，悉心竭力为王室服务操劳谓之勤。

赵天麟认为在选任官员中如能做到"九征之征尽矣，二十六美之类备矣，三要之要具矣，选法考校之源委终矣"，就能"使将兵牧民悉有治效"。

元初，由于国家亟需人才进行治理，赵天麟上奏元世祖，大胆提出朝廷应尊士轻财，籍没之家子孙弟侄亦可量能而用之。他上奏云："伏望陛下留心细虑，下令昭陈，凡当籍没之家内子孙弟侄，若有超然特异、足学知政之人，听有司公举，录德量能而用之，不在禁锢之限。若然，则士知国家之重贤，咸自厉身奋志以希寸禄而程功效实矣。凡当籍没之财，贮于一所，明立簿记，待储积之多，散于无告之人，可也。若然，则民化，国家之廉仁，咸自立操喻义，以复本然，而迁善移风矣。此臣

所以谓：定磐石之鸿基，莫如尊士；阐弥天之大义，要在轻财也。"① 赵天麟意在朝廷通过录用籍没之家子孙弟侄中有才德之人，向天下表明国家对人才的重视，从而激励贤才能厉身奋志为朝廷所用。元以前历朝，封建国家往往采用株连、连坐政策，如某一家庭、家族成员犯罪而被籍没家产，那与其有关的子孙弟侄受其株连，即使再有才能，也根本不可能入仕当官，甚至因连坐也要受到处罚。

元成宗时期，翰林学士王恽上奏，建议朝廷兼采唐杨绾、宋朱熹的主张，通过经试经义、史试议论、廷试策来选拔治国人才。他说："为今之计，宜先选教官，定以明经史为所习科目。以州郡大小限其生徒，拣俊秀无玷污者充员数，以生徒员数限岁贡人数，期以岁月，使尽修习之道，然后州郡官察行考学，极其精当，贡于礼部。经试经义作一场，史试议论作一场（题目止于二史内出），廷试策兼用经史断以己意，以明时务。如是，则士无不通之经、不习之史，进退用舍，一出于学。既复古道，且革累世虚文、妄举之弊，必收实学适用之效，岂不伟哉？外据诗赋立科，既久习之者众，亦不宜骤停，经史实学既盛，彼自绌矣。"②

元成宗大德七年（1303），郑介夫上奏，论求贤治天下思想："求贤治天下，无他道，得人而已矣……自古及今，国家之兴废，世祚之长短，系乎君子小人之分。用君子必治，用小人必乱，不待缕数详陈，虽三尺之童，亦知此语也。钦睹明诏，有德行才能不求闻达者具以名闻，上意非不勤也，未有一山泽之贤、布韦之士得进于朝廷者，岂四海之广尽无其人耶？天之生才代不乏绝，何尝借才于异代，不患无才，所患求之之道未至耳。待其自求而后用之，求进者必非佳士，其有异才者必不肯自鬻其身也。混一以来，中外荐举纷奏迭章，而取好人之使接踵交驿，类皆猥琐龌龊之辈，次则庸医缪卜及行符水售妖术之流耳，未见得一真好人也。古语云，达视其所举，又云惟贤知贤，荐引者已非好人，安能识

---

①　《历代名臣奏议》卷 217。
②　《历代名臣奏议》卷 170。

一真好人耶？况贤才之生散在四方，古今大贤多产于遐陬僻壤之地，出于间阎寒素之家，虽明君哲辅不能周知，岂岩廊之内、跬步之间所能尽天下之贤？今朝廷选人，省部台院互相推举，见任者既罢，前废者复起，往来除授，不出眼前数辈而已。使皆贤也，尚不足以举政，况未必皆贤耶。既不取人于寒微，又不历试其能否，数年之后，旧人已死，来者又皆不经事之少年，无仁贤则国空虚，识者之所甚忧也……盖天下之才犹水焉，浚导其源而疏通其滞，则取之不竭，未见其穷也。三代汉唐以来，有乡举里选，有孝廉科、贤良方正科、进士科、武士科，又有任子军功之例，进取之途非一端也。广以取之，而后精以择之，则贤否判然矣。故贤者于此时不求而自至，非乐于求进也，乃耻于明时不见用也。当今既无广取之科，又无精选之法，取人于吏，他无进身之阶，海宇之中，山林之下，怀瑾握瑜、韫椟自珍者，甚不少也……今朝廷上下不问何人为贤，不知贤为何物，但以巧令迎合即为精细，以勤奔走善枝梧即为了得，以久出门下包苴追往即为知识好人，所知者止此，所举者亦止此，而使此流皆得以居官治民，只见人才日少，政事日乖，纪纲日坏，不可得而复整矣。使一路一县一衙门之内，止得一真贤，委而用之，何政不举，何事不办？不浚其源而澄其流，不端其表而正其影，虽日夜纷更，徒劳无益也。宜令各道廉访司、随路文资官采访遗逸，无问已仕、未仕、见任、在闲，但德行可取、才能足称，卓然为乡里所敬及郡邑有声者，不限员数，具以名闻，待以不次之擢，任以繁要之职。兼内外台设监察御史五十余员，各令岁举一人，重责执结，如大失举甘当罢职不叙。必然不肯徇情容私，以自贻身祸也。贤者遭时，喜于自效；朝廷得人，足以分忧。古者明良相逢之盛，复见于今日矣。"①

郑介夫的求贤治天下思想，有 3 点值得注意：一是求贤治天下是关系国家兴废、王朝延承长短的大事，这是因为任用君子治国，国家就会得到很好治理；相反，任用小人治国，国家肯定会动乱不安，以致亡国。

---

① 《历代名臣奏议》卷 67。

二是天下贤才代不乏人，而当时却感觉没有贤才。其实不是没有贤才，而是求贤的正确途径没有找到。如当时朝廷下诏，贤才可毛遂自荐，但其实自我推荐者往往不是贤才，而真正有超群德行才能的人是不会自我推荐的。古人云，唯贤才知道贤才，当时荐引者大都不是贤才，又怎么可能发现真正的贤才。贤才往往产生于远离朝廷的偏远地方，出生于贫寒的家庭，因此，当时朝廷求贤才往往局限于眼前周围，也就很难得到真正的贤才。三是求贤才必须广泛求之，然后再精加选择。郑介夫针对当时朝廷既无广取之科，又无精选之法，所选取人才往往是投机钻营之人，使朝廷人才日少、纲纪日坏，提出朝廷应命令各道廉访司、随路文资官广泛访求人才，只要有德有才能的人，不限名额，均推荐到朝廷，以备选任。内外台监察御史每人每年推举保荐一人，并使其负有保荐不当连坐的责任。这样就能使贤才生逢其时，积极为朝廷效力；而朝廷能得到真正贤才，足以分担皇帝治国之忧。

元朝蒙古族在入主中原之前，文化水平总体上远逊于汉族。因此，入主中原后，亟需文化水准较高的汉族士人为其效劳，参与国家的管理。据《元典章》卷2《举贤才》载，元世祖至元年间先后颁布了3次举贤才诏书，网罗南宋各种有才德之士，以备朝廷选任。

> 至元十三年（1276）二月，平定江南诏书内一款：前代圣贤之后，高尚僧、道、儒、医、卜筮，通晓天文历数并山林隐逸名士，仰所在官司具实以闻。

> 至元十三年（1276）□月□日，钦奉诏书内一款节该："亡宋归附有功官员并才德可用之士，穷居无力、不能自达者，所在官司开具实迹，行移按察司体覆相同，申台呈省，以凭录用。"

> 至元二十八年（1291）三月，钦奉诏书内一款节该：廉干人员，不肯贿赂权臣，隐晦不仕，在近知名者，尚书省就便选用。在外居住者，所在官司以名荐举。

从这3次诏书内容可知，元世祖至元年间举贤才注意到2个方面的问题：一是所举贤才涉及各种专业的人才，即僧、道、儒、医、卜筮及通晓天文历数的各种人才。二是尤其注意网罗那些无法毛遂自荐或不想毛遂自荐的有才德的人才，有关部门必须努力访求。

元成宗、元仁宗时期，朝廷继续颁布举贤才诏书。元成宗时，命令中央至地方官府及有关部门努力访求贤才，甚至硬性规定了必须举荐的人数，并要求务必要选拔到有真才实学的人，即必须保质保量完成举贤才的任务。因为这是关系到治理国家的先决条件。"大德九年（1305）六月，宽恩诏书内一款：天下之大，不可亡治，择人乃先务者也。仰御史台、翰林国史院、集贤院、六部，于五品以上诸色人内，各举廉能识治体者三人已上，行省、行台、宣慰司、肃政廉访司各举五人。务要皆得实才，毋但具数而已"①。

元仁宗时，朝廷主要通过科举选拔人才，但为了使一些才德高迈的隐居之士能被发现并为国家所用，延祐七年（1320）十一月，元英宗即位初，在至治改元诏书中，就下诏令各道廉访司访求举荐才德高迈的隐居之士："比岁设立科举，以取人才，尚虑高尚之士晦迹丘园，无从可致。各处其有隐居行义、才德高迈、深明治道、不求闻达者，所在长官具姓名行实，牒报本道廉访司覆察相同，申台呈省，闻奏录用。"②

（二）科举选拔人才思想

元代的科举选拔人才制度，经历了三朝才逐渐定型，形成了比较系统全面的制度和思想体系。第一阶段是元太宗时期。据《元史》卷81《选举一》记载："太宗始取中原，中书令耶律楚材请用儒术选士，从之。九年秋八月，下诏命断事官术忽䚟与山西东路课税所长官刘中，历诸路考试。以论及经义、词赋分为三科，作三日程，专治一科，能兼者听，但以不失文义为中选。其中选者，复其赋役，令与各处长官同署公事，得东平杨奂等凡若干人，皆一时名士，而当世或以为非便，事复中止。"由此可见，早在元太宗开始攻取中原之时，就采纳中书令耶律楚材的建

① 《元典章》卷2《举贤才》。
② 《元典章》卷2《举贤才》。

议，通过儒学考试选拔人才。当时考试分为论、经义、词赋三科，其中选者，不仅免除赋役，而且还参与各地官府的行政管理。其第一次考试就取得很好的效果，中选者都是当时知名的士人，从而为国家选拔了优秀的人才。但由于当时强大的保守势力的反对，考试被迫中止。

第二个阶段是元世祖时期，经过几次廷议，取得了统一的认识，即科举取士是国家选拔人才最主要的途径。虽然没有最终得到实施，但元代科举制度的构想已基本形成，即元代科举分蒙古进士科和汉人进士科，考试内容为经学，不考诗赋，考试对象为蒙古之士、儒吏、阴阳、医术，考试目的是使士人入仕有阶，在社会形成学而优则仕的风气。"世祖至元初年，有旨命丞相史天泽条具当行大事，尝及科举，而未果行。四年（1267）九月，翰林学士承旨王鹗等，请行选举法，远述周制，次及汉、隋、唐取士科目，近举辽、金选举用人，与本朝太宗得人之效，以为'贡举法废，士无入仕之阶，或习刀笔以为吏胥，或执仆役以事官僚，或作技巧贩鬻以为工匠商贾。以今论之，惟科举取士，最为切务，矧先朝故典，尤宜追述。'奏上，帝曰：'此良法也，其行之。'中书左三部与翰林学士议立程式……十一年（1274）十一月，裕宗在东宫时，省臣复启，谓'去年奉旨行科举，今将翰林老臣等所议程式以闻'。奉令旨，准蒙古进士科及汉人进士科，参酌时宜，以立制度，事未施行。至二十一年（1284）九月，丞相火鲁火孙与留梦炎等言，十一月中书省臣奏，皆以为天下习儒者少，而由刀笔吏得官者多。帝曰：'将若之何？'对曰：'惟贡举取士为便。凡蒙古之士及儒吏、阴阳、医术，皆令试举，则用心为学矣。'帝可其奏。继而许衡亦议学校科举之法，罢诗赋，重经学，定为新制。事虽未及行，而选举之制已立。"①

第三个阶段是元仁宗时期，正式实行科举制度，将元世祖时期的科举制度构想具体化，在全国予以贯彻执行。"至仁宗皇庆二年（1313）十月，中书省臣奏：'科举事，世祖、裕宗累尝命行，成宗、武宗寻亦有

---

① 《元史》卷81《选举一·科目》，本目引文未注出处者，均见于此。

旨，今不以闻，恐或有沮其事者。夫取士之法，经学实修己治人之道，词赋乃摘章绘句之学，自隋、唐以来，取人专尚词赋，故士习浮华。今臣等所拟将律赋省题诗小义皆不用，专立德行明经科，以此取士，庶可得人。'帝然之。"尔后，元仁宗通过颁布诏书等，出台了一系列科举取士规定，并加以贯彻施行。

元代科举定制后分乡试、会试、御试3个层次考试："乡试，八月二十日，蒙古、色目人，试经问五条；汉人、南人，明经经疑二问，经义一道。二十三日，蒙古、色目人，试策一道；汉人、南人，古赋诏诰章表内科一道。二十六日，汉人、南人，试策一道。会试，省部依乡试例，于次年二月初一日试第一场，初三日第二场，初五日第三场。御试，三月初七日，前期奏委考试官二员、监察御史二员、读卷官二员，入殿廷考试。每举子一名，怯薛歹一人看守。汉人、南人，试策一道，限一千字以上成。蒙古、色目人，时务策一道，限五百字以上成。"

应试者必须年满25岁以上，品德优良，并经本籍贯官府予以保举，方能参加考试。"科场，每三岁一次开试。举人从本贯官司于诸色户内推举，年及二十五以上，乡党称其孝悌，朋友服其信义，经明行修之士，结罪保举，以礼敦遣，贡诸路府。其或徇私滥举，并应举而不举者，监察御史、肃政廉访司体察究治。"

科举考试的内容为儒家四书五经："蒙古、色目人，第一场经问五条，《大学》《论语》《孟子》《中庸》内设问，用朱氏章句集注。其义理精明，文辞典雅者为中选。第二场策一道，以时务出题，限五百字以上。汉人、南人，第一场明经经疑二问，《大学》《论语》《孟子》《中庸》内出题，并用朱氏章句集注，复以己意结之，限三百字以上；经义一道，各治一经，《诗》以朱氏为主，《尚书》以蔡氏为主，《周易》以程氏、朱氏为主，以上三经，兼用古注疏，《春秋》许用《三传》及胡氏《传》，《礼记》用古注疏，限五百字以上，不拘格律。第二场古赋诏诰章表内科一道，古赋诏诰用古体，章表四六，参用古体。第三场策一道，经史时务内出题，不矜浮藻，惟务直述，限一千字以上成。"

对科举中选者的录用:"蒙古、色目人,愿试汉人、南人科目,中选者加一等注授。蒙古、色目人作一榜,汉人、南人作一榜。第一名赐进士及第,从六品,第二名以下及第二甲,皆正七品,第三甲以下,皆正八品,两榜并同。"元政府不仅对于中选及第者授予官品,安排职务,而且对于会试下第者,也酌情给予安排职务。"若夫会试下第者,自延祐创设之初,丞相帖木迭儿、阿散及平章李孟等奏:'下第举人,年七十以上者,与从七品流官致仕;六十以上者,与教授;元有出身者,于应得资品上稍优加之;无出身者,与山长、学正。受省札,后举不为例。今有来迟而不及应试者,未曾区用。取旨。'帝曰:'依下第例恩之,勿著为格。'"

到了元泰定元年(1324)三月,扩大了对下第举人授予教官之职。"中书省臣奏:'下第举人,仁宗延祐间,命中书省各授教官之职,以慰其归。今当改元之初,恩泽宜溥。蒙古、色目人,年三十以上并两举不第者,与教授;以下,与学正、山长。汉人、南人,年五十以上并两举不第者,与教授;以下,与学正、山长。先有资品出身者,更优加之;不愿仕者,令备国子员。后勿为格。'从之。自余下第之士,恩例不可常得,间有试补书吏以登仕籍者。惟已废复兴之后,其法始变,下第者悉授以路府学正及书院山长。又增取乡试备榜,亦授以郡学录及县教谕。于是科举取士,得人为盛焉。"由此可见,元政府为了鼓励民众读书入仕,直接就给予科举及第之人官品及职务,即使是下第举人,亦酌量授予教官之职。这种措施大大刺激了士人学而优则仕的热情,并为国家选拔了一些文化水准较高的人才。

古代科举考试中,舞弊之事代不乏见。为了防止舞弊之事发生,以保证科举考试的公平公正,使国家能选拔到真才实学的人才,元政府对科举考试制定了一系列严加防范舞弊的措施。

其一,慎重选拔德才兼备之人作为考试官。"选考试官,行省与宣慰司及腹里各路,有行台及廉访司去处,与台宪官一同商议选差。上都、大都从省部选差在内监察御史、在外廉访司官一员监试。每处差考试官、

同考试官各一员，并于见任并在闲有德望文学常选官内选差；封弥官一员、誊录官一员，选廉干文资正官充之。凡誊录试卷并行移文字，皆用朱书，仍须设法关防，毋致容私作弊。省部会试，都省选委知贡举、同知贡举官各一员，考试官四员，监察御史二员，弥封、誊录、对读官、监门等官各一员。"

其二，科举考试时严格实行监考。"每举人一名，给祗应巡军一人，隔夜入院，分宿席房。试日，击钟为节。一次，院官以下皆盥漱。二次，监门官启钥，举人入院，搜检讫，就将解据呈纳。礼生赞曰'举人再拜'，知贡举官隔帘受一拜，跪答一拜，试官受一拜，答一拜。钟三次，颁题，就次。日午，赐膳。其纳卷首，赴受卷所揖而退，不得交语。受卷官书举人姓名于历，举人揖而退，取解据出院，巡军亦出。至晚，鸣钟一次，锁院门。第二场，举人入院，依前搜检，每十人一甲，序立至公堂下，作揖毕，颁题，就次。第三场，如前仪。"这里，主要采取了7个监视环节：一是每一个举人，都相应配备巡军一人随身陪同监视。二是考试开始时，由监门官开门，让举人入考场。三是举人入考场时，要进行搜检，以防夹带，并呈上解据（类似准考证）。四是举人在答卷时，有知贡举官、试官当场监考。五是举人考完交卷时，不得交头接耳。六是受卷官收卷时，必须登记举人姓名；举人退出考场，取回解据，随身监视的巡军也退出考场。七是晚上，考试结束时，鸣钟一次，封锁考场。

其三，为了防止改卷官在批改试卷时徇情，了解考生信息和辨认考生字迹等，朝廷对试卷实行严格的编号、誊录、对读和弥封，以防止考生信息泄漏给改卷官。"其受卷官具受到试卷，逐旋关发弥封官，将家状草卷，腰封用印，蒙古、色目、汉人、南人分卷，以三不成字撰号。每名累场同用一号，于卷上亲书，及于历内标附讫，牒送誊录官置历，分给吏人，并用朱书誊录正文，仍具元卷涂注乙及誊录涂注乙字数，卷末书誊录人姓名，誊录官具衔书押，用印钤缝，牒送对读所。翰林掾史具誊录讫试卷总数，呈报监察御史。对读官以元卷与朱卷躬亲对读无差，具衔书押，呈解贡院，元卷发还弥封所。各所行移，并用朱书，试卷照依元号附簿。"

其四，实行知贡举、试官共同制约、监督的改卷制度。改后试卷妥善保存在礼部，公布中选举人名次。"试官考卷，知贡举居中，试官相对向坐，公同考校，分作三等，逐等又分上中下，用墨笔批点。考校既定，收掌试卷官于号簿内标写分数，知贡举官、同试官、监察御史、弥封官，公同取上元卷对号开拆，知贡举于试卷家状上亲书省试第几名。拆号既毕，应有试卷并付礼部架阁，贡举诸官出院。中书省以中选举人分为二榜，揭于省门之左右。"

其五，元政府为了严肃科举考试纪律，防止舞弊，制定了一系列禁令，其主要者有以下 6 个方面：一是为了防止亲友在考试中串通舞弊，朝廷制定了回避制度。如"举人与考试官有五服内亲者，自须回避，仍令同试官考卷。若应避而不自陈者，殿一举。""诸举人就试……或偶与亲姻邻坐而不自陈者……并扶出"。二是严禁夹带或让人代笔。如"乡试、会试，若有怀挟及令人代作者……殿二举"。"诸举人就试……怀夹代笔传义者，并扶出"。诸冒名就试，别立姓名，及受财为人怀夹代笔传义者，并许人告。三是严禁考前泄题，泄漏考生信息。"诸试题未出而漏泄者，许人告首。""诸辄于弥封所取问举人试卷封号姓名及漏泄者，治罪。""诸科文内不得自叙苦辛门第，委誊录所点检得，如有违犯，更不誊录，移文考试院出榜退落。"四是在考试中帮助考生舞弊的有关人员必须受到处罚。如"诸试日，为举人传送文书，及因而受财者，并许人告"。"诸官司故纵举人私将试卷出院，及祗应人知而为传送者，许人告首"。五是各负责科举考试的官吏，如失职差错或不遵守考试规定，必须受到处罚。如"诸对读试卷官不躬亲而辄令人吏对读，其对读讫而差误有碍考校者，有罚。诸誊录人书写不慎及错误有碍考校者，重事责罚"。"诸监试官掌试院事，不得干预考校。诸试院官在帘内者，不许与帘外官交语。""诸巡铺官及兵级，不得喧扰，及辄视试文，并容纵举人无故往来，非因公事，不得与举人私语"。六是严格考场纪律，维护科举考试尊严，严禁考生和有关人员违反考场规定。如"诸色人无故不得入试厅。

诸举人谤毁主司，率众喧竞，不服止约者，治罪。诸举人就试，无故不冠及擅移坐次者……并扶出"。"诸举人于试卷书他语者，驳放；涉谤讪者，推治"。"诸举人于别纸上起草者，出榜退落"。"诸被黜而妄诉者，治罪"。

（三） 选任吏员思想

从狭义上来说，古代的官与吏是不同的。吏是政府机构中具体办事人员，类似于当代的公务员。吏作为具体的办事人员，与民众接触比官要多，因此，吏员素质的良窳，更能关系到某朝政治的清明或腐败。元代比较重视吏员的选拔与任用，如徐元瑞的《吏学指南》就提出了选拔吏员的德才标准："行止：孝事父母，友于兄弟，勤谨，廉洁，谦让，循良，笃实，慎默，不犯赃滥。才能：行遣熟娴，语言辩利，通习条法，晓解儒书，算法精明，字画端正。"① 首先，古代无论是选拔官还是选拔吏，孝悌是考察其道德品质的一条最重要标准。因为儒家有移孝作忠的思想，即在家孝敬父母、友善兄弟的人，在外为官为吏也会忠于国君、爱护民众。其次，十分强调为官为吏的廉洁，不犯贪赃之罪。再次，要求吏员为人处事必须遵循的基本原则，即循良，为人善良，对人谦让，办事勤勉谨慎踏实，多做事少说空话。《吏学指南》对选拔吏员才能方面的要求是：在组织能力方面，行事调遣熟练；在表达能力方面，能说会道、通晓法律条文、儒家经典，算术精明、写字端正。

胡祗遹的《杂著·吏治杂条》则对任用吏员提出了许多要求，认为吏员要达到如下要求才算合格尽职。原文较长，兹节录其中重要者：

一是为吏者首先自身要正派，行为检点，办事公道、勤勉、谨慎，不扰民，不营私舞弊。"身正无私，门无杂人"②。"不投下好尚"。"钤束吏人，非事故白昼不得出离各房。卯酉历严谨，如私事公务妨夺，明白

---

① 《吏学指南》（外三种），第 17 页。
② 以下所引胡祗遹《杂著·吏治杂条》均见于《吏学指南》（外三种）第 252—256 页。

标附"。"差拨办集，推唱均平。劝率怠惰，务农者务农，杂业者杂业，精勤专一"。"承受凿发，委审慎公勤者主之，与朱销簿时复相对，以赏罚勤惰"。"公门人无故不得下村"。"循分。毋顾忌，毋妄申，毋妄下。当行者即行。部符不便于民者，当折申即申，毋便行下州县"。"不倒题日月，不押虚催，无益于事，徒使吏人欺怠"。"遇有造作，轮番斟酌勾唤。毋使吏人遍行骚扰，作奸受贿，虚夺工力"。

二是为吏者必须维护好社会治安，处理民间诉讼、案件等。吏员应使本辖区内"盗贼息。无不业之人，无外来浮脚之户，无不识姓名客寄、不成户单丁之人"。"更漏分明，依时夜巡如法"。"词讼省减"，"狱无滞囚"。"本命刑禁日，当直吏人明书于小银牌面，置在几案，曰今日某事某事"。"问狱以情。棰楚之下，何求不得。弓手及尉司官吏畏避逾限罚责，又本性粗暴残忍，率多执平人，妄恣棰挞苦楚，捏合指示，虚令招认。狱问初情如此，难以推究。今后尉司获贼，毋得监禁稽留，擅自棰楚，便当县令以次公厅群问得实，止于县司牢禁，申解所属有司。推问之法，止问今次所犯，使首尾情实。若犯人因推问其间情辞别有可疑，说出它事者，亦合鞫问。如无此情节，不得曲加凌虐，转生余事"。

三是吏员应促进本辖区内田野垦辟，安排好逃户复业，使游手好闲者参加生产劳动。"田野辟。开荒者五年勿役，仍减免杂役"。"复逃亡。到任便取实在并逃讫数目申部。复业者免三年差发；无事产，官给荒闲地土；元抛产业或为他人所有，官为赎付"。"游手好闲者，邻社举弹。宣限不可不遵，毋迟毋速。迟则违限，太速则二月卖丝五月卖谷矣"。

四是吏员必须维护好本辖区内公共设施和民风良善。吏员应使本辖区内"馆舍修整具备，器皿全，酒食美，肉菜米面精致，铺马肥壮，馆人勤谨，毋捏名项"。"仓库完固，防慎火烛，巡护严密"。"桥梁以时修葺，须要五月一日拆，八月一日搭"。"街衢巷陌洁净无秽"。"牢禁严固洁净温凉"。"风俗淳俭。冠婚丧祭一一从俭，祈祷义社即皆住罢，到任省谕"。"强宗大姓侵凌细民，体察禁治"。

五是吏员必须完成好国家征派的徭役、兵役。"工本管诸色，当明置

簿籍，纪录户丁，标注应役不应役"。"户差发夫役不均。在家申逃，每于逃户处敛讫差发，却于见在户科摊"。"铺兵有人应役，频勾正身。本是铺兵守把城池，别无巡哨攻战，管军官为本人会手艺，不放交代，甚为良苦。近年以来，军人分拨，奇零辗转别隶部伍，新管官并无簿籍，或有逃亡事故，不知乡贯及户头，官名公文追勾，不无差错，以致吏人受贿作奸，文字来往，逗遛不发。"对此，胡祗遹建议将这些弊端"合申省、部、密院详察"，予以革除。

元代在选拔人才中有别于其他朝代的一个特色是从吏员中选拔官员。这反映元廷选官，特别重视官员处理实际政务的能力。元人姚燧《牧庵文集》卷4《送李茂卿序》载："大凡今仕惟三途：一由宿卫，一由儒，一由吏。由宿卫者，言出中禁，中书奉行制敕而已，十之一。由儒者，则校官及品者提举、教授，出中书，未及者则正录而下出行省、宣慰，十分一之半。由吏者，省、台、院中外庶司、郡县，十九有半焉。"由此可见，一方面元廷对吏员出职为官有着明确的规定，另一方面各级衙门的部分官员往往由吏员选拔任用。这说明元廷选拔官员重视人才的处理实际政务能力，因为那些被选拔的优秀吏员，往往具有丰富的处理政务经验。

（四）郑介夫、许有壬选任官吏思想

郑介夫、许有壬均为元前中期名臣，他们在选任官史方面都发表了一些比较独到的见解。兹将其主要思想缕述如下：

1. 郑介夫选任官吏思想。

元成宗大德七年（1303），郑介夫上奏皇帝，提出改革时政的各项主张，其中涉及任官与选法问题。在任官方面，他批判当时所选任的官员往往不学无术，既不知道儒学，又不知晓吏事，根本无法莅政临民。他说："今中外百官悉出于吏，观其进身之阶，初不辨贤愚，不问齿德，夤缘势援，互相梯引，有力者趋前，无力者居后。口方脱乳，已入公门；目不识丁，即亲案牍。区区簿书期会之末，尚不通习，其视内圣外王之学为何物，治国平天下之道为何事？苟图俸考，争先品级，以之临政，

惜无所知……不知为学，岂知为仕？心术既差，气节何在？今随朝吏员通儒明吏者十无二三，天下好官尽使此辈为之，甚可为朝廷名器惜也。"对此，郑介夫提出儒吏兼通而后可以莅政临民的思想："夫吏之与儒，可相有而不可相无，儒不通吏，则为腐儒；吏不通儒，则为俗吏。必儒吏兼通，而后可以莅政临民。《汉书》称儒术饰吏治，正谓此也。今吟一篇诗，习半行字，即名为儒，何尝造学业之深奥；检举式例，会计出入，即名为吏，何尝知经国之大体。吏则指儒为不识时务之书生，儒则指吏为不通古今之俗子，儒自儒，吏自吏，本出一途，析为二事，遂致人物之冗，莫甚于此时也。"① 在此认识基础上，郑介夫进一步提出，朝廷任官，最重要的是选好地方府州县父母官，使被选者尽取之儒学子弟，然后让其历练吏事，内外互相注授，使儒通于吏，吏出于儒，这样就能克服当时任官之弊。他说："路府州县之官，实百姓安危之所系。若以内为重，以外为轻，是不知为政之根本也。久任于内者，但求速化，不历田野之艰难；久任于外者，惟务苟禄，不谙中朝之体面。今朝廷既未定取人之科，当思所以救弊之策。在朝宜少加裁抑，在外宜量与优迁，可也。今后州县吏员当尽取之儒学子弟，每岁令风宪官选其行止无过、廉能可称者，贡补省部典史，县则补于部，州则补于省。满考，则部典史发充外路司吏，省典史发充宣慰司令史。又每岁择其上名，贡补六部寺监令史。满考，则发充各省令史，并令依例入流。其台院令史，从外任八品官选取；其省掾，从外任七品官选取；通理内外俸月，以定升黜。县教谕与路司吏同资，路学正与宣慰司令史同资，各从所长而委用之。百官自三品以下九品以上，并内外互相注授，历外一任则升之朝，随朝一任则补之外。凡任于外者，必由内发；任于内者，必从外取，庶使儒通于吏，吏出于儒，儒吏不致扞格，内外无分于重轻，虽不能尽选举之规，亦足以救一时之弊也。"

在选法方面，郑介夫首先也对当时选法的弊端予以尖锐的批判："选

---

① 《历代名臣奏议》卷 67，此目郑介夫言论引文，均见于此。

法弊坏,莫甚于此时矣。夫贪污无行者,皆行险侥幸之小人也,同流合污,而誉每归之;廉介自守者,多与俗寡谐之烈士也,疾恶过甚,而怨每归之……及其满替,贪廉无别,一体给由求仕。彼贪污者,家计既富,行囊亦充,赴都纵贿,无所不至,每每先得美除;彼廉介者,衣食所窘,日不暇给,至二三年闲废于家,虽已给由,无力投放,及文书到部,复吹毛求疵,百端刁蹬,幸而入选,在都待除,淹困逾年,饥寒不免,则急进者可以速化,恬退者反有体覆保勘之挠。是朝廷诱人以奔竞也。今大小官,正七以上者,省除;从七以下者,部注。然解由到省,例从部拟,吏部由此得开贿门。如散官职事,互有高低,有力有援,则拟从其高,力孤援寡,则拟从其低,虽以土木偶人,及考亦得升阶,更不问为人之贤愚,居官之能否。何如也,既以入选公然卖阙,以阙之美恶,为贿之高下。各官该吏相为通融,私门投下分拟名阙,无力之士甘心于遐远、钱谷之除,遂致勾阑倡优以有才为有财,以前资为钱资之戏。每于注选时,莫不争求其地之近、阙之美,而边远接连钞库去处,有十余年不得代之官。民间有云,使钱不悭,便得好官;无钱可干,空做好汉。因此各思苟利肥家,以为荣进之计,谁肯忍苦吞饥,自贻疏远之斥,未免相胥为不廉矣。是朝廷导人以贪污也。选法不公,难以条举。"针对这种弊端,郑介夫主张:"今宜先择风宪官,委令常加体察,除赃滥正犯之外,有罢软不胜任者、行止不廉者、帷簿不修者、依阿取容而无所成立者,并许弹罢;有德行可以廉顽立懦,才干足以剸繁治剧,但一事可称,一行可取者,并许摘实荐举。依古法分为上中下三考,书上考者升,中考者平迁,下考者降,不入考者黜,从宪司上下半年或每季终造册开呈都省。如各官根脚、年甲、籍贯、三代,已载元除,在任实迹,已见考书,解由之内,不必赘写,止称历过俸月足矣。并令还家听除,不许亲赍赴都,各省逐月类咨,差官驰驿入选,令选曹自计考书之上中下,以定黜陟诛赏。然后照阙铨注,将合授宣敕发付,各省于元籍标散。贤能者不待致力而自升,谁不知劝?愚不肖无所容私而被降,谁不知惧?赏罚既公,众心自服矣。如民生休戚,官吏贤否,既已责任宪司,又有监

察御史不时差出问事，何须重复遣使，巡行郡邑？但每岁委清干官巡按各道，专一体问风宪僚属，有政事无取、举劾不公者，比之有司罪加二等。如此行之一年，选曹不得而卖阙，仕人不得而计置，台察不得而徇私灭公，此绝弊幸之要道也。"郑介夫选任官吏的主张有两点值得注意：一是借助监察官平时对官吏的监督，选任出德才兼备的人才担任各级官员；二是禁止被选者钻营跑官、求官，以制度来体现选官的公正性，杜绝选官中选官部门卖官，被选者钻营，监察者徇私的弊端。

2. 许有壬选任官吏思想。

在元代选任官吏中，监察官员发挥了重要作用。许有壬在《风宪十事》中，有6个方面都涉及选任官吏的问题，并有自己的独特视角和见解。兹缕述如下：

其一，取补书吏必须经过实践锻炼。书吏是古代各级政府和部门中负责文书的吏员，"名役至轻所系至重"①，许有壬建议元政府重视对他们的选任。许有壬认为，当时的选任书吏，往往因多种原因流于形式，既选不到德才兼备的人才，也无法黜退不称职的人员。其实，从制度层面上来看，当时的选任书吏规定还是较好的，"苟能依例令管民文资正官从公保举，廉访司官覆察，相同面试中程，然后补用。如有不应元举，覆察考试正官、首领官黜退，该吏断罪勒停，则亦何患无其人哉？"因此，许有壬在此基础上，进一步提出了改革措施："今后须要年三十以上覆察完备，先历路吏一考，三台典吏虽案牍素所习学，而资质既不同，工拙遂迥异，其应充书吏者，亦合先历路吏一考，然后试补。官既获用，彼遂达才，亦将乐于趋事也。奏差名役，虽有稍轻，今皆转补书吏，始由州吏取充，较之路吏，所历既浅，所进亦优，合于岁贡，不尽路吏内举察取用，依例试补书吏。若是，则曰纲曰目，交相维持，申明旧纲，参酌新目，补用之。初责以必试，若有败缺，将元举官吏必罚无恕，人各有警，而人才自得矣。"在此，许有壬在原规定的基础上，主要补充了选

————————

① 许有壬：《至正集》卷74《风宪十事》，本目许有壬言论引文，均见于此。

任的书吏必须经过地方路吏或州吏的实践锻炼。原规定选任书吏的程序是先由管民文资正官保举，然后由廉访司覆察，再共同面试合格后就可补用。现在许有壬主张面试合格后再到地方任路吏一考，然后才可以补用。或者可由州吏中直接选拔，可免去任路吏一考的实践锻炼。

其二，荐举官员要用其所长。首先，许有壬认为，元代以户口增、田野辟、词讼简、盗贼息、赋役均五事考核荐举官员是否虚文巧饰①。因此，他建议："今后莫若令监察御史、廉访司官，凡路、府、州、县官，各举所知，不必拘以五事，明言其才能事政，著明实迹，以备采择，严其同坐之科，必罚无恕，则人才将自得也。"其次，他认为当时荐举官员也"不明所长之弊"。"夫人才古今所难，人各有能有不能，不可强其所短而废其所长也。比年以来，每见所举之文，一概无非可居风宪言路之人。若夫治民、用兵、理财、听讼、主文、参幕、考工明术者，世岂无之见于荐剡者，盖百无一二也。"针对这种情况，他主张："今后拟合各言所长，至省部籍类，以凭采择，庶铨用之际，各适其才。"再次，他认为当时荐举官员有"连名举同之弊"。"监察御史举人之际，多挽同列，联署满纸。同署之人，复有论荐，亦复要之。虽有素不相知之人，未免委曲顺从，殆如答礼，盖以平日往复之有素也。夫人之相知，各有浅深，必欲同衔，实乖公论。"对此现象，他建议："今后拟合，令单名荐举，果有同识其贤，亦合别具荐状，庶革牵联之弊。"

其三，廉使频除，何以责其成效？许有壬认为当时廉访使之类的官吏调离过于频繁，不利于其在一个地方较长久地发挥作用。"分职之在外者，莫重于宪司。用得其人，则一道之间功效有不可胜言者"。但是，"今天下二十二道，阙者盖十常六七，遍历精选，仅得几人，而到任未几，寻复改授。夫天下之事，非责之专任之久，未易有成也……苟得其人，则又或一年或半年或数月，纷纭改易，席不暇暖，家资尽于迁移，筋力疲于道路，公务益窳，纪纲不振，职此故也……今宪台选用官员，

---

① 有关许有壬对五事考核的批评，详见本节三、官吏考核思想。

所至之处，吏属尚未尽识，而省部论择，复与改除，其省用者，台亦如之。遂使一人之身，一岁数迁，一或不除，皆置不用。人才固难而用之，如此将何以责其成效耶？"针对这种弊端，他主张："今后廉使既得其人，部省不请改用，须待将满，却听选除。庶三年之间，一道之事，得以尽其所施也。"

其四，远道阙官，尽可能选择附近省份籍贯的官员前往担任。元朝幅员辽阔，有些边远交通不便地区，"官吏凭恃险远，率多贪污，渔猎茧丝，无所不至，非持宪之人监临弹治，使之有所警畏，殆未易靖也"。但是，边远地区监察官员大多不愿前往，"今年广西一道，至今阙官，令经历权摄司事，广东、海南、福建悉皆阙人，盖是已除者托故不来，而到任者不久即去，迹其所由，亦各有说人情，孰不欲身之安佚，以遂其仰事俯畜之心哉？今则不择其地之远近、人之便否，一概授之，虽严其不赴之罪，亦无以作其必往之心也。"对此，许有壬提出了一条调剂措施，即边远交通不便地区的监察官，尽可能选择附近省份籍贯的官员前往担任，这些官员一般就愿意在离家乡不远的地区任官，从而解决"远道阙官"的问题。他说："江南三省接连及广海地面，二品至七品官员可任风宪者岂无其人，若将各道分相近地面官员，有政绩昭著、曾经荐举者，遴选铨除，庶人皆知劝，可无阙官之患。"

其五，冗食妨政。许有壬指出，当时政府中有许多冗官无事安坐，既增加国家财政中廪禄支出，又使他们蠹于政事。"宪司设官置吏，虽大小不同，而人各有职，岂有无事安坐，赘员冗食，不能少裨治理，又复有蠹于政事者哉？"如"通事之设，本为蒙古、色目官员语言不通，俾之传达，固亦切用之人。然而今日各道监司，大率多通汉人语言，其不通者，虽时有之，而二十二道之中，盖可屈指而知也。则是所用之时常少，而无用之时多，虚糜廪禄，又与出身，日无所事，不过挟司官之势，凌侮吏曹，俯视官府，擅立威权，恐喝有司，嘱托公事，附带买卖，影蔽富民，诚以安坐而食，无所用心，故其为己营私，既专且精也"。他针对冗官安坐而食、蠹于政事的弊端，主张："今后莫若令译史兼之，各路亦

合一体照磨，虽曰职官皆重慎廉耻，架阁承发付以典吏，纸札祗候遂为专司，余则无所事而安坐冗食，亦合减去，令知事兼之……天下冗员不知其几，风纪之司皆当建白整顿，纵不能此忍自畜之哉！"

其六，铨除御史必须选任无所顾忌、敢于言事纠劾之人。古代御史作为监察之官，职在言政务之得失，纠百官之奸邪，因此必须选任无所顾忌、敢于言事纠劾之人。许有壬认为：任用御史如选择位卑禄轻之人，其顾虑较少，并较有通过言事纠劾而获得晋升的积极性；而那些位高禄重之人，为保住禄位而顾虑较多，已不敢言事纠劾。他指出："御史非百职之可比，庶务之利病皆得而敷陈，百官之奸邪皆得而纠劾。朝廷使之位卑而言高者，盖御之有道也。人之常情，望其所未至，则必奋发激励、勇于趋事，刀锯在前，有所不顾。位卑禄轻，则易于弃去，无患失之念，去就既轻，作事必勇；若厌其所望，满其所欲，则必委曲周旋，保全遮护。今也四品、五品率皆除之，甚有资历已及三品而浮沉其中，彼果何望而奋于立事耶？故事之来也，含糊模棱，目曰老成；钤口缩头，号为持重；迫晚景者，顾影而自惜；计子孙者，留意于将来；因仍改除，遂为得计。"针对这种弊端，许有壬主张："今后莫若先尽县达鲁噶齐、县令有治迹、治次及内外六品、七品才德堪充之人，其资品高者不必铨用，庶无患失之心。又比年以来，每将集赛人员除充，是职夫聪明敏达者，固亦不少，而事务生疏者，不能无焉。亦合精选上等知识而明敏、刚直能胜其任者为之，庶几适用于宪纲，不为小补。"

二、 监察官吏思想

（一） 监察方式思想

元代监察各级官吏的主要方式是照刷文卷，即监察官审核稽查各级政府机构和部门的公文、簿籍文册等。其对象是上自中书省以下诸司，下及地方行省、随路总管府。御史台中具体负责刷卷的主要是监察御史和廉访司。兹录以下诸条史料以窥一斑：

（世祖至元二十八年定）：自中书省已（以）下诸司文卷，俱就

229

御史台照刷。①

诸宣政院文卷，除修佛事不在照刷外，其余文卷及所隶内外司存，并照刷之。诸徽政院及怯怜口人匠，旧设诸府司文卷，并从台宪照刷。②

诸内外台，岁遣监察御史刷磨各省文卷，并察各道廉访司官吏臧否，官弗称者呈台黜罚，吏弗称者就罢之。③

随路总管府、统军司、转运司、漕运司、监司及大府监并应管财物造作司，分随色文账，委监察每季照刷。④

（廉访司）纠弹百官非违，刷磨诸司文案。⑤

照刷文卷的具体做法是：如照刷文卷有稽失，就于刷尾标写"稽迟"或"违错"；如无差错，就于刷尾标上"照过"二字。除此之外，还要在刷尾标写此文卷是否已经全部刷完。如未完成，则标写"未绝"；已完成则标写"已绝"。某项文卷全部刷完，还要在刷尾缝上盖上刻有"刷讫"的刷印，以及本司的官印。这样，照刷文卷工作才算基本结束。为了防止稽照过的文卷遗逸，有错误易于查明责任，世祖至元二十六年（1289），"桑哥言：'省部成案皆财谷事，当令监察御史即省部稽照，书姓名于卷末，仍命侍御史坚童视之，失则连坐。'从之"⑥。王恽《秋涧集》卷83《乌台笔补牒呈》对照刷的操作过程，有较详细的记载："旧例照刷所司，先具事目到台，其文卷后粘连刷尾，具公事本末赴台照刷。监察御史于正位坐阅朱销簿。台令史一人在旁亦坐，执掌具到事目。其当该人员引卷通读。若系算数文卷，更设账科司吏一名，与台令史一同刷磨。其中但有违错稽迟，监察将文卷收讫，申台量情治罪。余无违错

---

① 《元典章》卷6。
② 《元史》卷102《刑法一》。
③ 《元史》卷102《刑法一》。
④ 《元典章》卷5。
⑤ 《元典章》卷12。
⑥ 《元史》卷15《世祖十二》。

者，即令大程官于刷尾骑缝近下，先用刷讫铜墨印，然后盖以监察御史朱印，及于朱销簿上结尾后亦用刷讫铜墨印。"这里刷卷的主持者是监察御史，另有助手台令史1人，如是涉及会计账簿的文卷，还要专业审计人员账科司吏1人。刷卷结束时，又有掌印大程官加盖刷讫铜墨印及主持者监察御史朱印。从"赴台照刷"可知，刷卷主要采取送达审核稽查的方式，而且审核者与被审查者是面对面地审核稽查，这就是"监察御史于正位坐阅朱销簿"，"其当该人员引卷通读"。

元代监察官在审查文卷时主要关注文卷是否有"改抹日月，文义差错"，"涂注字样，补勘文字并倒题月日"，"虚调行移"；"照承受指挥日月有无稽迟"，"杂泛差役，验是何分数科差"，"和籴、和买已未支价，照时估合算体覆"；"磨算钱粮"，"应系远近年分和籴、和买、造作诸物未足价钱，保结开申"；"辨验印押"① 等。

元代监察部门刷磨诸司案牍，从中发现问题进行纠弹，而不法官吏则采取各种手段逃避刷磨。对此，元政府规定了刷卷时应注意的许多事项，其中主要有以下4个方面：

其一，刷卷须见首尾。元制，文卷分上下半年两次照刷，"吏员往往多取己便，辄将未绝文卷绽去首尾取截，止将该刷纸幅出官照刷。如事之始末中间稽迟过错，不得具见"。一旦被追问，或称前任官吏已告满离役，非自经手。对此，至元二十八年（1291）规定："今后刷卷，勒令粘类，首尾相见，通前照刷……首领官躬督，须与该吏眼同检勘……每遇照刷，（仍将前刷）未绝，一一查对，设或差漏，随事究治。"②

其二，文卷已绝编类入架。各处专管案牍人员，常常因为对文卷保管不善，不为用心关防，以致多有丢失文凭籍历，事后检寻不见。为了做好文卷的保管工作，以便随时可供稽查，元政府规定："诸已绝经刷文卷，每季一择，各具事目首尾张数，皆以年月编次注籍。仍须当该检勾

---

① 《元典章》卷6《照刷》。
② 《元典章》卷6《照刷》。

人员躬亲照过，别无合行不尽事理，依例送库，立号封题，如法架阁。后遇照用，判付检取，了则随即发还勾销。"①

其三，人吏交代当面交卷。奸猾官吏平时营私舞弊，怕被查出，往往乘新旧官吏交代之时，偷走或毁掉作假的文卷。因此，官府丢失文卷，多因新旧人吏交付不明。至元二十五年（1288）规定："今后遇有人吏交代，责令当面对（卷），牵照完备，明立案验，依例交割。若有遗失，随即追究。不惟易为检寻，亦免日后递相推指。"② 交割之后，如有丢失，由见管之人负责；"吏员差除事故，其元管簿籍文卷，须与应代之人一一交点无差，联署呈报本属官司照验。后有失落，止著见管之人追寻。"③

其四，对钱粮文卷必须特别注意照刷："凡干碍动支钱粮，并除户免差事理，虽文卷完备，数目不差，仍须加意体察，有诈冒不实者，随事究治。"④

（二）监察内容思想

元代监察官监察的内容相当广泛，既监察官员本身是否有贪赃、枉法、失职等，又监察钱粮、刑狱、社会救助、军队等情况，从而达到对幅员辽阔的统一的多民族中央集权制国家的统治。据《元典章》所载，监察官监察的内容相当详细、具体，兹缕述如下。

至元五年（1268），元朝廷颁布了《宪台格例》，对御史台的监察内容做了规定：其一，监察百官各种违法乱纪、失职行为。"弹劾中书省、枢密院、制国用使司等内外百官奸邪非违，肃清风俗"⑤。"诸官吏……如有污滥者，亦行纠察"。"诸官吏乞受钱物，委监察纠察"。"诸官吏将官物侵使或移易借贷者，委监察纠察"。"应合迁转官员，如任满不行迁转，或迁转不依格者，委监察纠察，仍令监选"。"非奉朝命，擅自补注品官

---

① 《元典章》卷 14《案牍》。
② 《元典章》卷 14《案牍》。
③ 《元典章》卷 14《案牍》。
④ 《元典章》卷 6《体察》。
⑤ 《元典章》卷 5《内台》，以下所引《宪台格例》内容均见于此。

者，委监察纠察"。"诸求仕及诉讼人，若于应管公事官员私第谒托者，委监察纠察"。"诸监临之官，知所部有犯法不举劾者，减罪人罪五等。纠弹之官知而不举劾，亦减罪人罪五等"。"诸公事行下所属而有枉错者，承受官司即须执申。若再申，不从不报者，申都辖上司。不从不报者，委监察纠察"。元代不仅对违法乱纪、失职官员进行纠劾，甚至对官员不称职也要体究。"职官若有老病不胜职任者，委监察体究"。

其二，监察钱粮事务。"随路总管府、统军司、转运司、漕运司、监司及太府监并应管财物造作司分随色文账，委监察每季照刷"。"诸官司……赋役不均，擅自科差，及造作不如法者，委监察纠察"。"官为和买诸物，如不依时价，冒支官钱，或其中克减给散不实者，委监察纠察"。"诸院务监当官办到课程，除正额外，若有办到增余，不尽实到官者，委监察纠察"。"应营造役工匠之处，委监察随事弹纠"。"私盐酒曲并应禁物货，及盗贼生发藏匿处所，若官司禁断不严，缉捕怠慢者，委监察随事纠察"。"沮坏钞法涩滞者，委监察纠察"。"户口流散，籍账隐没，农桑不勤，仓廪减耗，为私蠹害，黠吏豪家兼并纵暴，及贫弱冤苦不能自伸者，委监察并行纠察"。

其三，监察刑狱事务。"诸诉讼人等，先从本管官司陈告。如有冤抑，民户经左右部，军户经枢密院，钱谷经制国用使司，如理断不当，赴中书省陈告，究问归着。若中书省看循或理断不当，许御史台纠弹"。"诸官司刑名违错……委监察纠察"。"诸衙门有见施行枉被囚禁及不合拷讯之人，并从初不应受理之事，委监察从实体究。如是实有冤枉，即开坐事因，行移元问官司，即早归结改正。若元问官司有违，即许纠察。""诸囚禁非理死损者，委监察随事推纠"。"诸承追取合审重刑，及应照刷文案，若有透漏者，委监察纠察"。"诸鞠勘罪囚，皆连职官同问，不得专委本厅及典吏推问。如违，仰监察纠察"。"诸违御史台旨挥，及上御史台诉不以实，或诉讼人咆哮陵忽者，并行断罪"。"在都司狱司，直隶本台"。

其四，监察社会救助事务。"诸孤老幼疾人贫穷不能自存者，仰本路

官司验实，官为养济。应养济而不收养，或不如法者，委监察纠察"。"虫蝻生发飞落，不即打捕申报，及部内有灾伤，检视不实，委监察并行纠察"。

其五，监察军队事务。"从军征讨或在镇戍，私放军人还者，及令人冒名相替，委监察并行纠察"。"军官凡有所获俘馘，申报不实，或将功赏增减隐漏者，委监察并行纠劾"。"边境但有声息，不即申报者，委监察随即纠劾"。"边城不完，衣甲、器仗不整，委监察并行纠弹"。

至元十四年（1277），元朝廷颁布了《行台体察等例》，规定了行御史台的监察内容。其内容与至元五年颁布的《宪台格例》大同小异，以下亦略做介绍：

其一，《行台体察等例》在监察百官违法乱纪行为、失职、不称职方面的内容与《宪台格例》基本相同。如"弹劾行中书省、宣慰司及以下诸司官吏奸邪非违，刷磨案牍，行省、宣慰司委行台监察，其余官府并委提刑按察司"①。"自行御史到任日为始，凡察到诸职官赃罪，追问是实，若罪至断罢停职者，咨台闻奏。其余盗官财者，虽在行台已（以）前，并听纠察"。"各处官员……有贪暴不谙治体，败坏官事，蠹害百姓，及年老衰病不胜职者，并行纠察"。其不同的是《行台体察等例》规定"朝廷所行政令，承受官司稽缓不行，或虽已施行而不复检举，致有弛废者，纠察"。

其二，《行台体察等例》在监察钱粮事务方面与《宪台格例》基本相同的主要有："诸官司……赋役不均，户口流亡，仓廪减耗，擅科差发，并造作不如法，和买不给价，及诸官吏侵欺、盗用、移易、借贷官钱，一切不公等事，并仰纠察"。"钞法、茶、盐、酒曲，各处官司禁治不严，及沮坏诸色课程者，并行纠察"。其不同的是当时南宋刚灭亡，故增加了"大兵渡江以来，田野之民，不无骚扰，今已抚定，宜安本业。仰各处正官每岁劝课，如无成效者，纠察"。另外，增加了对屯田、营田事务的监

---

① 《元典章》卷 5《内台》，以下所引《行台体察等例》内容均见于此。

察：“管屯田、营田官司，不为用心措置，以致无成者，纠察”。

其三，《行台体察等例》在监察刑狱事务方面与《宪台格例》基本相同的主要有："枉被囚禁及不合拷讯之人，并从初不应受理之事，纠察"。"诸罪囚称冤，按验得实，开坐事因，行移元问官司，即行归结改正"。"诸鞫勘罪囚，连职官同问，不得专委本厅司吏及弓兵人等推问。违者纠察"。"诸罪囚……毋致非理死损。违者纠察"。其不同的是《行台体察等例》又增加了一些有关监察刑狱事务的内容。如"刑名词讼，若审听不明及拟断不当，释其有罪，刑及无辜，或官吏受财故有出入，一切违枉者，纠察。""司狱司直隶本台。非官府，不得私置牢狱"。"诸承追取合审重囚及应照刷文卷，漏报者，纠察。""提刑按察司，比至任终以来，行御史台考按，得使一道官政肃清、民无冤滞为称职，以苛细生事、谬于大体、官吏贪暴、民多冤抑、所察不实为不称职。皆视其实迹，咨台呈省"。由此可见，朝廷通过对官吏受财枉法、不得私置牢狱、审判重囚以及提刑按察司的纠察，来加强司法方面的管理。

其四，《行台体察等例》在监察军队事务方面主要增加了对军队纪律的纠察。如"随处镇戍，若约束号令不严，衣甲器仗不整，或管军官取受钱物，放军离役，并虚申逃亡，冒名代替，及私自占使商贩营运或作佃户，一切不公，并仰纠察"。"管军官不为约束军人，致令掠卖归附人口或诱说良人为驱，一切骚扰百姓者，纠弹"。

至元六年（1269），元政府颁布了《察司体察等例》，规定了提刑按察司的监察内容。元代提刑按察司作为地方司法、监察机构，首先，最重要的职责就是监察地方的治安和刑狱。如《察司体察等例》规定："若有谋反逆叛、啸聚山林贼人，并许诸人火速告报所属官司，随即根捕，须管得获，其告首人闻奏旌赏。强切盗贼捕捉得获，钦依元奉给赏。如官司陈告，不即掩捕追理，及匿而不申者，仰提刑按察司究治"[1]。"边关备御不如法……并听纠察"。"沿边应禁物货，无得私相贸易，及奸细人

---

① 《元典章》卷6《体察》，以下所引《察司体察等例》内容均见于此。

等不致透漏过界。如所在官司防禁不严，仰究治施行。其关津因而故将行旅刁蹬阻滞，亦仰究治"。"随处凶徒恶党，不务本业，以风闻公事妄构饰词，告论官吏，恐吓钱物，沮坏官府，此等之人并行究治"。"所在重刑，每上下半年亲行参照文案，察之以情，当面审视。若无异词，行移本路总管府结案，申部待报，仍具审过起数、复审文状申台。其有番异，及别有疑似者，即听推鞠。若事关人众卒难归结者，移委邻近不干碍官司，再行磨问实情。若有可疑，亦听复行推问，无致冤枉。其余罪囚，亦亲录问，若有冤滞，随即改正疏放。""京府州县凡遇鞫勘罪囚，须管公座圆问，并不得委公吏人等推勘。据捕盗人员如是获贼，依理亲问得实，即便牒发本县一同审问。若有冤枉，画申本管上司，不得专委司吏、弓手人等私下拷问。据设定弓手，专一捕盗巡防，本管官员不得别行差占。如违，仰究治施行"。

其次，提刑按察司负责监察地方钱粮有关事务也比较突出。如《察司体察等例》规定，"诸路军户、奥鲁，仰所在官司常加存恤，非枢密院明文，不得擅自科敛。其管军官亦不得取受钱物，私放军人及冒名代替。如违，仰体究得实，申台呈省"。"各路在逃军民并漏籍户计，仰本处官吏、主管人等常切用心收拾，尽数申报。如有隐藏占使、私取差发者，仰究治施行"。"各路民户合纳丝银、税粮、差发，照依已立限期征纳，不得违限并征，仰常切体究。若百姓自愿并纳者，听"。"劝课农桑事，钦依圣旨，已委各处长官兼管勾当。如不尽心，终无实效，仰究治施行"。"随路官员诸色人等，但犯私盐酒曲及沮坏钞法，各处官司禁断不严，仰提刑按察司纠察。其巡盐官吏、弓手人等，所到之处依理巡察，若非理行者，亦行纠察"。

再次，提刑按察司也负责监察地方官吏违法乱纪、失职、不称职等。《察司体察等例》规定，"察到职官污滥罪犯，每上下半年类申御史台，合速申者，逐旋申覆。若年老，及虽未年老而病不胜职者，皆相验明白，申台呈省"。"各路府司州县任满官员，如中间实有赃污不称职任，当该官司徇情滥给解由，或本无粘带过犯，故行刁蹬留难者，仰提刑按察司

体覆得实，申台呈省"。"诸公使人员，若非理骚扰各处官司、因事取受钱物者，仰体究得实，申台呈省"。"随处公吏人等，往往为达鲁花赤久任其职，结成心腹，却与新任官员中间间谍不和，凡有事务，沮坏不能得行。此等之人，并行纠治。""各路所管州县，若有取会文字，立式定限，怠慢者随即究治，并不得乱行勾摄。如须合赴府类攒文字吏人，所用饮食油火、纸札，仰本管上司于祗应钱内斟酌从实应副。违者，仰提刑按察司究治"。

最后，提刑按察司还对地方站赤、急递铺、桥梁道路、教育、风俗等事务进行监察。《察司体察等例》规定，"总管府、统军司、转运司及诸衙门应起铺马，每季具起数行移提刑按察司，内有不应者，即便究治施行。仍委本处正官一员，不妨本职，提点站赤勾当及急递铺兵，厘勒各处官司常切刷勘走递文字，毋令稽迟"。"津梁道路，仰当该官司常切修整，不致陷坏停水，阻滞宣使、军马、客旅经行。如违，仰提刑按察司究治。""提刑按察司官所至之处……问民疾苦，勉励学校，宣明教化。若有不孝不悌、乱常败俗、豪猾凶党，及公吏人等紊烦官司、侵凌细民者，皆纠而绳之。若有利害可以兴除者，申台呈省"。

（三）监察官的纪律约束思想

元代为了实行廉政，对监察官特别定有许多严格的纪律，使风宪之官能以身作则。兹节录《元典章》卷6《体察》所载《禁治察司等例》中有关规定。其一，为了防止徇情，朝廷规定监察官不得以各种借口受人礼物，不得与被监察者私同宴饮，甚至不得拜识亲眷。如"不得因生日、节辰、送路、洗尘受诸人礼物，违者以赃论"[①]。"凡在司或巡按，并不得与各路府州司县应管公事官吏人等私同宴饮"。"任所并巡按去处，并不得拜识亲眷，因而受人献贺财物。如违，以赃论"。其二，为了防止监察官以权谋私，朝廷规定监察官不得因事取受钱物，不得在巡按去处买货物、带造物件，不得役使公吏人员，巡按途中不得携带亲属、求娶妻妾。

---

① 《元典章》卷6《体察》，以下这一自然段引文未注出处者，均见于此。

"诸出使人员，若非理骚扰各处官司、因事取受钱物者，仰提刑按察司体究得实，申行御史台施行"①。"如遇巡按去处，不得买货物及阴使官吏置造私己应用诸物，或于系官局院带造物件。如违，计取得利息，以赃罚论"。"不得以私己事役使公吏人等"。"不得将带妻子、亲眷、闲人并长行马匹同行，如违治罪"。"巡按去处，并不得求娶妻妾。如违，治罪"。其三，朝廷对巡按期间监察官员住宿地点，随带吏员、马匹数目，接待礼节等都有严格限制，不得铺张浪费、骚扰地方官员。如"遇巡按差役，止宜于各处馆驿或廨内安下，不得辄居本处吏民之家"。"遇巡按差使，验元定正从人数分例应副，不得于正支应外多余取要。如违，赃论"。"遇巡按将引书史、书吏人等，合骑铺马数目，钦依圣旨条画施行……如违治罪"。"监察御史、肃政廉访司官分司巡历去处，毋令有司官吏人等远出迎送，妨废公务，饮食供帐，不得过分"②。"巡按许见宾客例：诸监司巡按，许接见宾客，惟不亲谒"③。其四，朝廷要求监察官员必须严格约束下属人员。"不得将门下带行人员，分付各路府州司县官司委用"。"书史、书吏、奏差人等宿娼饮会，已经遍行禁治。违者，依条断罪"。

（四）　张养浩的监察思想

张养浩（1270—1329），字希孟，山东济南人。成宗时任堂邑县令，武宗时任监察御史，仁宗时升礼部尚书，英宗时参议中书省事。文宗天历二年（1329）特拜陕西行台中丞，出赈饥民，卒于任。他写的《为政忠告》系《牧民忠告》《风宪忠告》《庙堂忠告》三书的合称。其中《风宪忠告》集中反映了他的监察思想，兹缕述如下。

其一，张养浩提出监察官必须严于自律，才能监察百官。"士而律身，固不可以不严也，然有官守者，则当严于士焉；有言责者，又当严于有官守者焉。盖执法之臣将以纠奸绳恶以肃中外，以正纪纲，自律不

---

①　《宪台通纪》（外三种），浙江古籍出版社，2002 年（下同），第 155 页。

②　《宪台通纪》（外三种），第 190 页。

③　《永乐大典》卷 2610《南台备要》，中华书局影印本，1986 年。

严，何以服众？夫所谓严如处子之居室，一行一住一语一嘿必语礼法，厥德乃全；跬步有违，则人人得而訾之……夫朝廷以中台为肃政，御史为监察，以宪司为廉访者，政欲弭奸贪，戢侵扰，开诚布公，俾所属知所法也。今而若是，牧民之吏将焉法哉？且他人有犯轻，则吾得而言之；又重，吾得闻于上而僇之；己之所犯，其孰得而发哉？恃人不敢发，日甚一日，将如台察何？将如天理何？故余备载其然，俾为宪司者有则改之，无则益知所以自重"[①]。他认为监察官如自律不严，则其在纠劾官吏不法行为时是难以服众的。监察官只有严于自律，才能发挥弭奸贪、戢侵扰，以正纪纲的作用。

其二，张养浩提出监察官事后纠弹官吏违法乱纪，不如事先教谕官吏不想、不敢违法乱纪，从而防患于未然，这才是为治的最高境界。他说："大抵常人之情，苟非其所惮，虽耳提面命，则亦不足发其良心。何则？非所素服素畏故也。今夫庶司之职，为众所畏服者莫如风宪，诚因监莅于彼，或始上之日会所属而勖之曰：'彼之官重者廷授，次者省授，又次则吏部授，大小虽殊，无非国家臣子。为人臣子，奸污不法，人孰汝容？夫纳贿营私，所得甚少，所丧甚多，与其事败治汝，曷若先事而教之为愈哉？吾之此言，虽曰薄汝，实厚汝也；虽若毒汝，实恩汝也。'苟能如是谕之，吾知退而必有率德改行，易凶恶为善良者矣。且刑罚不足致治，教之而使不犯，为治之道莫尚焉。"

其三，张养浩认为监察官的一个重要职责是"询访"地方官吏的廉贪，荐举廉者，纠劾贪者。他说："今为政者，往往以先入之言为主，非彼狃徇一偏，盖由不通上下之情故也。故通其情莫如悉心询访，小而一县一州，大而一郡一国，吏孰贪邪，官孰廉正，何事病众，何政利民，豪横有无，风俗厚薄，既得其凡，他日详加综核，复验以事，其孰得而隐哉？苟廉矣，即优之，礼貌之，荐举之，则善者劝矣。苟贪矣，虽极

---

① 《吏学指南》（外三种）第 315—322 页。本目张养浩言论引文未注出处者，均见于此。

品之贵，即蔑之，威拒之，纠劾之，则为恶者惩矣。"

其四，张养浩认为监察官必须严加管好下属书吏、奏差等，才能发挥监察作用。他指出："夫廉司所莅之处，一方官吏皆惕然不自安；其所不安者，由彼为恶日久，恐人有以发而讼之一旦故也。彼既内隐其恶，则必多方以求司官所亲之人而解之。夫司官所亲者，曰书吏焉，曰奏差焉，曰总领焉，曰祇候焉。夫为人弥缝私罪，则何求不得，何请不随。为司官者，苟不深防预备，严为禁切，万一连己，悔将何及。若乃司官廉正，犹或庶几；其或彼此胥贪，弊将焉救？……大抵宪长得人，则司官不敢恣；司官得人，则书吏不敢恣。抑闻各道公宴，司官、书吏、奏差同堂而坐，喧哗笑谑，上下不分，所以致彼操纵自如，百无忌惮。谚谓：'廉访司，书吏之权。'迹此观之，信匪虚语。诚能设法以禁之，盛威以临之，小有所犯，即随以鞭扑，如此庶使精锐消沮，威福不张于外矣。凡初入风宪者，不可不知。"

其五，张养浩认为，监察官在审核刑狱案件时，应善待囚犯，不能刑讯逼供，才能了解案件真相，这是民众生死攸关的事情。"夫饥寒切身，自非深知义理之人，不敢保其心之无他，况蚩蚩之氓，为守牧者教养之，不至穷而为盗，是岂得已哉？古人有以灼其然，故为制也恒宽而不亟促，恒哀矜而不忿疾。均之为盗也，而有长幼疏戚之分；均之为奸也，而有夫亡夫在之殊。有疾则医药之，疾革则释梏入人而侍之。夫彼冥迷凶险之徒既丽于理矣，何足缀意，而古人为制如此者，则其仁恕忠厚之情可见矣……夫莅官之法无他，口威心善而已矣。口威则欲其事集，心善则不欲轻易害物。况久系之囚，尤当示以慈祥，召之稍前，易其旧所隶卒吏，温以善色，使自陈颠末，情无所疑，然后参之以按。若据按以求其情，鲜有不误人者。盖州县无良吏，所以不敢信其已具之文，毫厘或差，生死攸系。"

其六，张养浩指出，监察官荐举天下人才，应当大公无私，举天下贤才而治之。"夫士有公天下之心，然后能举天下之贤。盖天下之事，非一人所能周知，亦非一人所能独成，必兼收博采，治理可望焉。故前辈

谓'报国莫如荐贤'，真知要之言哉！……于此有人焉，廉而且干，虽有不共戴天之仇，公论之下亦不得而掩焉。苟非其人，虽骨肉之亲，公论之下亦不得而私焉。世常谓风宪非亲不保，非仇不弹；又有身为宪佐，风御史荐己就升者。呜呼！委以黜陟百官之权，授以仪表百司之职，乃不思报效，惟假之以行己私，人则受其欺矣，天地鬼神其受欺乎？大抵求而后举，不若不求而举之；为公识而后荐，不若采之舆议之为博。夫己不求贤，必使人之求己者，皆非也。盖求则不必举，举则不必识矣。故古人有闻而举者，有见而举者，有举仇者，有举亲者，有集为簿者，有拜其剡者，有书之夹袋者，虽其举不一，要极于公当无私而已。于戏！诚如是，则为相为风宪者安有临事乏才之叹。"

其七，张养浩指出，监察官在纠弹时应尽公无私，不分内外远近，应爱护君子，排绝小人。"夫台宪之职，无内外远迩之分，凡有所知，皆得尽言以闻于上。虽在外，苟知居中非人，纠而言之，可也。虽在内，苟知外官者不法，纠而言之，亦可也。大率惟务尽公无私，斯得之矣……切尝谓荐举之体则宜先小官，纠弹之体则宜先贵官，然又当审其素行为君子为小人。如诚小人，虽有所长，亦不必举。何则？其平日不善者多也。况刑宪本以待小人，君子之过苟不至甚，殆不宜轻易加之，使数十年作养之功扫地于一旦也。盖人才难得，全才为尤难得。昔赵清献公……尝欲朝廷别白君子小人，其言曰：'小人虽有小过，当力排绝之，后乃无患；君子不幸而有违误，则当为国家保持爱护，以全其德。'"

其八，张养浩认为，身为监察官危且难，在奏对言事时既要竭忠吐诚，置死生祸福于度外，又要讲究方式方法，平心易气，惟事之陈，才能收到好的效果。"中外之官，莫难于风宪，莫危于风宪。曷谓难？人所趋者不敢趋，人所乐者不敢乐，人所私者不敢私，所谓峣峣者易缺，皦皦者易污，非难而何。曷谓危？入焉与天子争是非，出焉与大臣辩可否，至于发人之奸，贬人之爵，夺人之官，甚则罪人于死地，一或不察，反以为辜，则终身无所于诉，非危而何。然君子居其官，则思尽其职，所谓危且难者，固有所不避焉，竭忠吐诚，置死生祸福于度外，庶上不负

国，下不负所学。其或奏对于殿廷之上，平心易气，惟事之陈。理诚直，虽从容宛转而亦直；理诚屈，虽抗厉激切而亦屈。夫悻悻其辞色，非惟有失事上之体，而于己于事悉无所益。古之攀阑断鞅，曳裾轫轮者，皆势危事迫，不得已而为之；苟事不至是，殆不可执以为法。"

其九，张养浩指出，监察官言而无罪，才能更好地起监察作用。"夫国家之有台宪，犹边陲之有御兵，虽敌人远遁，而反侧之患不可不防，虽奸党敛踪，而专擅之谋不可不察。其或见敌人之来而攻之过惨，闻小人之僭而击之失实，在上者则当嘉其为国，优而容之，以伸其勇敢之气而收他日缓急之用。夫畜犬将以吠盗，不可以盗戢而畜不吠之犬；豢猫将以捕鼠，不可以鼠伏而养不捕之猫，此举世所共知也。然犬之吠也，岂必人人皆盗，见其不熟于目者，无不吠也；猫之捕也，岂必物物皆鼠，见其可适于口者，无不捕也。若犬以吠非其盗而烹，猫以捕非其鼠而逐，将见盗鼠不胜其繁，而犬猫有不胜其屈者矣。且责言于人而以言见罪，是犹饮人以酒，而以醉见疏。驭下之术，恐不如此。昔我世祖皇帝每戒饬台臣及下求言之诏，必曰：'其言可采，优加旌擢。如不可采，亦无罪责'。夫冕旒之前，言不中礼，宜若可罪，然国制不论者，盖恐因一人而沮天下之善，为细故而失天下百姓之计也。苟以一言不中，径加诛戮，则天下必将箝口结舌，无复告以善道者矣。"[1]

其十，张养浩认为，皇帝应该亲自精选监察官，才能有效地监督宰相。"伏惟御史台乃国家耳目所在，近年以来，纪纲法度废无一存，昔在先朝，虽掾吏之微，省亦未尝敢预其选。今阁台之官，皆从尚书省调之。夫选尉所以捕盗也，尉虽不职，而使盗自选之，可乎？况中外之司，论其关系重者，无过省台。就二者言之，台为尤重。盖省有宰执，为朝廷股肱；台有言官，为朝廷耳目。夫人必先聪耳明目，然后乃能运用股肱。若耳目有所蒙蔽，股肱虽能运动，讵得如其意哉？以是论之，则人主苟欲保全宰相，莫如精选言官。言官得人，则宰相必恒恐惧，修省不至颠

---

① 张养浩：《归田类稿》卷2《时政书》，台湾商务印书馆影印文渊阁四库全书本。

危。言官不得其人，则宰相必肆行非度，卒与祸会。是知言官之严，乃宰相之福；言官之懦，乃宰相速祸之阶。臣尝观史籍所载，自古奸臣欲固结恩宠、移夺威福者，必先使台谏默然，乃行其志。为人上者，苟不时引台臣访以得失，则奸至前而不察，弊盈外而不知衅，伏中而不闻庶绩隳而群心摇矣"[1]。

三、 考核官吏思想

（一） 以五事、 六事考核思想

元代的官吏考核思想，承继的是唐宋时期五事考核思想。所谓五事，即"户口增（谓生齿之最，民籍增益、进丁入老，批注收落，不失其实，若有流离，而能招诱复业者）、田野辟（谓劝课之最，农桑垦殖、水利兴修者）；词讼简（谓治事之最，听断详明，讼无停留、狱无冤滞者）、盗贼息（谓抚养之最，屏除奸盗、人获安居者）、赋役平（谓理财之最，取办有法、催科不扰者）"[2]。"至元八年（1271），诏以户口增、田野辟、词讼简、盗贼息、赋役均五事备者，为上选。九年（1272），以五事备者为上选，升一等。四事备者，减一资。三事有成者为中选，依常例迁转。四事不备者，添一资。五事俱不举者，黜降一等"[3]。由此可见，元代的五事考核与官员的升降是直接挂钩的，即五事考核都具备，可以破格升一等；如四事具备，可破格提早一次晋升；如三事具备，则按照常规升迁；四事不具备，则推迟一次晋升；五事都不具备，则降一等。

对这种由来已久的考核官员制度，元代大臣许有壬作出了大胆、中肯的批评。他指出："五事之目因循，虽古实则虚文。户口之增，不过析居、放良投户、还俗或流移至此，彼减此增之数，夫何能哉？江南之田，水中围种，齐鲁之地，治尽肥硗，虽有真才，五终不备。辽海之沙漠莽

---

① 《归田类稿》卷2《时政书》。
② 《吏学指南》（外三种），第30—31页。
③ 《元史》卷82《选举二·铨法上》。

苍，巴蜀之山林溪洞，龚黄继踵，能使田野辟乎？欲盗贼之息者，有盗匿而不申。求讼词之简者，将应理之事亦付不问。至于赋役则上下贫富品搭。科派自有定规，尽能奉行亦分内事，况实效茫然，凋瘵日甚。惟其必以五事全备取之，则谁不巧饰纸上。且例文明谓，所举但有败阙，罪及元举察官。今败阙者何限，而黜责未闻，宜其玩习，苟且非恩，不举也。今后莫若令监察御史、廉访司官，凡路府州县官以各举所知，不必拘以五事，明言其才能，事政著明实迹，以备采择。严其同坐之科，必罚无恕，则人才将自得也"①。在此，许有壬认为，以五事考核官员，虽来源甚古，却是虚文。所谓户口增加，往往是一家分成两家，或将奴仆释放，成为良民自立门户或僧道还俗，或流民逃亡到此。其实质上只是彼处减少，此处增加，总数并没有增加。所谓田野辟，在一些地方也很难做到，如江南之田，连水中的土地也已开辟耕种；齐鲁地区则不管是肥沃还是贫瘠，都已开辟殆尽，即使再有才能的官员，在江南、齐鲁也很难做到田野辟了。还有辽海的沙漠，巴蜀山林中的溪洞，也是很难再开辟成田地了。官员想做到盗贼息，如辖区发生盗贼，就隐瞒不报；想做到词讼简，就将本应该过问的诉讼也不予过问，不就没有诉讼了。要做到赋役均，就将上下、贫富互相搭配，就能做到均平。总之，官员要使考核达到五事全备，就会在考核时巧于在文字上装饰作假。因此，许有壬主张，监察御史、廉访司考核路府州县官时，不要拘以五事来衡量，只要实实在在明言其才能、政绩就可以了，以供朝廷选任，并且严格执行荐举不当必须同坐的规定。这样，朝廷就可以得到真正的治国人才。

对于五事考核官员中的这种虚文巧饰现象，元成宗大德年间郑介夫也提出批评和改变的主张："格例：该诸县尹以五事备者为上选，三事成者为中选，五事俱不举者必黜。今各官解由之内，无有不备五事者，皆是满替之后，巧装饰词，私家填写。上司更不推问，但辨凭无伪，俸月无差，便给半印，依本抄连，到选之日，真伪无别。实备五事而无力者，

---

① 《至正集》卷74《风宪十事》。

止于常调；虚称五事而有力者，则引例升等。岂非虚文考绩之弊乎？宜从各官所属上司考察，其在任有无五事实迹，另行开申付部，以定升黜，斯为责效之实也。"① 在此，郑介夫不像许有壬那样认为五事考核官员制度本身不合理，而是认为五事考核官员制度在执行中出现"巧装饰词"，成为"虚文考绩"，甚至颠倒黑白。有些五事都具备的官员，由于没有背景靠山，而得不到破格升迁，只能按常规晋级；而那些弄虚作假称自己五事都具备的官员，由于有背景靠山，却能得到破格晋升。对此，郑介夫主张对于五事考核官员应该"核实"，而且较好的办法应由被考核官员的上司考察，并向吏部上报考核结论，作为官员升迁或降黜的依据。相对说来，由被考核官员的上司考察还是较真实的，因为一般说来，上司对下属还是较了解的。但由上司考察下属也可能出现另一种倾向，即善于巴结讨好上司的下属往往会得到较好的考核评价，而真正踏踏实实做事的下属如不会巴结讨好上司，则可能难以得到较好的考核评价。

元顺帝至正四年（1344）正月辛巳，诏"定守令黜陟之法，六事备者升一等，四事备者减一资，三事备者平迁，六事俱不备者降一等"②。据许有壬《至正集》卷35《六事备要序》所载，"六事"为"农桑、学校、常平、法、户口、田野"。元朝末年，随着民族矛盾和阶级矛盾的日益尖锐，元政府为了缓和这些社会矛盾，维护自己的统治，采取了一些应对措施，这从对官员的考核从"五事"改为"六事"即可窥见一斑。"六事"合并"五事"的"词讼"与"盗贼"为"法"，淡化了社会矛盾，突出了以法治理社会矛盾；"六事"取消了对官员"赋役"的考核，显然对减轻农民的赋税徭役负担是有益的；"六事"增加了"农桑"，更突出了督促各级地方官员发展农业生产；六事增加了"学校"，则突出了督促各级地方官员重视文教事业；六事增加了"常平"，则强调了各级地方官员必须注意赈济灾民和贫困无以为生之人。

---

① 《历代名臣奏议》卷67。
② 《元史》卷41《顺帝四》。

（二） 对分管钱粮官吏的考核和交接思想

元代对掌管钱粮官吏的考核，采用增羡者迁赏，亏兑者赔偿黜降的原则，并把经济政绩考核作为理财用之道，以此来杜绝唯以货赂求升，无复以实获进的弊端。考核由"户部、吏部一同照勘，各路见办诸色课程正额、增余数目，分为等级，添取前代院务监当验筹数官之遗制，准以今日所宜，定立考较增亏法度，与夫升降赏罚格例"①。

对于分管钱谷场务等经济部门的官吏，元政府则沿用唐宋以来以十分为率的考核方法，按钱物收入增减的比率来进行奖惩。如对税务官升转，至元二十九年（1292）定："省判所办诸课增亏分数，升降人员。增六分升二等，增三分升一等。其增不及分数，比全无增者，到选量与从优。亏兑一分，降一等。"② 武宗至大三年（1310）正月定税课法："诸色课程，并系大德十一年（1307）考较，定旧额、元增，总为正额，折至元钞作数。自至大三年（1310）为始恢办，余止以十分为率，增及三分以上为下酬，五分以上为中酬，七分以上为上酬，增及九分为最，不及三分为殿。"③ 除按增亏比率进行考课外，元代还采用定出具体增亏指标，以为黜陟。如元政府规定："在都并城外仓分，收粮五万石之上仓官，于应得资品上升一等，任满，交割别无短少，依例迁叙；收粮一万石之上仓官，止依应得品级除授，任满，交割别无短少，减一资通理。"④ 元代诸路见办诸色课程，比除增亏，通常是"每月一次，不过次月初五日申报本省。仍将院务官每季小考，年终大比，视其增亏，以为黜陟"⑤。

元代对新旧官吏交接也有一套严格的规定，其中一项最重要的内容是钱粮必须交代清楚。如仁宗延祐时规定："今后各处提调钱粮官任满交

---

① 《元典章》卷 22《课程》。
② 《元史》卷 82《选举二·铨法上》。
③ 《元史》卷 23《武宗二》。
④ 《元史》卷 82《选举二·铨法上》。
⑤ 《元典章》卷 22《课程》。

割完备，方许给由，但有短少不完，依例究问追理。"① 为了督促现任官司做好新旧官员钱粮交接，防止马虎了事，至元二十三年（1286）规定："自今后应去任人员，必须从实照勘，如有侵欺盗借官物，随即依数追纳还官，然后方许给由。若是给由之后，却有照出侵借系官钱粮等物，止勒当该给由官员代纳。"② 诸仓库系国家钱粮重地，更须关防严密，"诸仓库官新旧交代，在都，本管上司委官监视，在外，各路正官监视，沿河仓分，漕运司官监视。凡应干收支文凭，合有见在官物，皆须照算交点明白，别无短少滥伪之数。旧官具数关发，新官验数收管，仍须同署申报合属上司照会。既给交关之后，若有短少滥伪之物，并于新官名下追理"③。由此可知，元代仓官库吏在新旧交代之时，必须在上司的监视下，进行钱物盘点。为了督促新官认真查对接收，明确规定一旦交接清楚，以后若有问题，概由新官负责。元代仓库的各项数目，采用旧管、新收、已支、见在四柱法造册入账，以供照勘计点。

四、 严惩和防范官吏贪赃思想

（一） 惩贪思想

元政府为廉洁吏治，对官吏贪赃枉法予以严惩，除了判处徒刑外，还对犯赃官吏予以开除，终身不再录用。"大德三年（1299）正月，钦奉诏条内一款：诸牧民官，不先洁己，何以治人？今后因事受财，依例断罪外，枉法赃者，即不叙用；不枉法赃，须殿三年方听告叙，再犯，终身不叙"④。

元朝对官吏犯赃的处罚原则与前代基本相同，朝廷为了保障封建国家的财产不受侵犯，对侵盗国家钱粮的赃罪处罚最重。元贞元年（1295）规定："诸仓库官吏人等盗所主守钱粮，一贯以下，决五十七，至十贯，

---

① 《元典章新集·吏部》。
② 《元典章》卷 47《侵盗》。
③ 《元典章》卷 21《仓库》。
④ 《元典章》卷 46《取受》。

杖六十七。每二十贯加一等，一百二十贯，徒一年；每三十贯加半年，二百四十贯，徒三年；三百贯处死。"① 其次是枉法赃，再次是不枉法赃。元代对枉法赃与不枉法赃的划分与前代也基本一致。枉法赃主要指判决刑狱中受财枉法，即"枉法：受讫为事无理人钱物，断令有理"；"受讫有罪人钱物脱放"，"受钱买嘱，刑及无辜"，"教令有罪人妄指平民，取受钱物"，"违例卖官，及横差民户充仓库官、祗待头目、乡里正等，诈取钱物"② 等。不枉法赃则是指判决刑狱中虽不枉法，但利用权势索取钱物，因公谋私等，即"与钱人本宗事无理或有罪，买嘱官吏求胜、脱免，虽已受赃，其事未曾枉法结绝，合从不枉法科断"，"馈献、率敛津助、人情，推收过割，因事索要勾事、纸笔等钱，及仓库院务搭带分例、关津、批验等钱，其事多端，不能尽举"③。据《元史·刑法一》所载，元朝对受财枉法与受财不枉法赃的处罚分别是："诸职官及有出身人，因事受财枉法者，除名不叙；不枉法者，殿三年，再犯不叙；无禄者减一等。以至元钞为则，枉法：一贯至十贯，笞四十七，不满贯者，量情断罪，依例除名；一十贯以上至二十贯，五十七；二十贯以上至五十贯，杖七十七；五十贯以上至一百贯，八十七；一百贯之上，一百七。不枉法：一贯至二十贯，笞四十七，本等叙，不满贯者，量情断罪，解见任，别行求仕；二十贯以上至五十贯，五十七，注边远一任；五十贯以上至一百贯，杖六十七，降一等；一百贯以上至一百五十贯，七十七，降二等；一百五十贯以上至二百贯，八十七，降三等；二百贯以上至三百贯，九十七，降四等；三百贯以上，一百七，除名不叙。"

元代的监察官既是"守法之司"，又是"纪纲之司"，这就要求台宪官员更要正身守道。"切惟有守者乃能执宪，无暇者方可律人。已之不廉，而欲正人之贪污，自古及今，未之能行。原夫台察之设，本以纠治

---

① 《元典章》卷 47《侵盗》。
② 《元典章》卷 46《取受》。
③ 《元典章》卷 46《取受》。

奸贪，其于自治所禁尤严者，盖以不先洁己不能治人故也"①。因此，元政府屡次严申监察官必须廉洁奉公，如监察之官犯法，必须加重处罚："若官吏罪状明白，廉访司、御史台不为纠弹，受贿徇情，或别作过犯，诸人陈告得实，罪比常人加重"②。成宗时规定："其本司（廉访司）声迹不佳者代之，受略者依旧例比诸人加重。"③ 元制，官员犯不枉法赃一般是再犯除名不叙，但监察之官一犯赃罪就除名永不叙用。如"自至元五年（1268）立御史台，以至革罢按察司，前后二十余年之间，台察官吏间有染犯赃污，悉皆断罢不叙。又至元二十年（1283）宪台奏奉圣旨：'台察官吏但有犯赃，并除名不叙。'以古酌今，咸谓得宜"④。

元政府为了严防官吏犯赃，对于一些变相受赃的行为也予以严格禁止："诸职官到任，辄受所部赘见仪物，比受赃减等论。诸职官受部民事后致谢食用之物者，笞二十七，记过。诸上司及出使官，于使所受其燕飨馈遗者，准不枉法减二等论，经过而受者各减一等，从台宪察之。"⑤有的官吏本身不敢受赃，却纵容暗示亲属、随从受赃，减官吏二等坐。"官吏初不知，及知即首，官吏、家人俱免；不即首，官吏减家人法二等坐，家人依本法。若官吏知情，故令家人受财，官吏依本法，家人免坐。官吏实不知者，止坐家人。"⑥

元政府念人之犯法，或能追悔，苟不开以自新之途，恐有意于迁善者无从改过，故设首缘之条。元代对于受赃悔过自首官员的处理是比较宽大的："诸内外百司官吏，受赃悔过自首，无不尽不实者免罪，有不尽不实，止坐不尽之赃。若知人欲告而首及以赃还主，并减罪二等。闻知他处事发首者，计其日程虽不知，亦以知人欲告而首论。诡名代首者勿

---

① 《元典章》卷 46《取受》。
② 《永乐大典》卷 2608《宪台通纪》。
③ 《元史》卷 18《成宗一》。
④ 《元典章》卷 46《取受》。
⑤ 《元史》卷 102《刑法一》。
⑥ 《元史》卷 102《刑法一》。

听。犯人实有病故，许亲属代首。台宪官吏受赃，不在准首之限。"① 由于对悔过自首官吏的处理比较宽大，所以有些不法官吏乘机钻空子。如有的犯赃官吏自首时往往不赍所首钱物，止具其数于状，免罪之后不按时退赃，有经涉年岁不能了绝。对此，元政府规定："首钱之人，须要随状赍擎所首钱物，赴官陈告。如无所首钱物，并不准首。其钱明有下落，委不在身者，不拘此例。"② 又如奸猾小人，赃污狼藉，待到自知不免事发，往往笼统出首赃物若干，诈称忘记受赃时间和物主姓名。这样使追查者无法查证，大事化小，小事化了，乘机蒙混过关。对此，元政府规定："自首乞受，须要具写某年月日，因为是何公事受讫某人钱物，如此开豁明白，方接首状。若总钱物而不开写物主名项，拟合将钱追没，不准所首。事发，依理取问。"③ 还有犯赃官吏，有时得知案发，便赴各衙门自行陈首，而各衙门加以包庇，倒题月日，准其自首。对此，元政府规定："遇有台察并随处按察司弹过事理，明注年月申台呈省，若有随后自首者，并不得受理。"④

（二）陆文圭、程文海的防贪思想

元人陆文圭在《流民、贪吏、盐、钞法四弊》中提出"革贪吏之策"有 3 个方面的措施："一曰清选法，二曰均俸给，三曰严纠劾。"⑤ 兹缕述如下：

其一，陆文圭认为，要革除贪吏，只有把好选拔官吏这一关，才能廉洁官吏队伍，使政风清明。这是正本清源的工作。他指出："官之失德，宠赂日章，源之不澄，其流滋蔓。方今大小之职，颇稀清白之风，良由入仕之初，但由保举，夤缘请托，靡隙不钻。既仕之后，不试贤能，

---

① 《元史》卷 102《刑法一》。

② 《元典章》卷 48《首赃》。

③ 《元典章》卷 48《首赃》。

④ 《元典章》卷 48《首赃》。

⑤ 《墙东类稿》卷 4《流民、贪吏、盐、钞法四弊》，以下陆文圭言论引文均见于此。

日月为断，不推功效，阀阅是先。吏掌铨曹，有如互市，视阙之久近，计秩之崇卑，倘未属厌，不无淹滞，高下在手，迟速在心，营求之力既殚，取偿之意愈急，驱车在道，见物垂涎，不畏莫夜之知，殆成白昼之攫。而况幸门旁启，中旨特颁，又出于常调之外者，此选法不可不清也。"

其二，陆文圭认为，要革除贪吏使官吏廉洁，必须使中央与地方官员的俸禄大致均平，都足以衣食无忧。他指出："分田受禄，古有常制，苟无君子，莫治野人。吏俸不足以代耕，人情必至于内顾，虽欲洁身，势有不能。故其廪糈宜从优厚，王事鞅掌，终窭且贫，勤而无怨者，能几何人？非礼不怀，非禄不劝，见便则夺者，夫人皆是。今越在内服，取家辽远，不遑将父，京师薪米，旅泊良难，月之所得，不供日之所需，故人思补外，不乐内迁。越在外服，则大江以南，优于内地，圭田之多寡，视列郡之肥瘠，差等不为定制，有无不能相补。夫不足以养其身，而徒以禁其欲，欲无侵渔百姓，难矣！此俸给不可不均也。"

其三，陆文圭主张，要革除贪吏，还必须加强对官吏的监察，使官吏不敢也不能贪赃。他说："总于货宝，古有常刑，杖之朝堂，罚不为过。今列郡置于监司，监司统于御史，又有监察之职，迭司举案之权。然而根党钩连，颜情易徇，交通诡密，冤状莫伸，当道之狼慑不敢问，依社之鼠忌不欲言。间有不畏强御之才反招过，为矫亢之咎，未能致辟，旋已报闻。遂令碌碌之徒，思受容容之福，甚至与奸而为市，有同监主之盗财。风宪谓何，纲纪日坏，岂所望于天子耳目之官哉？此弹劾之不可不严也。"

还有元代程文海在《吏治五事》中也提出3项防贪的措施。其一，他指出，至元年间，曾有一段时间江南州县官吏，政府不曾支给俸钱。这明摆着让官吏公开盘剥百姓为生！他主张，应支给官吏俸钱，然后官吏如还贪赃，就给予重罚："仕者有禄，古今定法。无禄而欲责之以廉，难矣！江南州县官吏，自至元十七年（1280）以来，并不曾支给俸钱，真是明白放令吃人肚皮、椎剥百姓。欲乞自今并与支给各官合得俸钱，

其有贪赃者，重罪不恕，人自无辞。"①

其二，程文海认为，当时贪官之所以肆无忌惮贪污受贿，是因为今天在这里被免官，明日可能在那里又被授官。因此，他建议朝廷应设置贪赃籍，记录因贪赃被罢免者，并永不叙用。这样就会对贪官污吏形成威慑作用，使他们不敢胡作非为，以身试法。他说："国朝内有御史台，外有行台按察司，其所以关防贪官污吏者，可谓严矣！而贪污狼藉者，往往而是，何也？盖其弊在于以征赃为急务，于按劾则具文。故今日斥罢于东，明日擢用于西，随仆随起，此弃彼用，多方计置，反得美官。相师成风，愈无忌惮。欲乞省台一体，应内外诸路官员，有以贪赃罢者，置籍稽考，未许收用。其吏人犯赃者，重置于法，永不叙用，内外一体照应，庶几官吏知所警戒。"

其三，程文海还建议元政府设置官吏考功历，在官员任满时进行考核，并将考核中的功过、廉贪等记录在考功历上，作为评定该官员等级、并予以升降任免的依据。这样，就能更好地发挥考核官吏的作用，扬清激浊，激励官吏廉洁勤政，从而减少官吏的贪赃腐败。他指出："国朝建御史台，虽有考课之目，而未得其要，莫可致诘。欲乞照前朝体例，应诸道府州司县，下至曹掾等，各给出身印纸、历子一卷，书本人姓名、出身于其前，俾各处长吏联御结罪保明，书其历任月日、在任功过于后。秩满有司详视，而差其殿最，则人之贤否，一览而知。考核得实，庶无侥幸。"

---

① 程文海：《雪楼集》卷10《吏治五事》，本目以下程文海言论引文，均见于此。

第六章
元代军事管理思想

第一节　军队体制思想

一、　枢密院、行枢密院和万户、千户、百户

元代的枢密院始设立于元世祖中统四年（1263）五月，"掌天下兵甲机密之务。凡宫禁宿卫，边庭军翼，征讨戍守，简阅差遣，举功转官，节制调度，无不由之"①。可见，元代的枢密院是全国最高的军事指挥机关，负责保卫宫廷皇帝住处，调发、管理全国军队，筹划军事部署，选任军队将领等。而中书省下的兵部则仅"掌天下郡邑邮驿屯牧之政令。凡城池废置之故，山川险易之图，兵站屯田之籍，远方归化之人，官私刍牧之地。驼马、牛羊、鹰隼、羽毛、皮革之征，驿乘、邮运、祗应、公廨、皂隶之制，悉以任之"②。这就是说前代兵部的调发、管理全国军队的权力在元代归枢密院掌握，而兵部仅主要负责军队的通信、马政、屯田等事务。

① 《元史》卷 86《百官二》。
② 《元史》卷 85《百官一》。

　　元代的枢密院直接向皇帝奏报军情要务，一般情况下不必经过中书省。如需要作出重大的军事决策，皇帝则召集中书省、御史台等中枢机构的官员与枢密院长官共同讨论商议。皇帝每年夏季赴上都避暑时，枢密院长官大多随行，只在大都留守枢密院副使或金院一二人，暂时代管枢密院事务。如有重要的军事情况则必须随时转呈上都，由跟随皇帝的枢密院使负责处理。如有发生紧急军事情况，来不及转报上都的，也可由留守大都的副使或金院采取应对措施，调遣军队处置。

　　元代枢密院官员的配置，历朝变动较大。元世祖中统四年（1263）始设枢密院时，"置枢密副使二员、金书枢密事一员。至元七年（1270），置同知枢密院事一员，院判一员。二十八年（1290），始置知院一员，增院判一员，又以中书平章商量院事。大德十年（1306），增置知院二员，同知五员，副枢五员，金院五员，同金三员，院判二员。至大三年（1310），知院七员，同知二员，副枢二员，金院一员，同金一员，院判二员，革去议事平章。延祐四年（1317），以分镇北边，增知院一员。五年（1318），增同知一员。后定置知院六员，从一品；同知四员，正二品；副枢二员，从二品；金院二员，正三品；同金二员，正四品；院判二员，正五品；参议二员，正五品；经历二员，从五品；都事四员，正七品；承发兼照磨二员，正八品；架阁库管勾一员，正九品；同管勾一员，从九品；掾史二十四人，译史一十四人，通事三人，司印二人，宣使一十九人，铨写二人，蒙古书写二人，典吏一十七人，院医二人"①。从《元史》记载可知，元朝在设置枢密院较长时期内，有因人设官之嫌，因此从元世祖中统四年（1263）设立枢密院开始，至元仁宗延祐四年（1317）50多年间，官员设置变化无常。从枢密院官员定置之后的情况看，枢密院是一个相当庞大的军事机构，其原因是元朝是一个靠武力征服建立起来的幅员辽阔的王朝，故十分重视保持强大的军事力量。此外从一个官职数人担任情况看，如"知院六员，从一品；同知四员，正二

---

　　① 《元史》卷86《百官二》。

品"等，元最高统治者试图通过分权来使武官互相牵制监督，以防止某一武官权力过大，威胁皇权。尤其是为了防止枢密院最高长官拥兵自重，元朝规定由皇太子兼枢密院。同时，为了使最高军事指挥权牢固掌握在蒙古贵族手中，元朝还规定，知院和同知必须由蒙古人或少数色目人担任，副使以下才参用汉族人。

由于元代幅员辽阔，为了加强各地区的军事力量，元朝还在许多地区设置了行枢密院。"国初有征伐之事，则置行枢密院。大征伐，则止曰行院。为一方一事而设，则称某处行枢密院，或与行省代设，事已则罢。"① 可见，行枢密院是临时性的军事机构，有军事行动时就设置，军事行动一结束就予以取消。据《元史》卷86《百官二》还记载，元代设立的行枢密院有西川行枢密院、江南行枢密院、甘肃行枢密院、河南行枢密院、岭北行枢密院等。

元朝基层的军事组织为万户、千户、百户。"考之国初，典兵之官，视兵数多寡，为爵秩崇卑。长万夫者为万户，千夫者为千户，百夫者为百户"② 。可见，元代领兵打仗的将官以其统领士兵人数的多寡来区别其职位的高低，并形成了蒙古军队早期由大汗、宗王、万户长、千户长等一统到底和都元帅节制汉军的军事领导体制。"世祖时，颇修官制，内立五卫，以总宿卫诸军，卫设亲军都指挥使；外则万户之下置总管，千户之下置总把，百户之下置弹压，立枢密院以总之。遇方面有警，则置行枢密院，事已则废，而移都镇抚司属行省。万户、千户、百户分上中下"③ 。在此，元世祖改变了蒙古时期一统到底的军事领导体制，在中央设立枢密院，作为掌管全国军政的最高机构，总领各支军队的总管、总把、弹压。遇有军事情况，可临时设行枢密院，加强对某一地区军队的直接统领。后来，为了保证驻在漠北草原上的蒙古各部的军政统一，元

---

① 《元史》卷86《百官二》。
② 《元史》卷98《兵一》。
③ 《元史》卷98《兵一》。

世祖取消了蒙古左、右翼万户长，各蒙古千户的长官直接听命于枢密院。元廷曾长期委派一员枢密院知院坐镇漠北，就地处理军务。

成吉思汗建立蒙古汗国后，确定了蒙古军队的指挥系统。蒙古大汗亲征时，宗王、万户长、千户长等听从大汗的直接指挥。分军行动时，则由大汗指定一名蒙古宗王或万户长、千户长作为军队的指挥官。忽必烈即位后，将自己的几个儿子分派到漠北、陕西、云南、吐蕃等地作为出镇宗王，不再封给蒙古千户和封地，只授给宗王节制当地军队的权利，有战事时作为军队的最高指挥官。直至元朝中期，出镇宗王仍然多是忽必烈的后裔，更换袭任需由皇帝亲自决断。

忽必烈时为统一指挥对南宋军队的作战，将探马赤军和汉军的都元帅改建为统军司，后又改为行枢密院或行中书省掌军政。统军司和行枢密院或行中书省的官员，都由皇帝任命，具有指挥军队作战、调配军需物品、措置边防戍守等权力。全国统一后，行枢密院相继撤销，朝廷在全国设立了河南江北、江浙、湖广、江西、四川、云南、陕西、甘肃、辽阳、岭北等 10 个行省。各行省设平章二员，兼管军事，总督本省军马。行省内的万户府、元帅府等，是行省的下属军府。在远离行省中心的地区或少数民族聚居地区，设立宣慰司都元帅府掌军政和民政，作为行省和郡县的中介机构。各行省的军队调遣，需经枢密院批准传旨。行省内各军队的镇戍和屯田地点，也要由行省官员和枢密院协议商定。如在某一地区发生战乱，先由枢密院传旨所在行省平章，调派军队镇压，如不奏效，则再传命附近行省发军会剿。有时，也在战事频繁的地区设立行枢密院，临时提调从各省调来的军队，战事平复后则撤销[①]。

蒙元时期，军官职位实行世袭制度。蒙古千户长、百户长去职，由子孙袭任本职；探马赤军和汉军军官战死，子孙袭其原职；病死则子孙降二等袭职。与世袭制并行，朝廷也实行军官迁转法，一般是 3 年为满

---

① 高锐主编《中国军事史略》（中册），军事科学出版社 1992 年版，第 295－296 页。

升迁，出征时则验功过决定升降。世祖时期，还规定了军官的品级。万户府、千户所分成上、中、下三等，侍卫亲军各卫指挥使司与上万户府等级相同；百户所分为上下两等。万户府设达鲁花赤、万户、副万户、镇抚；侍卫亲军各卫设都指挥使、副使；千户所设达鲁花赤、千户、副千户；百户所设百户。草原上的蒙古军，仍保持过去的千户长、百户长等职务。

二、 蒙古军、探马赤军、汉军和新附军

元朝的民族歧视政策，在军队编制上有明显的反映。其军队主要分为蒙古军、探马赤军、汉军、新附军，除此之外，还有一些地方少数民族的军队，如辽东的高丽军、女直军，云南的寸白军（又称爨僰军），湖广的土军、黎兵、洞兵，福建的畲军，吐番的吐番军等。据《元史》卷98《兵一》载，元朝蒙古军、探马赤军、汉军、新附军来历及特点可窥见一二：

> 若夫军士，则初有蒙古军、探马赤军。蒙古军皆国人，探马赤军则诸部族也。其法，家有男子，十五以上、七十以下，无众寡尽签为兵。十人为一牌，设牌头，上马则备战斗，下马则屯聚牧养。孩幼稍长，又籍之，曰渐丁军。既平中原，发民为卒，是为汉军。或以贫富为甲乙，户出一人，曰独户军，合二三而出一人，则为正军户，余为贴军户。或以男丁论，尝以二十丁出一卒，至元七年（1270）十丁出一卒。或以户论，二十户出一卒，而限年二十以上者充。士卒之家，为富商大贾，则又取一人，曰余丁军，至十五年（1278）免。或取匠为军，曰匠军。或取诸侯将校之子弟充军，曰质子军，又曰秃鲁华军。是皆多事之际，一时之制。

> 天下既平，尝为军者，定入尺籍伍符，不可更易。诈增损丁产者，觉则更籍其实，而以印印之。病死戍所者，百日外役次丁；死阵者，复一年。贫不能役，则聚而一之，曰合并；贫甚者、老无子者，落其籍。户绝者，别以民补之。奴得纵自便者，俾为其主贴军。

其户逃而还者，复三年，又逃者杖之，投他役者还籍。其继得宋兵，号新附军。

我们如再综合其他一些史料，可以知悉蒙古族本族是实行举族皆兵制度。蒙古各部的男子，从15岁至70岁，不分贵贱，也不管家中人口多少，都有服兵役的义务。他们平时放牧劳作，一旦战争，就根据国家的需要，随时上马参加战斗。15岁以下的少年有时也要从军，以使他们早日熟悉军旅生活。这种少年兵称为渐丁军。蒙古军以草原上的蒙古各部人口为主体，按十进制编成十户、百户、千户。即"自十而百，百而千，千而万，各有长"。十夫长称为"牌子头"。千户是蒙古军的基本军事组织，由大汗指定功臣或各部的贵族作为千户长，统率士兵作战。一部分千户分属于蒙古宗王（成吉思汗家族成员）之下，其他千户分编成左、右两翼，作为蒙古军中的主力，由大汗任命左、右翼万户长分掌。

蒙古在征服战争中，陆续招降或掳掠了哈剌鲁、畏兀儿、唐兀、阿速、钦察、康里、回回、阿儿浑等族人。这些人后来被统称为色目人，他们中的丁壮也大多"隶蒙古军籍"①，被编入蒙古军中。随着蒙古军征服中原地区后，蒙古统治者需要一支蒙古军队长期留守中原、西域等地区，于是从蒙古各千户中"签发"出部分士兵，组成专用于驻防镇戍的探马赤军。由于蒙古人大多不愿意远离草原和改变传统的游牧生活方式，长期到生活环境不适应的地区作战和镇戍，所以在选调探马赤军时，各千户往往以隶属于蒙古军籍或沦为私属人口的外族人充任，其中最多的就是色目人，因此使探马赤军的民族成分相当复杂。但尽管如此，探马赤军中的色目人较早臣服蒙古族的统治，在被派出镇戍中原或西域后，仍与蒙古各千户保持着密切的联系，因此，仍可属于蒙古军系统。

汉军主要是蒙古统治者进入中原后招降原金朝统治下的汉族及居住在中原地区各族人所组成的军队。其中主要来源有金朝末年出现在中原各地"守土自保"的地方武装，这些地方武装随着蒙古政权在中原的巩

---

① 《元史》卷123《也蒲甘卜传》。

固而先后归顺。还有在蒙金战争中由于金朝失败，原先在金朝统治下的契丹军、乣军向蒙军投降而被编成汉军。自窝阔台汗时期（1229－1241）起，蒙古统治者在中原汉人民户中签发的士兵达 10 万人以上。忽必烈即位之后，为了发动灭南宋战争，又从中原地区签军近 20 万人，补充汉军。

汉军军户的签发是以民户的财产和劳动力状况为根据的，一般取之于中户。针对部分军户无丁或无力服兵役的情况，政府推行正、贴户制。其中如是一户出一人当兵的，称独户军；如是二三户合力出一人当兵的，出人当兵的户称正军户，又称军头，其余各户出钱资助，称为贴军户。民户充当正军户还是贴军户，由政府指定，不能随意改变。如果正军户缺乏可以当兵的合适人丁，则由有丁的贴军户顶替，改为由正军户出钱资助。一旦正军户中有了合适的人丁，便要继续出军。蒙古族还实行余丁军制，即对富商大贾之家，多征发一丁当兵。蒙古族在征战中，需一些手工匠随军制造、修理武器、车辆等军备，因此征发手工匠当兵，称匠军。蒙古族还征发归降的诸侯将校子弟随军充当人质，称质子军。

早在窝阔台汗时期，蒙古汉军中就有一部分降附于蒙古的南宋军队。忽必烈发动灭南宋战争后，随着战争的胜利，元廷招降了大量的南宋军队，与汉军编在一起，称为新附军。新附军没有财产依据，不实行几户合出一军的制度，没有贴户。

蒙元军队的兵种，大体上蒙古军、探马赤军以骑兵为主，汉军和新附军以步军为主。蒙古国时期，蒙古军、汉军士兵的武器装备都要自己筹备。"无论何时，只要抗敌和平叛的任务一下来，他们便征发需用的种种东西，从十八般武器到旗帜、针钉、绳索、马匹和驴、驼等负载的动物。人人必须按所属的十户或百户供应摊派给他的那一份"[1]。出征以前，要集合军队检索军需装备，如有不足或武器破损等情况，管军长官要受

---

[1] 志费尼著、何高济译：《世界征服者史》，中国人民大学出版社，2012 年，第 32 页。

到惩罚。随着战争规模的不断扩大,进入元朝后,蒙古军、探马赤军一般仍要自备武器,而汉军军人服役期间,由政府发给冬夏军装,配备武器,并按月发给口粮,服装的不足部分以及其他装备与开支,由军户自理。正军户和贴军户凑齐出征、出戍军人的所有费用,定期送到军中,称为"封桩"钱。新附军的装备全由政府供给,家属还要每月由政府发放口粮,作为军户承担兵役的补偿。元朝政府在赋役方面对军户实行豁免和优待。

蒙元在大规模的战争中,仅靠士兵自备鞍马兵器是不够的,蒙古汗廷时期招收一批工匠,制造炮具、弓矢和盔甲,同时在战争中尽可能掳掠敌方马匹和军备物资,用于补给己方的损耗。各降附国和蒙古政权属下的汉军将领必须定期向蒙古统治者输送军需物资,这成为蒙古军队武器装备的重要来源。总之,由汗廷筹集的军事装备和物资,是蒙古军队出征打仗的军事储备,以供不时之需。蒙古建立元朝之后,还设立军器监(后改武备寺),专门管理各种兵器的生产、贮存和发放。元朝对武器的管理,有很严格的规定。除由政府组织的武器生产外,任何人都不许私造兵器。汉人、南人不得私藏武器,甚至连弹弓、铁棒等都在禁用之列,违者要受到惩罚。汉人和新附军人只有在作战或出戍时才允许持有武器,使用之后随即上缴仓库,统一保管。蒙古军和探马赤军人则不受此限制,平时可携带武器。

元代的蒙古族人是成年男子皆兵,而汉人的兵役制度不同于蒙古人,实行专门指定一部分人户出丁当兵的征兵制度。蒙古统治者在中原汉人民户中签发士兵的同时,即着手定立汉军军籍。凡列出军籍的人户,就要世代服兵役,不能随意改变。而且军户履行服兵役的义务,必须以"正身"(本人)应役,不得逃避或以他人代役。如军人在出征或出戍时逃亡,要到原籍勾取他的兄弟子侄来代替。军人阵亡或病死,军户可以享受"存恤"的待遇。

蒙古统治者为了保证军队出征时的食宿供应和管理留守军人家属,专门设有一种"奥鲁"组织。蒙古军、探马赤军出征时,都在统兵官下设置奥鲁军，管理随军出征的军人家属。后来，探马赤军中原设立的奥鲁官，建立都万户府后，陆续撤罢，由都万户府下属的万户府和千户所直接管理军人家属。汉军万户下后来也设置了奥鲁官，管理军人家属，为出征军队准备武器粮草。忽必烈即位后，从各汉军万户下分出奥鲁官，改由各路、府、州、县的管民官兼管。新附军户由所在军府的管军军官直接管理，不设置奥鲁官。

三、 怯薛和侍卫军

成吉思汗时期，为了有效地控制刚刚统一起来的蒙古各部和确保蒙古汗廷的安全，最高统治者从蒙古各千户中抽调了 1 万名精锐士兵，作为大汗的常备护卫军，蒙古语称为 kesig，汉文音译为"怯薛"。后来忽必烈即位初年，又将怯薛军一分为二，一部分归属于阿里不哥，一部分归属于自己。不久，忽必烈很快从属下的蒙古千户中又征集了一批护卫士，使怯薛组织又达到了 1 万人的定额。中统元年（1260），忽必烈还组建了侍卫亲军。第一个卫军组织称为武卫军，兵员 3 万人左右，士兵来源于中原各汉军万户属下的军队。以后又改名为左、右翼侍卫亲军，左、右、中三卫。至元十六年（1279），南宋灭亡，忽必烈调整军队布局，增加侍卫亲军兵力，将三卫军扩充为前、后、左、右、中五卫，后又增设了武卫、虎贲卫、忠翊卫、海口侍卫等卫军机构，以汉军为主体，称为汉人卫军；将原来隶于蒙古军籍的色目"诸国人之勇悍者聚为亲军宿卫"[①]，先后设立了唐兀、钦察、贵赤、西域（又称阿儿浑）、阿速、隆镇、龙翊、斡罗思等卫军机构，称为色目卫军。部分蒙古探马赤军人和从草原流散出来的蒙古人口，也被编入侍卫亲军组织，设立蒙古侍卫与宗仁卫等机构，称为蒙古卫军。

怯薛内部的结构、职官及职掌，《元史》卷 99《兵二》有一较具体详细的记载，兹节录如下：

---

① 《元文类》卷 41《经世大典序录·军制》。

四怯薛：太祖功臣博尔忽、博尔术、木华黎、赤老温，时号掇里班曲律，犹言四杰也，太祖命其世领怯薛之长。怯薛者，犹言番直宿卫也。凡宿卫，每三日一更。申、酉、戌日，博尔忽领之，为第一怯薛，即也可怯薛。博尔忽早绝，太祖命以别速部代之，而非四杰功臣之类，故太祖以自名领之。其云也可者，言天子自领之故也。亥、子、丑日，博尔术领之，为第二怯薛。寅、卯、辰日，木华黎领之，为第三怯薛。巳、午、未日，赤老温领之，为第四怯薛。赤老温后绝，其后怯薛常以右丞相领之。

凡怯薛长之子孙，或由天子所亲信，或由宰相所荐举，或以其次序所当为，即袭其职，以掌环卫。虽其官卑勿论也，及年劳既久，则遂擢为一品官。而四怯薛之长，天子或又命大臣以总之，然不常设也。其它预怯薛之职而居禁近者，分冠服、弓矢、食饮、文史、车马、庐帐、府库、医药、卜祝之事，悉世守之。虽以才能受任，使服官政，贵盛之极，然一日归至内庭，则执其事如故，至于子孙无改，非甚亲信，不得预也。

其怯薛执事之名，则主弓矢、鹰隼之事者，曰火儿赤、昔宝赤、怯怜赤。书写圣旨，曰扎里赤。为天子主文史者，曰必阇赤。亲烹饪以奉上饮食者，曰博尔赤。侍上带刀及弓矢者，曰云都赤、阔端赤。司阍者，曰八剌哈赤。掌酒者，曰答剌赤。典车马者，曰兀剌赤、莫伦赤。掌内府尚供衣服者，曰速古儿赤。牧骆驼者，曰帖麦赤。牧羊者，曰火你赤。捕盗者，曰忽剌罕赤。奏乐者，曰虎儿赤。又名忠勇之士，曰霸都鲁。勇敢无敌之士，曰拔突。其名类盖不一，然皆天子左右服劳侍从执事之人，其分番更直，亦如四怯薛之制，而领于怯薛之长。

若夫宿卫之士，则谓之怯薛歹，亦以三日分番入卫。其初名数甚简，后累增为万四千人。揆之古制，犹天子之禁军。是故无事则各执其事，以备宿卫禁庭；有事则惟天子之所指使。比之枢密各卫诸军，于是为尤亲信者也。

由以上记载，我们大致可得出以下 2 个方面有关怯薛的特征：一是怯薛最初由成吉思汗的 4 位功臣领兵组成，怯薛之长及其部下均是可汗（后为皇帝）最亲信的人。4 位功臣分别组成 4 支护卫队，每支护卫队值宿 3 天，然后依次轮换下一支护卫队。怯薛之长职位可世袭，后来其中两支怯薛之长死后无嗣，一支由太祖自领之，另一支由右丞相领之，由此可见怯薛之长位置之重要。怯薛长如担任时间长了并有功劳，可晋升为一品官员。4 位怯薛长一般直接属于可汗（后为皇帝）指挥，有时可汗也另派大臣总领四怯薛，但这种情况不常见。二是怯薛不仅仅负责护卫可汗（后为皇帝），而且还负责可汗的衣食住行、文书、娱乐、狩猎、府库、医药、占卜祭祀等。

元世祖忽必烈时设置的侍卫军"掌宿卫扈从，兼屯田。国有大事，则调度之。（至元）二十年（1283），增都指挥使一员、副都指挥使一员。二十一年（1284），置佥事二员。大德十一年（1307），增都指挥使二员、副都指挥使一员。至大元年（1308），增都指挥使三员、副都指挥使一员。四年（1311），省都指挥使五员，副都指挥使二员。后定置都指挥使三员，正三品；副都指挥使二员，从三品；佥事二员，正四品；经历二员，从七品；知事二员，照磨一员，俱从八品；令史七人，译史、通事、知印各一人。又其属十有五：镇抚所，镇抚二员。行军千户所十，秩正五品。达鲁花赤十员，副达鲁花赤十员，千户十员，副千户十员，弹压二十员，百户二百员，知事十员。弩军千户所一，秩正五品。达鲁花赤一员，千户一员，弹压二员，百户十员。屯田左右千户所二，秩正五品。达鲁花赤一员，千户二员，弹压二员，百户四十员。教官二，蒙古字教授一员，儒学教授一员。掌诸屯卫行伍耕战之暇，使之习学国字，通晓书记。初由枢府选举，后归吏部"①。

根据《元史》以上记载，我们再结合其他一些史料，可知，侍卫亲军与怯薛虽然都有宿卫最高统治者的职责，但其还是有所不同：怯薛主

① 《元史》卷 86《百官二》。

要负责皇帝的贴身安全和衣食起居等，掌管宫城和皇帝大帐的防卫，一般不外出作战，是最核心层的防卫力量。侍卫亲军则既要负责元朝两个都城大都（今北京市）、上都（今内蒙古正蓝旗东）的安全和"腹里"元中书省直辖地区（今河北、山东、山西三省及内蒙古部分地区）的镇戍，又是朝廷用以"居重驭轻"的常备精锐部队，随时受皇帝的指挥前去镇压地方的起义、叛乱和抵御外来的侵扰。由于充当侍卫亲军的多是各军中的精锐将士，因此侍卫亲军逐渐成为元军的中坚力量，取代了蒙古国时期的怯薛作为全军"大中军"的军事地位。在军事隶属关系上侍卫亲军与怯薛也不相同。怯薛由怯薛长官领导，直接听从皇帝指挥。侍卫亲军由各卫都指挥使司掌管，除东宫卫军外，均隶属于专掌军政的枢密院指挥。在职责上，侍卫亲军不负责皇帝的衣食住行、文书、娱乐、狩猎、府库、医药、占卜祭祀等，但其有一重要职责是怯薛所没有的，即负责屯田。从其内部结构来看，前、后、左、右、中侍卫亲军更像一个个独立庞大的军团组织，不仅能行军打仗，还能驻防屯田自给，甚至配备蒙古字、儒学教授等，闲暇时学习文化知识。

元代的怯薛、侍卫军在维护国家安全中发挥了重要的作用，其居于中央朝廷，与镇戍在外的诸种军队，形成内外相维、轻重相制的全国军事布防，被史家称为"一代之良法"。正如《元史》卷99《兵二》所指出的："宿卫者，天子之禁兵也。元制，宿卫诸军在内，而镇戍诸军在外，内外相维，以制轻重之势，亦一代之良法哉。方太祖时，以木华黎、赤老温、博尔忽、博尔术为四怯薛，领怯薛歹分番宿卫。及世祖时，又设五卫，以象五方，始有侍卫亲军之属，置都指挥使以领之。而其后增置改易，于是禁兵之设，殆不止于前矣。"

元代的怯薛制度也有其弊端，据史籍所载，最突出的弊端就是太祖成吉思汗之后，"其数滋多，每岁所赐钞弊，动以亿万计，国家大费每敝于此焉"①。时人郑介夫更具体详细地指出，当时由于选拔不严，致使怯

---

① 《元史》卷99《兵二·宿卫》。

薛人员鱼龙混杂、人数太多，大大增加了国家的财政负担。因此，他建议，朝廷应严格选拔怯薛标准，裁减怯薛人数，使其中不称职者回乡务农，这既可减少国家的财政支出，又可减轻广大百姓的负担。他说："今则不然，（选拔怯薛）不限以员，不责以职，但挟重资，有梯援投门下，便可报名字，请精草，获赏赐，皆名曰怯薛歹。以此纷至沓来，争先竞进，不问贤愚，不分阶级，不择人品……趋者既多，岁增一岁，久而不戢，何有穷已"[①]。怯薛人数的激增，大大加重了国家的财政负担："今一人岁支粮十石，表里段匹双马草料，或三年四年散钞一百三十锭，以有用之财，养此无用之人，实于朝廷有损无益。诸王公子例皆如此，进身既易，为弊滋多。"针对这种弊端，郑介夫主张："今后宜限以名数，择其人品，又以所职贵贱高下，定其出身之例。遇有名阙，方许选补，则人心自无过望，而国家不至滥恩矣……更有皇太后位下各色怯薛，今已终丧，犹拥虚语，循例供给，费破不资，稽之古典，实出无名。所宜尽行放散，使之各务本业。如准所陈行之，自可免分拣之多事也。每岁国家省粮数十万石、段子数千万匹，岁收草料三中之一足了支持，而百姓亦免盐折草之料，官省其劳，民受其利，诚为两得矣。既有职役定员，则挟资投入者无所容力；既有出身定例，则别里哥迭不禁自无，此国家无疆之休，子孙万世之利也。"

第二节　军事物资和通信思想

一、军事物资思想

蒙元在长期的征战中，之所以能建立幅员辽阔的帝国，从军事角度

---

① 《历代名臣奏议》卷 67，本目以下郑介夫言论引文，均见于此。

来看，主要有两个方面的因素：一是蒙元军队的骁勇善战；二是蒙元在征战中重视屯田，对于久攻不下的战略要地，蒙元军队就在当地屯田，实行长期围困，直至攻占这一战略要地；对于已攻占的战略要地或重要地区，蒙元也派军队予以屯田，以便长期镇戍控扼。元朝统一全国后，军事屯田几乎遍布全国各地。史称："有国者善用其法，则亦养兵息民之要道也。国初，用兵征讨，遇坚城大敌，则必屯田以守之。海内既一，于是内而各卫，外而行省，皆立屯田，以资军饷。或因古之制，或以地之宜，其为虑盖甚详密矣。大抵芍陂、洪泽、甘肃、瓜沙，因昔人之制，其地利盖不减于旧；和林、陕西、四川等地，则因地之宜而肇为之，亦未尝遗其利焉。至于云南八番，海南、海北，虽非屯田之所，而以为蛮夷腹心之地，则又因制兵屯旅以控扼之。由是而天下无不可屯之兵，无不可耕之地矣。"①

蒙元军事屯田，自蒙古国时期就已大规模开展。元朝统一全国后，侍卫亲军各卫和地方的镇守军队都拨出部分士兵从事耕作。军屯按照军队组织系统进行管理，设立屯田万户府、千户所等机构，各级官员都是军官。每年年底，朝廷要对军屯的耕田亩数、粮食收成和耕亩情况进行考核，奖优罚劣。元朝从事屯田的军队主要是新附军和汉军。屯田所用耕牛、农具和种子，大多由国家供给，少数由军人自备。屯田的收入，大部分上缴国家，少部分留作口粮和种子。

在元人的军事屯田中，由于官吏贪污和压迫屯军，使屯田军人生活状况较差，对屯田生产失去积极性，甚至采取消极怠工的办法进行抵制。从总体来看，军屯的经济效益较低，不能满足军队的粮食需求，政府每年还要从民户中征收来的税粮中拨出部分粮食供给军队。但是，尽管如此，军事屯田在保障军事活动中的物资供给和边疆地区的开发中发挥了很大的作用。元人王恽在《秋涧集》卷86《论屯田五利事状》中指出，军事屯田除了有"兵食足、民无转输之劳、边有备、官无和籴之弊"外，

---

① 《元史》卷100《兵三·屯田》。

对于当时新征服的南宋统治地区来说，还有"五利"。一是开辟南宋山林险阻偏僻地区之利。"今者宋人出没不时，止恃山林隘阻，虽云深入如涉虚境，今者如复令边民分田杂耕，上自钧化，下至蔡息，不数年剪去荒恶，荡为耕野，一利也"。二是有利于蒙元军队镇戍被征服地区，维持社会秩序安定。"民则什什伍伍相望，三时种蓺。甲兵在旁，彼欲内寇，野战实非所长；复欲伺便鼠窃，又无潜伏出入之便。而复严烽燧，谨斥堠，少有警急，我则收合余力，据守要害，而似前日之寇盗不可得矣。彼纵来寇，如战处平野，猎者麇而杀之，获之无不利矣，二利也。"三是可激励士兵勇于征战。"至于我军征进，适当农隙，丁力有余者，许随大军入讨，所获悉付本人，是民因私利勇于公斗，三利也。"四是使征战士兵久居驻地，免于长途疲于奔命。"又令向里一切蒙古、奥鲁亦编民间屯，使之杂耕，不惟调习水土，可使久居，且免每岁疲于奔命之役，四利也。"五是使蒙元军队深入到两淮、长江流域。"不数年，根柢深固，使奥鲁军人倒营而下，近则杂两淮之间，远则抵长江之北，所谓长江之险，我与共之矣，五利也。"因此，王恽主张，朝廷应大力鼓励支持屯田："将河南旧有屯田户计及一切沿边之民，尽折丝银，使之输谷；其屯事于山川出没要害去处，首为耕垦，官给牛畜，自办农具，其余法且一依经略司元行。然后选近侍为大司农官，及内设屯田郎中员外，专领其事，使通其奏请、趣其应赴。岁时令按察司或督军御史按行屯所，察其成否而赏罚之。不数年，田事可成，坐收必胜之道矣。"在此，王恽主要提出了政府从3个方面鼓励支持屯田的措施：一是政府改征屯田户丝银为征谷物，从而鼓励屯田户多开垦土地进行农业生产；二是政府通过提供屯田户耕牛，让其自备农具，帮助鼓励屯田户到"山川出没要害去处"开荒屯田；三是朝廷设立大司农官、屯田郎中员外专门负责全国屯田事务，并派按察司、督军御史巡视屯所，督察其屯田成功与否，然后予以奖赏或处罚。王恽认为，朝廷如能采取以上3个方面措施，在几年之内，就能收到屯田成功的效果。

在元政府的大力鼓励支持下，元代的军事屯田遍布全国各地。仅据

《元史》卷100《兵三·屯田》所载，全国主要的军事屯田有：枢密院所辖有左卫屯田、右卫屯田、中卫屯田、前卫屯田、后卫屯田、武卫屯田、左翼屯田万户府、右翼屯田万户府、忠翊侍卫屯田、左右钦察卫屯田、左卫率府屯田、宗仁卫屯田、宣忠扈卫屯田等，大司农司所辖有永平屯田总管府、营田提举司、广济署屯田等，宣徽院所辖有淮东淮西屯田打捕总管府、丰闰署屯田、宝坻屯、尚珍署屯田等，腹里所辖军民屯田有大同等处屯储总管屯田、虎贲亲军都指挥使司屯田等，岭北行省屯田有五条河屯田，称（青）海屯田，辽阳等处行中书省所辖有大宁路海阳等处打捕屯田所、浦峪路屯田万户府、金复州万户府屯田、肇州蒙古屯田万户府等，河南行省所辖军民屯田有南阳府民屯、洪泽万户府屯田、芍陂屯田万户府、德安等处军民屯田总管府等，陕西等处行中书省所辖军民屯田有陕西屯田总管府、陕西等处万户府屯田、贵赤延安总管府屯田，甘肃等处行中书省所辖军民屯田有宁夏等处新附军万户府屯田、管军万户府屯田、宁夏营田司屯田、宁夏路放良官屯田、亦集乃屯田，江西等处行中书省所辖屯田有赣州路南安寨兵万户府屯田，江浙等处行中书省所辖屯田有汀州屯田、漳州屯田，高丽国所辖屯田有高丽屯田、四川行省所辖军民屯田有（不包括民屯）保宁万户府军屯、叙州等处万户府军屯、重庆五路守镇万户府军屯、夔路万户府军屯、成都等路万户府军屯、河东陕西等路万户府军屯、广安等处万户府军屯、保宁万户府军屯（与上文保宁万户府军屯同名但不同地）、叙州万户府军屯、五路万户府军屯、兴元金州等处万户府军屯、随路八都万户府军屯、旧附等军万户府军屯、炮手万户府军屯、顺庆军屯、平阳军屯、遂宁州军屯、嘉定万户府军屯、顺庆等处万户府军屯、广安等处万户府军屯（与上文广安等处万户府军屯同名不同地），云南行省所辖军民屯田有（不包括民屯）大理金齿等处宣慰司都元帅府军民屯、鹤庆路军民屯田、武定路总管府军屯、威楚路军民屯田、中庆路军民屯田、曲靖等处宣慰司兼管军万户府军民屯田、乌撒宣慰司军民屯田、临安宣慰司兼管军万户府军民屯田、梁千户翼军屯、罗罗斯宣慰司兼管军万户府军民屯田、乌蒙等处屯田总管府

军屯，湖广等处行中书省所辖屯田（不包括民屯）有广西两江道宣慰司都元帅撞兵屯田、湖南道宣慰司衡州等处屯田。

蒙元在长期征战中，骑兵是主力军，是克敌制胜的法宝，因此，十分重视骑兵建设。正如《元史》卷100《兵三·马政》所云："元起朔方，俗善骑射，因以弓马之利取天下，古或未之有，盖其沙漠万里，牧养蕃息，太仆之马，殆不可以数计，亦一代之盛哉。"[①] 对马匹的繁殖、管理和调拨，逐步形成一套制度。由政府设置、管理的牧场，主要分布在大都周围和漠北、漠南的草原上，牧养的马匹主要供军事上使用，另一部分则用来满足皇室的生活需要。

元朝自元世祖开始，就在朝廷设专门机构，管理马政。"世祖中统四年（1263），设群牧所，隶太府监。寻升尚牧监，又升太仆院，改卫尉院。院废，立太仆寺，属之宣徽院。后隶中书省，典掌御位下、大斡耳朵马。其牧地，东越耽罗，北逾火里秃麻，西至甘肃，南暨云南等地，凡一十四处，自上都、大都以至玉你伯牙、折连怯呆儿，周回万里，无非牧地"。

元朝对政府所属马匹，主要采取以下4个方面的措施加以管理：一是对官马烙以各种不同名称的官印，对成千上万的马匹进行分类。"马之群，或千百，或三五十，左股烙以官印，号大印子马。其印有兵古、贬古、阔卜川、月思古、斡栾等名"。二是马群分散给牧民承包饲养。"牧人曰哈赤、哈剌赤；有千户、百户，父子相承任事。自夏及冬，随地之宜，行逐水草，十月各至本地"。三是政府每年九月、十月派遣太仆寺巡视查点，将新产的马驹烙上官印，并造册分别用蒙古文、回回文、汉字登记马匹数量。"朝廷岁以九月、十月遣寺官驰驿阅视，较其多寡，有所产驹，即烙印取勘，收除见在数目，造蒙古、回回、汉字文册以闻，其总数盖不可知也。"四是牧民在承包饲养官马中如有马病死，必须予以赔

---

① 《元史》卷100《兵三·马政》，本目以下3个自然段引文，未注出处者，均见于此。

偿。"凡病死者三，则令牧人偿大牝马一，二则偿二岁马一，一则偿牝羊一，其无马者以羊、驼、牛折纳"。

蒙元时每当遇到重大的军事行动时，政府就临时在民间"刷马""括马""和买马"，从民间强制征调马匹以供军用。蒙古人与各级官员可以得到一定照顾，汉人、南人百姓的马匹则往往全部征收。元政府通过这种方法来满足对军马的需求，虽然比较便捷，但往往遭到人民的反抗，引起很多矛盾[1]。

二、 军事通信思想

《元史》卷98《兵一》云："今其典籍可考者，曰兵制，曰宿卫，曰镇戍，而马政、屯田、站赤、弓手、急递铺兵、鹰房捕猎，非兵而兵者，亦以类附焉，作《兵志》。"站赤、急递铺兵虽然严格意义上说是驿传、邮传，但与军事通信密不可分。如"元制站赤者，驿传之译名也。盖以通达边情，布宣号令，古人所谓置邮而传命，未有重于此焉。""古者置邮而传命，示速也。元制，设急递铺，以达四方文书之往来，其所系至重，其立法盖可考焉。"[2] 元代的站赤设置以大都为中心，通往全国各地，各站都备有马匹、粮食、肉食，供来往的信使使用。军队的通信联络，平时就通过站赤传递。如遇到紧急军情公文，则通过急递铺加急递送。元代的站赤、急递铺兵制度较有特色，在维护幅员辽阔的帝国统一中发挥了重要的作用。兹缕述如下：

一是元代的站赤，充分利用当时所具有的交通工具。"凡站，陆则以马以牛，或以驴，或以车，而水则以舟"。在这些交通工具中，以马速度为最快。因此，"其给驿传玺书，谓之铺马圣旨"，皇帝的圣旨，就通过骑马来传递。二是站赤传递信息，最急的应是军情公文。元政府又将军

---

① 《中国军事史略》（中册），第 300 页。

② 《元史》卷 101《兵四》。本目以下论述站赤、急递铺兵的引文，未注出处者，均见于此。

情公文按紧急程度分为两个等级："遇军务之急，则又以金字圆符为信，银字者次之；内则掌之天府，外则国人之为长官者主之。"三是站赤设有驿令、提领官负责管理，又设脱脱禾孙在交通要道盘查过往行人，中央由通政院和兵部总管。"其官有驿令、有提领，又置脱脱禾孙于关会之地，以司辨诘，皆总之于通政院及中书兵部"①。四是元代站户艰辛，因此时有逃亡发生。由于站户的重要性，元政府随时予以补充，并对站户给予赈恤，以防止其逃亡。"站户阙乏逃亡，则又以时签补，且加赈恤焉"。在元政府的重视和有效管理之下，广袤的大元帝国，"四方往来之使，止则有馆舍，顿则有供帐，饥渴则有饮食，而梯航毕达，海宇会同，元之天下，视前代所以为极盛也"。

　　元代对全国的急递铺也实行有效的管理，其主要制度有以下 7 个方面：一是根据人数多寡，每隔 10—25 里设一急递铺，每铺配铺丁 5 人。"世祖时，自燕京至开平府，复自开平府至京兆，始验地里远近，人数多寡，立急递站铺。每十里或十五里、二十五里，则设一铺，于各州县所管民户及漏籍户内，签起铺兵。中统元年（1260）诏：'随处官司，设传递铺驿，每铺置铺丁五人。'"二是对于急递铺递送军情公文在时间上有很高的要求，各铺之间传递军情公文必须记录时间，递送者必须及时在各铺之间传递军情公文，延误者必须受到处罚。"各处县官，置文簿一道付铺，遇有转递文字，当传铺所即注名件到铺时刻，及所辖转递人姓名，置簿，令转送人取下铺押字交收时刻还铺。本县官司时复照刷，稽滞者治罪"。元代规定，"铺兵一昼夜行四百里"。三是由于军情公文多涉机

---

　　①　元代站赤归属通政院或兵部，屡有变动。武宗至大四年（1311）三月，"省臣言'始者站赤隶兵部，后属通政院。今通政院急于整治，站赤消乏，合依旧命兵部领之。'制可。四月，中书省臣又言：'昨奉旨以站赤属兵部，今右丞相铁木迭儿等议，汉地之驿，令兵部领之，其铁烈干、纳邻、末邻等处站赤，仍付通政司院。'帝曰：'何必如此，但令罢通政院，悉隶兵部可也。'闰七月，复立通政院，领蒙站赤……（仁宗延祐）七年（1320）四月，诏蒙古、汉人站赤，依世祖旧制，悉归之通政院。十一月，从通政院官请，诏腹里江南汉地站赤，依旧制，命各路达鲁花赤、总管提调，州县官勿得预。'"（《元史》卷 101《兵四》）

密，因此元政府规定军情公文必须严密封装在绢袋或匣子里，并进行编号，在传递过程中严禁开拆、损坏或乱行批写等，"其文字，本县官司绢袋封记，以牌书号。其牌长五寸，阔一寸五分，以绿油黄字书号。若系边关急速公事，用匣子封锁，于上重别题号，及写某处文字、发遣时刻，以凭照勘迟速。其匣子长一尺，阔四寸，高三寸，用黑油红字书号。已上牌匣俱系营造小尺，上以千字文为号，仍将本管地境、置立铺驿卓望地名，递相传报"。"凡有递转文字到，铺司随即分明附籍，速令当该铺兵，裹以软绢包袱，更用油绢卷缚，夹版束系，赍小回历一本，作急走递，到下铺交割附历讫，于回历上令铺司验到铺时刻，并文字总计角数，及有无开拆、磨擦损坏，或乱行批写字样，如此附写一行，铺司画字，回还。若有违犯，易为挨问。"四是由于急递铺往往递送紧急军情公文，因此须选择身体健壮、善于行走之人充当铺兵；由于军情公文往往事关军国大事，因此，必须选择可靠之人充当铺兵，不得随意雇人代替。"铺兵须壮健善走者，不堪之人，随即易换"。"初立急递铺时，取不能当差贫户，除其差发充铺兵，又不敷者，于漏籍户内贴补。今富人规避差发，求充铺兵，乞择其富者，令充站户，站户之贫者，却充铺兵"。"随路铺兵，不许雇人领替，须要本户少壮人力正身应役"。如是挑选急递铺的负责人铺司，还必须识字，能填写文历，并会辨别时辰。"铺司须能附写文历，辨定时刻"。五是铺兵递送军情公文不分昼夜，不避暴风雨雪等，行走于深山密林、荒漠地区，因此，必须有照明，抵御风雨、野兽、盗匪的基本设备。"凡铺卒皆腰革带、悬铃、持枪、挟雨衣、赍文书以行。夜则持炬火，道狭则车马者、负荷者、闻铃避诸旁，夜亦以惊虎狼也。响及所之铺，则铺人出以俟其至"。每个急递铺还必须配有记时的轮子、牌额、铺历以及保护公文的净检纸、厚夹纸、囊板、漆绢等。"每铺安置十二时轮子一枚、红绰楔一座，并牌额及上司行下、诸路申上铺历二本。每遇夜，常明灯烛。其铺兵每名备夹版、铃攀各一付，缨枪一，软绢包袱一，油绢三尺，蓑衣一领，回历一本。各处往来文字，先用净检纸封裹于上，更用厚夹纸印信封皮"。"囊板以护文书不破碎、不襞积，折小

漆绢以御风雪，不使濡湿之。及各铺得之，则又展转递去"。六是元政府对负责急递铺的官吏和铺兵、铺司定期进行考核，对有过失者进行惩罚，有功者进行奖赏。元世祖时规定："各路总管府委有俸正官一员，每季亲行提点。州县亦委有俸末职正官，上下半月照刷。如有怠慢，初犯事轻者笞四十，赎铜，再犯罚俸一月，三犯者决。总管府提点官比总管减一等，仍科三十，初犯赎铜，再犯罚俸半月，三犯者决。铺兵铺司，痛行断罪。""英宗至治三年（1323），各处急递铺，每十铺设一邮长，于州县籍记司吏内差充，使之专督其事。一岁之内，能尽职者，从优补用；不能者，提调官量轻重罪之"。七是铺马是急递铺的重要交通工具，元政府制定了一系列措施来保护铺马，使铺马在传递军情公文中发挥应有的作用。其一，规定有关官吏、站户必须把铺马喂养肥壮，使铺马在紧急传递军情公文中不致频频倒毙："诸站铺马，大概一体走递，其间或有马匹参杂瘦乏病患，气力生受去处。虽因走递使然，亦由站间不得其人，及本路官司有失照觑。今后委自本路管民正官，督勒管站官。常川计点草料、槽具；各站户人等将所养马匹依时饮喂，须要肥壮，无令瘦弱。若是不禁走递，频频倒死，验数补买，不唯有损站户，抑亦失误邻站驿程紧急公事。省部不测、差官前来检校，若有似此站官，就便断遣"[1]。其二，规定管站官吏私事不得骑铺马，不得用铺马搬运私人物品。"管站官不得私骑站马，及令搬驼诸物。如违，痛行治罪"[2]。其三，规定皇族、官府不许滥差铺马。大德十年（1306）五月，钦奉圣旨条画内一款："诸处站赤消乏，盖因诸王、驸马、公主于内外官府，不详事体缓急巨细，动辄驰驿，以致站户逃移。今后非军情钱粮紧急之务必合乘驿者，毋得滥差。"大德十一年（1307）九月，都省议得："除军情紧急重事，及云南、四川、甘肃、和林极远去处，必合差遣乘驿者，许给铺马二匹，余

---

① 《元典章》卷 36《站赤》。

② 《元典章》卷 36《站赤》。

准部拟。除外，咨请依上施行。"① 其四，禁止借用铺马。至元三十年
（1293）八月，都省针对"湖广等处行枢密院金书唆木剌，管押爪哇出征
军人军器，前去泉州等路交割。本院别无见在铺马，用左右两江万户杨
兀鲁歹之任铺马六匹圣旨一道"之事，提出："前项借用铺马，事属违
错。既是军情急务，已行应付，别无定夺。仰速为照勘应付讫铺马几匹，
是否相应。今后毋致似前借用违错。仍遍行合属，禁治施行。"②

第三节　军队纪律约束思想

在元代军队纪律约束中，处罚最严厉的是在打仗中临阵退缩、行动
迟缓而延误战机、不听从号令指挥者等。对于这些过犯，因影响到战局
的胜负，故处罚严厉，往往动辄处死。"诸临阵先退者，处死。诸统军捕
逐寇盗，分守要害，约相为声援，稽留失期，致杀死将士，仍不即追袭
者，处死，虽会赦，罢职不叙。诸军民官，镇守边陲，率兵击贼，纪律
无统，变易号令，背约失期，形分势格，致令破军杀将，或未战逃归，
或弃城退走，复能建招徕之功者，减其罪，无功者，各以其罪罪之"③。

其次，处罚较严厉的是平时对擅自离队者或逃兵的处罚。"诸军官离
职，屯军离营，行军离开部伍者，皆有罪"。"诸防戍军人于屯所逃者，
杖一百七，再犯者处死。若科定出征，逃匿者，斩以徇。诸军户贫乏已
经存恤而复逃者，杖八十七，发遣当军。隐藏者减二等，两邻知而不首
者，又减隐藏罪二等"。"蒙古、汉军驱军逃窜者，圣旨到日，限一百日
出首，与免本罪。限外不行出首者，各处官司严加缉捉得获，发付本使。

---

① 《元典章》卷36《铺马》。
② 《元典章》卷36《违例》。
③ 《元史》卷103《刑法二·军律》。本目引文未注出处者，均见于此。

诱说隐藏之人，两邻知而不首者，依例断罪。把隘人员明知逃躯受贿纵放者，依枉法例断罪。驱丁拒抗不伏，仰所在官司添力捉拿转送，违者究治"①。由此可见，元朝对逃兵的处罚仅次于对临阵退缩、延误战机者，一般是再犯者才处死，或者是已决定出征打仗仍逃亡者，其性质等同于临阵退缩，所以要处以"斩以徇"。元政府还通过鼓励自首和惩罚隐藏逃兵者来制止逃兵现象。例如：逃兵在100天内出首归队，就可免罪；隐藏逃兵者以及左邻右舍知情而不告发的，必须受到不同程度的处罚；把守关隘人员收受贿赂而放走逃兵的，必须按官吏受财枉法罪予以严惩。

再次，军队中将士不得无故私下替换，如私下替换，根据替换人数或受贿钱数而予以不同程度的处罚。"诸各卫扈从汉军，每户选练习壮丁一人常充，仍于贴户内选两人轮番供役，其有故必合替换者，自万户至于百户，相视所换之可用，然后用之。百户、千户、万户私换者，验名数多寡，论罪解降"。"诸管军官吏受钱代替军官名者，验入己钱数，以枉法科罪除名。令兄弟子侄驱丁代替者，验名数多寡，论罪解降"。"诸翼军人并须选拣惯熟好汉，常加教练。管军官不得作弊，受钱放军离役，私令弟男、驱口冒名代替"②。由此可见，元朝廷禁止军中将士无故私下替换的目的是要使军队保持战斗力，防止体弱不堪战斗之人混入军中。

最后，朝廷为防止军队骚扰、侵害、掳掠民众，从而失去民心，制定了一系列约束军队将士行为的规定。如"诸随处军马，有久远营屯，或时暂经过，并从官给粮食，辄妨扰农民、阻滞客旅者，禁之"。"诸军马征伐，虏掠良民，凶徒射利，略卖人口，或自贼杀，或以病亡弃尸道路、暴骸沟壑者，严行禁止"。《元典章》卷34《正军》中"省谕军人条画"也对军队将士行为做了许多具体约束，如"省谕军官、军人，据好投拜官民宅舍、店铺、庄产田地、花果松竹菜园一切林木，不得强行占夺。如有占者，归付本主，及不得劫毁人家坟墓"。"军官、军人，于新

---

① 《元典章》卷34《正军》。

② 《元典章》卷34《正军》。

附州城不得挟持强娶他人妻女。如有和娶者，或有亲属从人，或有典雇人等，不得婚赖为驱，及不得典卖聘嫁"。"管军官员严切禁治各管军马屯驻并出征经过去处，除近里地面先有圣旨禁治外，但系新附地面，不得牧放头匹、踏践田禾、啃咬花果桑树，不得于百姓家取要酒食，宰杀猪鸡鹅鸭，夺百姓一切诸物"。"军中遇有递运系官诸物，须管于官船内差拨官军，使驾递送，却不得因而拖拽官民梯己船只，及不得拖扯百姓人等驾船，妨夺生计"。

朝廷不仅禁止将士骚扰、侵害、掳掠民众，而且还制定"条画"，禁止军官骚扰、私役、勒索、克扣军户、士兵等。《元典章》卷34《正军》中"晓谕军人条画"规定："今后奥鲁官不得非理骚扰军户，擅科差役"。"军官除额设合使军数外，不得多余占使，私役军人造作营运。常加抚养，无得擅科钱物"。"借钱取息，已有定例。今后军前出放钱债，虚钱实契，不许归还；多余取利者，追征没官，酌量治罪"。"各奕起军官，不得于军户处科取钱物、酒食、马匹草料，骚扰不安"。"军马、粮料、衣装、盘缠、钞定，并仰本翼正官公同尽实给散，不得中间克减作弊。违者依条断罪"。

第四节　军事战略思想

一、　胡祇遹的军事战略思想

元朝是靠强大武力征服各地政权的大一统帝国，但进入和平统治时期之后，武力逐渐衰弱，战备松弛。在这种历史背景之下，大臣胡祇遹提出，天下虽然太平无事，但国家不能削弱军队、松弛战备，平时必须坚持军队训练，饲养好战马，消解西南不安定势力，贮存粮食以备不时之需。他说："天下虽无事，不可无兵备。近年以来，京师奉卫之兵止知

服役，战阵击刺之法则不知也。边陲之兵富厚者，本官得钱而放散；穷乏者为本官服土木之劳，亦不习战；一旦有警，皆不为用。向来萧县、宿州之败，岂非明效大验欤？当时差官点集精练，所主非其人则易之。北方强劲，所恃者马力。近岁马极衰耗，比之十五年前十去八九。国家宜两平收买，制官择地而畜牧之，庶复滋息，以备一朝之急用。西南之衅，不可不虞。何则？恩荣太重，势均力敌，不相从命。强梁者宜置内地，渐易以他职，使莫知觉。疲软者宜渐振其权，毋致滋养姑息，以消东南。此消患未萌之良图也。仓廪储蓄，不可不广。乘其丰岁，包银中宜度分数收粟三之一，随远近贮积，毋致坏烂，以备有用。"①

但是，另一方面，胡祇遹又提出，兵贵精不贵多，为了减轻国家和民众的负担，必须精简军队，将其中一些老弱病残、无产业、单丁者除去军籍，转而为民："兵贵精而不贵多，在强而不在众。果能如虎如貔如熊如罴，力扛鼎，射命中，古人已有以五千之卒战敌三十万，以三万之众御百万之师者。方今四方底平，鳏寡孤独、疲癃残疾、无产业、单丁者皆宜放罢为民，除去军籍。此数者在仁政之所当养济，虽合并十户为一户，二三十户为一户，亦不为用，徒费文墨。今年勾追，明年刷勘，后年起遣，保结勘当，止与吏人供酒食之资、苞苴之费而已。其次年壮有妻室子孙，田亩及顷者，四丁并为一户，轮番周岁。当年或身故而子孙未成丁，或凶年食不足，官为赈济，不得货卖土田挈畜，消折气力。"②胡祇遹认为，兵之所以"贵精而不贵多，在强而不在众"，是因为战争的胜负是由多种因素决定的。"师克不在众，亦明矣。胜敌之道无他，知己知彼而已。彼以弱昧，我以强明；彼以众叛亲离，我以风集云会；彼以不足，我以有余；彼以某人为谋臣为将帅，我以此人为谋臣为将帅；彼之甲士若干，我之甲士若干；彼所恃者何物，我所恃者何物；彼所畏者何事，我所畏者何事；事事物物，幄谋庙算，如国手棋，持子不下，熟

---

① 《吏学指南》（外三种），第 179—180 页。
② 《吏学指南》（外三种），第 232—233 页。

计多筹，万胜万全，然后下子，如是而不胜者，未之有也。大抵用兵之道，阙一不可者也：一、人情国势；二、君王；三、将帅；四、徒卒；五、戈甲器刃；六、仓库供应；七、天时地形。七事皆尽其美，鲜有不胜者。"① 由此可见，要取得战争的胜利，必须知己知彼；必须深得人心，得到民众的拥护，这就是人情国势；君王必须善于任用谋臣、将帅，拥有众多兵士，并有精良的武器装备和充足的粮草供给，这就是君王、将帅、徒卒、戈甲器刃、仓库供应；必须拥有天时地利。这些因素都具备了，那就很少不会取得战争胜利的。

二、 赵天麟的军事战略思想

元初，赵天麟在上策元世祖中提出了"至重者将也，至险者兵也"以及如何将将、将兵的思想。他说："至重者将也，至险者兵也。虽系于将，而其原皆在于君也。君之任将得人，则用之如神，守之如山，驰之如风，整之如网之在纲矣。设或任非其人，则害有不可胜言者焉……于兵有六险，一天、二地、三敌、四间、五使、六卒是也。大祁寒暑雨、疾风迅雷，卷雁塞之沙，飞荥阳之瓦，或郁积之气蒸为雾霭而蔽天，或愁恨之情腾为冰雹而载路，此天之险也。夫长山峻坂、深谷茂陵，或九折以升天，或千盘而入井，卒徒罢倦，辎重艰难，伏百万之敌于数步之间，降三六之军于九天之上者，此地之险也。夫佯奔诈北骤趋缓行，或当前而就后相袭，或在左而于右夹出，彼众我寡、彼强我弱者，此敌之险也。夫纵横之子、捭阖之徒，炫惑之言、迷冥之语，似忠而复佞，似实而还诳者，此间之险也。夫交兵之际，行人在中，出言一失，而难救其端，奉简误投，而遂形其衅，至有泄吾机事、谍彼逆流者，此使之险也。夫殃风偶扇、孽事由兴，机不定兮；兵事危，令不行兮，人意离者，此卒之险也。"②

---

① 《吏学指南》（外三种），第 168 页。
② 《历代名臣奏议》卷 241，本目以下赵天麟言论引文，未注出处者，均见于此。

正由于将、兵在战争中的重要性，并且将、兵对于战争来说都是双刃剑，使用得当，就会取得胜利，如使用不当，就会导致战争的失败，因此，最高统治者必须熟知将将、将兵之道。其一，赵天麟提出，将将之道有二："一曰分统，二曰专委。当其天下已定，将帅优游，以备爪牙之用，乃方方殊掌，位位各司，无使一员独为魁首，于是有分统之道焉，实万世之计也。如或边尘暂起，命将兴师，须立名将以总之，乃面告之：'去，阃以内，寡人制之；阃以外，将军制之。'于是有专委之道焉，但一时之事也。出征而不专委，则节制难齐；太平而不分统，则久生异事。高爵以宠之，厚禄以食之，二术以御之，举无遗策矣。伏望陛下立枢密院使一员，使与行省首官，品秩相同，其余员位，以次班之。今适太平，事无大小，须待同议，无或敢专。若夫卫、府、司、营，已有蒙古监军，不须别议。此即分统之道也。设或动兵，则暂行专委之道焉。更望陛下于中外卫、府、司，训示以愚臣所述攻战将兵、太平将兵之四德。如是，则事常谨于下，而权常归于上矣。权归于上，则人无觊觎，而民得安矣。"这里，赵天麟提出将将的一个很重要的问题，即如何处理好"分统"与"专委"的关系。他主张，在太平无战事之时，应该让领兵将领"分统"，不让一人专权，而使诸将领之间有事共同商议决定，以便互相监督，就不会出现将领拥兵自重，威胁皇权，产生动乱的情况。如在战争期间，则要暂时让一位将领专权，这样才能使将领有权威领兵指挥打仗，随时应对瞬息万变的战争形势。

由于将领在战争中的重要性，因此赵天麟提出，朝廷应慎选将军。对于选上的将军，朝廷应用高官厚禄殊礼对待他。这样，就会使将军在战争中对朝廷忠心耿耿，英勇杀敌，为国捐躯。他说："将军者，国家之爪牙，人命之关系，尤不可不慎选也……方其国家无事之时，遴选英雄，高爵以宠之，厚禄以食之，加之以殊礼，处之以闲职。一旦卒然有急，则行专委之遴焉，于是乃有折冲于樽俎之间，制胜于疆场之际，心口相誓而委命自甘，肝脑涂地而赤心无吝者，岂非王者善将将之所致而然邪。"

赵天麟在提出将将之道的同时，也提出将兵之道。他认为："将兵之道有四，而行之者八。何谓四？一曰忠，二曰计，三曰勇，四曰果。何谓八？见敌勤王之谓忠，闻敌制胜之谓计，饱直恃力之谓勇，进战期克之谓果，此盖攻战将兵之将也。劝主上以先之谓忠，严军律以养素之谓计，坐帷幄以折冲之谓勇，不生事以希幸之谓果，此盖太平将兵之将也。"这里，赵天麟主张将兵之道就是要培养士兵忠、计、勇、果的素质，而这四个方面的素质在战争和和平时期又有不同的要求。在战争时期的"忠"就是看到敌人要立即挺身去保卫国王，"计"就是听到敌人就有克敌制胜的方法，"勇"就是斗志昂扬富有力量，"果"就是进攻战斗就能攻克敌人。在和平时期的"忠"就是能率先而出谏劝国君，"计"就是严守军队纪律生活朴素，"勇"就是处于帷幄之中训练冲杀敌人，"果"就是不招惹是非以得到上级喜爱。

对于兵之天、地、敌、间、使、卒六险，赵天麟认为善于领兵的将领可用"四术"驾驭："冒六险而行，向非良将，谁能当之？夫良将有四术，一曰定心，二曰饱气，三曰策胜，四曰身斗。故疾雷破山、飘风振海而不惊，驾士鼓卒、视众犹寡而不惧，随、贾不能说，廉、李不能攻，见小利而不趋，存大端而自厉，所谓定心之术也。养威蓄锐，饮直行仁，承王命徂征，御奸风而坐镇，其英可以上凌紫氛，其信可以下孚敌国，所谓饱气之术也。檄至而风从，旗指而草靡，洞穰苴之方寸，吐陈平之奇谋，所谓策胜之术也。挟匹夫之勇，而气肃勍敌，踊七尺之躯，而威加殊域，若仁贵之三箭，庾公之乘矢，所谓身斗之术也。臣谓得此四术之将，而六险不足以为险矣，非此四术之将，而未有不险之地也。"这里，赵天麟所谓良将驭兵四术是：一为定心，即良将在山崩海啸之前而不惊恐，在敌众我寡情况下指挥士兵作战而不惧怕；无论什么人怎么游说、给你什么好处也不动心。这样的良将就能稳定军心。二是饱气，即良将如能让士兵养精蓄锐，仁爱士兵让他们吃饱；奉国王命令出征，坐镇指挥而讨伐奸逆；其英勇之气上薄云霄，其诚信能使敌国臣服。这样的良将就能使士兵斗志昂扬。三是策胜，即良将能够一接到檄文就能迅

速行动，旗帜所指之处就能使敌人望风披靡；洞察敌情之细微变化，能够谋划出如陈平一样的奇策。这样的良将就能率领士兵以计策胜敌。四是身斗，即良将敢于率领士兵冲锋陷阵，英勇杀敌。赵天麟认为，良将如能掌握驭兵四术，不仅能使兵之六险化为不险，而且还能率领士兵取得战争的胜利。

主要参考文献

一、 古籍

1. 宋濂：《元史》，中华书局点校本，2011 年。

2. 《元典章》，中华书局、天津古籍出版社，2011 年。

3. 《宪台通纪》（外三种），浙江古籍出版社，2002 年。

4. 苏天爵：《元文类》，台湾商务印书馆影印文渊阁四库全书本。

5. 丘浚：《大学衍义补》，台湾商务印书馆影印文渊阁四库全书本。

6. 苏天爵：《国朝名臣事略》，中华书局影印本，1962 年。

7. 王恽：《秋涧集》，台湾商务印书馆影印文渊阁四库全书本。

8. 苏天爵：《滋溪文稿》，台湾商务印书馆影印文渊阁四库全书本。

9. 徐一夔：《始丰稿》，浙江古籍出版社，2008 年。

10. 王逢：《梧溪集》，台湾商务印书馆影印文渊阁四库全书本。

11. 马端临：《文献通考》，中华书局点校本，1986 年。

12. 陶宗仪：《辍耕录》，台湾商务印书馆影印文渊阁四库全书本。

13. 周伯琦：《近光集》，台湾商务印书馆影印文渊阁四库全书本。

14. 黄宗羲：《宋元学案》，中华书局，1982 年。

15. 虞集：《道园学古录》，台湾商务印书馆影印文渊阁四库全书本。

16. 许衡：《鲁斋遗书》，台湾商务印书馆影印文渊阁四库全书本。

17. 吴澄：《吴文正集》，台湾商务印书馆影印文渊阁四库全书本。

18. 吴海：《闻过斋集》，台湾商务印书馆影印文渊阁四库全书本。

19. 舒頔：《贞素斋集》，台湾商务印书馆影印文渊阁四库全书本。

20. 黄溍：《文献集》，台湾商务印书馆影印文渊阁四库全书本。

21. 黄淮、杨士奇等：《历代名臣奏议》，上海古籍出版社，1989 年。

22. 汪云秀：《汪氏世范录》，明隆庆刻本。

23. 陈高：《不系舟渔集》，台湾商务印书馆影印文渊阁四库全书本。

24. 陈旅：《安雅堂集》，台湾商务印书馆影印文渊阁四库全书本。

25. 王结：《文忠集》，台湾商务印书馆影印文渊阁四库全书本。

26. 《吏学指南》（外三种），浙江古籍出版社，1988 年。

27. 陆文圭：《墙东类稿》，台湾商务印书馆影印文渊阁四库全书本。

28. 许有壬：《至正集》，台湾商务印书馆影印文渊阁四库全书本。

29. 《永乐大典》，中华书局影印本，1986 年。

30. 张养浩：《归田类稿》，台湾商务印书馆影印文渊阁四库全书本。

31. 程文海：《雪楼集》，台湾商务印书馆影印文渊阁四库全书本。

32. 志费尼著、何高济译：《世界征服者史》，中国人民大学出版社，2012 年。

33. 冯承钧译：《马可波罗行纪》，上海书店出版社，2001 年。

二、 今人著作

1. 胡寄窗：《中国经济思想史》，上海人民出版社，上、中册 1978 年，下册 1981 年。

2. 赵靖：《中国经济思想通史》，北京大学出版社，1997 年。

3. 叶世昌：《中国古代经济管理思想》，复旦大学出版社，1990 年。

4. 何炼成：《中国经济管理思想史》，西北大学出版社，1988 年。

5. 苏东水：《东方管理》，山西经济出版社，2003 年。

6. 滕显间：《中国历代经济管理反思》，海洋出版社，1988 年。

7. 刘含若：《中国经济管理思想史》，黑龙江人民出版社，1988 年。

8. 桑原隲藏著、陈裕菁译：《蒲寿庚考》中华书局，2009 年。

9. 侯家驹：《中国经济思想史》，台湾文物供应社发行，1982 年。

10. 彭松建：《西方人口经济学概论》，北京大学出版社，1986 年。

11. 巫宝三等：《经济思想史论文集》，北京大学出版社，1982 年。

12. 中国社科院经济所编：《中国经济思想史论》，人民出版社，1985 年。

13. 北京大学哲学系：《中国哲学史》，商务印书馆，2004 年。

14. 冯尔康：《中国古代的宗族和祠堂》，商务印书馆，2013 年。

15. 高锐：《中国军事史略》，军事科学出版社，1992 年。

16. 许凡：《元代吏制研究》，劳动人事出版社，1987 年。

17. 萧启庆：《元代的族群文化与科举》，台湾联经出版事业公司，2008 年。

18. 侯外庐：《宋明理学史》上，人民出版社，1997 年。

19. 徐杨杰：《中国家族制度史》，武汉大学出版社，2012 年。

20. 白钢主编，陈高华、史卫民著：《中国政治制度通史》第七卷，人民出版社，1996 年。

21. 戴裔煊：《宋代钞盐制度研究》，中华书局，1981 年。

22. 方宝璋：《先秦管理思想》，经济管理出版社，2013 年。

23. 彭信威：《中国货币史》，上海人民出版社，1958 年。

24. 萧清：《中国古代货币思想史》，人民出版社，1987 年。

25. 叶世昌：《中国货币理论史》，中国金融出版社，1986 年。

26. 郭道扬：《中国会计史稿》上，中国财经出版社，1982 年。

27. 方宝璋：《中国审计史稿》，福建人民出版社，2006 年。

28. 张晋藩：《中国法制通史》，法律出版社，1999 年。

29. 梁方仲：《中国历代户口、田地、田赋统计》，上海人民出版社，1980 年。

30. ［日］出井盛之著，刘家黎译：《经济思想史》，上海联合书店，1929 年印。

31. ［日］田崎仁义著，王学文译：《中国古代经济思想及制度》，商务印书馆，1926 年。

32. ［美］Lewis. H. Haney 著，周宪文译：《经济思想史》上册，

台湾银行经济研究室印，1982年。

33. 〔日〕上野直明：《中国经济思想史》，恒星社厚生阁，1971年。

34. 〔英〕Eric Roll 著，陆元诚译：《经济思想史》，商务印书馆，1981年。

35. 〔日〕加藤繁著，吴杰译：《中国经济史考证》第二册，商务印书馆，1978年。

36. 〔日〕西岛定生著，冯佑哲等译：《中国经济史研究》，农业出版社，1984年。

37. 胡祖光等：《东方管理学导论》，上海三联书店，1998年。

38. 阎世富：《东方管理学》，中国国际广播出版社，1999年。

39. 北京大学博士后办公室：《跨世界的中国经济与管理》，经济科学出版社，1998年。

40. 〔日〕青木昌彦著，周黎安译：《比较制度分析》，上海远东出版社，2001年。

41. 吴申元：《中国人口思想史稿》，中国社科出版社，1986年。

42. Chandler, Alfred D, Jr. The Visible Hand: The Managerial Revolution in American Business, 1977.

43. Drucker, Peter. Management: Tasks, Responsibilities and Practices. Harper & Row Publishers, Ins 1974.

44. Kast, Fremont Ellowrth, Organization and Management: A Systems and Contingency Approach, Mcgraw—Hill Press 1979.

45. Simon, Herbert Arthur. The New Science of Management Decision, Prentice—Hall Inc 1977.

46. Alcock, P., 1991, "Towards Welfare Rights", in Becker, S. (ed.), 1991, Windows of Opportunity: Public Policy and the Poor, CPAG.

47. Barr, N., 1987, The Economics of the Welfare States, London: Weidenfeld & Nicolson.

三、 今人论文

1. 赵靖：《中国经济思想史的对象和方法》，载《经济学集刊》第2期。

2. 刘含若：《关于中国经济思想史研究方法的一些问题》，《求是学刊》1980年第4期。

3. 马伯煌：《研究中国经济思想史的几个问题》，《社会科学》1983年第12期。

4. 夏鼐：《新疆新发现的古代丝织品——绮锦和刺绣》，《考古学报》1963年第1期。

5. 叶世昌：《论中国封建社会的纸币》，《学术月刊》1984年第4期。

6. 叶世昌：《中国古代的纸币管理思想》，《中国经济史研究》1988年第2期。

7. 萧清：《我国古代的货币虚实论和纸币称提理论》，《金融研究》1985年第11期。

8. 陈正炎：《"重本抑末"新论》，《江西社会科学》1983年第4期。

9. 钟科财：《试论中国古代的反抑商思想》，《人文杂志》1985年第2期。

10. 叶世昌：《中国传统经济思想的特点》，《财经研究》1985年第4期。

11. 葛金芳：《试论"不抑兼并"》，《武汉师院学报》1984年第2期。

12. 乔幼梅：《宋元时期高利贷资本的发展》，《中国社会科学》1988年第3期。

13. 阎守诚：《重农抑商试析》，《历史研究》1988年第4期。

14. 朱家桢：《中国富民思想的历史考察》，《平准》1986年第3期。

15. 朱家桢：《义利思想辩正》，《中国经济史研究》1987年第2期。

16. 叶世昌：《中国古代的富民、富国和理财思想》，《财经研究》1987年第6期。

17. 吴申元：《中国经济思想史研究评述》，《中国史研究动态》1985年第1期。

18. 裴倜：《中国古代人口思想及其规律》，《四川大学学报》1981年第4期。

19. 宋建晓：《元代的选贤任能思想探析》，《华侨大学学报》2018年第3期。

20. 方宝璋：《中国古代审计史概论》，《中国史研究》1996年第1期。

21. 宋建晓：《元代防灾救灾思想探析》，《东南学术》2018年第6期。

后　记

终于可以松口气了，三百多万字的先秦、秦汉魏晋南北朝、隋唐五代、宋、元、明、清时期管理思想史校样稿终于寄往鹭江出版社。拙著历经二十年的时间，如果说长，也真够长了，人生能有几个二十年的时间？但如果说短，也真够短的，单单春秋战国、秦汉、隋唐、宋、元、明、清等十余个主要朝代，一个朝代仅花费约两年的时间草就书稿，从收集资料、整理资料到拟订提纲、撰写书稿，实在是太仓促了！但是，拙稿作为国家社会科学基金重大项目"中国古代管理思想通史"的成果之一，只能在极其有限的规定时间里尽可能把它做好。这套系列专著是我走上治学道路后近四十年来所出版字数最多、卷帙最浩繁的书稿。按照常理来说，我接受这一任务时，已过耳顺之年，应该退休养老、颐养天年了，却不知老之已至，不自量力地自讨苦吃，从此继续焚膏继晷，恪勤朝夕。听说著名学者冯友兰先生八十多岁才开始动笔撰写《中国哲学史新编》，那我在甲子之年动笔写先秦至清管理思想史，也只能说是小巫见大巫了！幸运的是，上天关照了我，二十年来没病没灾，让我得以顺利地进行这项浩大的工程。天道酬勤，现在终于完成了。

是书在撰写期间，我也经历了人生的退休过程。退休对我来说，是一件好事，意味着可以无拘无束地进入"自由王国"，自由自在地支配自己的生活，不必勉强自己去参加那些毫无意义的会议，不必去跟那些自己不喜欢的人打交道，可以去践行陶渊明"不为五斗米折腰"的生活。

退休将届之际，我做出了一个选择，回家乡莆田生活，开始了人生的一个新阶段。我在临退休的时候，接受莆田学院的邀请，作为特聘教授在莆田学院商学院任教。从此，我就长住在莆田学院校园内的东道德楼。我祖籍莆田，但从来没有在家乡长期生活过，没想到晚年却回到家

乡，真应了"叶落归根"这句老话。

我小时候，暑假时经常跟着舅母到莆田外婆家里，那里有我熟悉的乡土气息：空气中弥漫着烧稻草夹杂着牛粪的气味，成群的八哥在田间地头飞翔鸣叫；晚上，打谷场的戏台上锣鼓喧天，台下人头攒动。现在虽然住在校园内，但周边仍然有小块的菜地，还能闻到农民施肥的气味，偶尔仍然能见到几只八哥停在校园的房顶鸣叫。逢年过节，学校周边的宫庙里，仍然会搭起戏台演戏，莆仙戏唱腔不绝于耳，格外亲切。我恍惚间返璞归真，又回到童年的故乡。莆田的气候比福州更为温暖宜人，海产品和水果新鲜丰富。学院从领导到普通教师、学生，对我都十分友好尊重。我在这样的环境中工作、生活，觉得十分惬意。这五年多来，我在学术上完成了国家社科基金重大项目"先秦秦汉魏晋南北朝隋唐五代元明清管理思想"部分的撰写，并成功申请到国家社科基金一般项目"政策工具视角下的古代政府治理思想及其当代价值研究"。随着自己年纪渐大，我努力放慢生活节奏，一天伏案工作五六个小时，晚上散步后回到家练练书法。

拙稿的完成，得益于许多相识或不相识的人的帮助，在此必须表达我的感恩之情。一是拙著之所以在短短近二十年的时间里得以顺利完成，一个很重要的因素是参考了许多学者的研究成果，主要者已在每册参考文献中列出，在此还要特别提出的是：冯友兰著的《中国哲学史新编》、赵靖主编的《中国经济思想通史》、白钢主编的《中国政治制度通史》、侯外庐主编的《宋明理学史》、曹德本主编的《中国政治思想史》、高锐主编的《中国军事史略》、王曾瑜著的《宋朝军制初探》、汪圣铎著的《两宋货币史》、冯尔康著的《中国宗族史》、赵华富著的《徽州宗族研究》、王利华著的《中国家庭史》第一卷《先秦至南北朝时期》等。我就是在前人研究的基础上，再阅读了各朝代大量的第一手史料，从而形成对古代管理思想的全面系统的看法，最终完成拙著的撰写。如果没有前人成果的参考借鉴，一切都从第一手史料做起，那么可能就要花费三四十年的时间才能完成。尤其明清时期史料浩如烟海，粗略浏览一遍就要

一二十年的时间。二是在拙著的撰写过程中，得到了几位教授的支持与帮助。首先，我在江西财经大学工作期间得到副校长吴照云教授的提携，加入他主持的中国管理思想史研究团队，从而使一些早期成果得以顺利地在经济管理出版社出版。退休后我来到莆田学院，承蒙校长宋建晓教授和商学院院长林鸿熙教授的支持，为我排除了许多杂事的干扰，能够有充足的时间撰写书稿。宋校长对中国古代管理思想颇感兴趣，晚上经常与我一起散步，切磋古代管理思想的学术问题，留下了许多难忘的美好回忆。三是众所周知，当前国内发表学术论文、出版学术专著难，鹭江出版社副总编辑余丽珍编审得知我正在撰写这一系列专著，帮助申请福建省优秀出版项目资助，使拙著在即将完稿之际就解决了出版问题。余编审与责任编辑梁靓、金月华、杨玉琼、黄孟林等还为拙著的出版做了大量的编辑和审校工作，付出了艰辛的劳动。在此，本人向以上提及的认识或不认识的人，还有大量未提及的人，致以深深的谢意！

现代学术讲究道德规范，反对剽窃，这是很好的。因此，我对拙著中的注引问题做一简单说明。世界上的任何学术专著，或多或少都是在前人研究成果的基础上进行创新深化并提高发展的。拙著中的文字主要由三种类型的表述构成：第一种也是最多的一种，基本上是属于原创性的，即笔者通过收集整理研读原始资料，然后得出自己的见解而写成的。这种文字采取仅注原始资料出处的做法。笔者粗略估计，这种文字至少占全套书一半以上。第二种是有些文字在参考前人专著论文成果的基础上，根据自己的理解，做了改写。中国古代管理思想史内容丰富，涉及面十分广泛，仅凭一己之力，很难面面俱到，因此必然要参考前辈的学术成果。如拙著中的自我管理部分，其实是属于中国哲学史的范围，而仅中国哲学史的研究，就让人一生难以穷尽了。因此，这一部分几乎是参考了前人的著述。但是笔者在参考前人著述的基础上，根据自己的理解并从管理思想的角度尽可能做了新的表述。由于与参考的前辈著述观点或多或少有所不同，所以不便一一注出，只在参考文献中开列有关作者和著作，一些参考较多的著作在后记中特别予以致谢。第三种是有些

文字或观点完完全全就是前人的成果，这类文字不多，但往往都是很经典的，笔者很难对此再进行提高和改写，因此就予以引注，采取与引用原始资料相同的引注方式。

中国正快速进入多元化、老年化社会，人们的物质生活水平提高，思想观念也发生了深刻的变化。有的人退休后，生活安排得丰富多彩。与我同龄的许多老年人，每天养养鸟，栽栽花，钓钓鱼，去各地旅游观光……生活过得开心惬意。这无可非议。我们这一代人有太多的磨难、坎坷，现在已到了夕阳西下的年龄，再不开心玩一玩、乐一乐，那更待何时！现在大多数老人的观念是活在当下、快乐开心，但我却不改初衷。我平时生活太有规律，出门旅游会打乱了规律，极不习惯，感觉难受，所以对旅游只能望洋兴叹，心有余而力不足。现在，我每天刷一个小时的手机，看一些感兴趣的信息，与亲友们通通声气，还是挺愉快的。每年两三次的同学聚会，吃吃饭，叙叙旧情，开心温馨。除此之外，每天阅读一些图书、报刊，散步时思考思考，然后提笔写一些感想，生活宁静充实，自得其乐。我觉得自己快到古稀之年了，趁着身体还没什么大毛病，继续努力笔耕吧。自1977年恢复高考之后，命运之神眷顾了我，使我跨入大学的门槛，有了一个治学的好环境。每当我想起这些，就倍加珍惜，不但要让自己活得开心健康，还应当让自己活得更充实更有意义些。

方宝璋匆草于莆田学院万贤斋

2020年秋分

图书在版编目(CIP)数据

元代管理思想史 / 方宝璋著. —厦门：鹭江出版
社，2021.12
　（中国管理思想史）
　ISBN 978-7-5459-1661-4

　Ⅰ.①元…　Ⅱ.①方…　Ⅲ.①管理学—思想史—中国
—元代　Ⅳ.①C93-092

　中国版本图书馆 CIP 数据核字(2020)第 225719 号

YUANDAI GUANLI SIXIANGSHI

元代管理思想史

方宝璋　著

出版发行：鹭江出版社

地　　址：厦门市湖明路 22 号　　　　　　　邮政编码：361004

印　　刷：福建新华联合印务集团有限公司

地　　址：福州市晋安区福兴大道 42 号　　　联系电话：0591－88208488

开　　本：700mm×1000mm　1/16

插　　页：4

印　　张：20.25

字　　数：281 千字

版　　次：2021 年 12 月第 1 版　　　2021 年 12 月第 1 次印刷

书　　号：ISBN 978-7-5459-1661-4

定　　价：75.00 元